장자,
삶의 도를
묻다

프랑수아 줄리앙 지음
박희영 옮김

한울
아카데미

이 도서의 국립중앙도서관 출판예정도서목록(CIP)은 서지정보유통지원시스템 홈페이지(http://seoji.nl.go.kr)와 국가자료공동목록시스템(http://www.nl.go.kr/kolisnet)에서 이용하실 수 있습니다. (CIP제어번호: 2014032603)

FRANÇOIS JULLIEN

NOURRIR SA VIE

à l'écart du bonheur

SEUIL

차례

"참으로 경탄스럽도다!"라고 문혜군은 탄성을 자아냈다.

백정인 포정이 하는 말을 듣고 난 후에야,

나는 비로소 양생養生이 무엇인지를 깨닫게 되었다.

— 장자

옮긴이 서문

이 책은 프랑수아 줄리앙François Jullien이 2005년에 쓴『장자, 삶의 도를
묻다』의 한국어판이다. 프랑스의 중국학 연구 대표자인 앙리 마스페로
Henri Maspero의 계보를 잇는 줄리앙은 동서 비교철학 또는 중국 철학 연구
가로 잘 알려져 있다. 세계적인 명성에도 불구하고, 그는 자신이 비교철
학자로 인식되는 것을 그 어느 누구보다도 싫어한다. 왜냐하면 그는 단
순히 동서양 철학의 차이점과 공통점을 비교하는 것보다 인간의 사유
방식이 어떤 역사적·정치적·문화적 조건에서 형성된 것인지를 밝혀 미
래의 새로운 철학적 사유상(像)을 천착하고자 하기 때문이다. 이런 목표
를 지닌 그의 연구는 모든 소식과 정보가 실시간으로 유포되어 전 세계
가 마치 하나처럼 느껴지는 글로벌 시대에도, 특정 문화권에서는 보편
적 가치가 전혀 실현되지 못하고 게다가 배타적 비-관용주의가 점차 더
퍼져가는 현실에서 특히 더 중요하다. 그의 학문 탐구 태도는 타 문화를
진정으로 이해하기 위해서 우리가 어떻게 사유해야 하는지 방법론적 모
델을 제시한다.

우리는 오늘날 여행이나 책, 대중매체(텔레비전, 스마트폰)를 통해 직
간접적으로 다른 나라의 문물을 예전보다 훨씬 더 자유롭고 다양하게
접할 수 있어, 타국 문물에 대한 자신의 지식이 심도 있고 폭넓다고 생
각한다. 그리고 그와 같은 생각에 근거해 자신이 다른 나라 사람의 생각

과 가치관도 다 이해하고 있다고 착각하기 쉽다. 바로 이런 이유에서 도저히 이해하기 힘든 외국인의 철학적 사유나 가치관과 마주하면 당황하게 된다. 그런데 사유 방식 내지 가치관의 근본적 차이에서 비롯되는 당혹감은 심층 차원에 연원하는 것이기 때문에 내가 단순히 몰랐던 것에 대해 느끼는, 즉 표층 차원에서 발생하는 당혹감보다 훨씬 더 큰 충격으로 다가온다. 이는 내가 당연하다고 생각해왔던 것이 틀렸다는 사실을 깨달아서가 아니라, 지금까지 전혀 상상해보지 못했던 낯선 것이 가능할 수도 있다는 사실을 자각하기 때문이다. 그런데 그런 자각은 다른 한편으로 인간 존재의 의미를 형이상학적 차원에서 새롭게 바라보는 사유의 지평을 열어 인간의 사유 방식이란 도대체 어떤 조건에서 형성된 것인지 가장 근본적 단계에서 재검토하도록 만든다.

중국의 모든 문물에서 서양인이 가장 낯설게 느끼는 것은 아마 이 책에서 다루는 양생술일 것이다. 질서와 도덕이 유지되는 사회를 어떻게 구축할 것인지 다루는 유교 사상이나 법가 사상은 이성적 사유의 산물이기 때문에 서양인은 물론이고 이성적으로 사유하는 이라면 그 어느 누구에게도 친숙할 수 있다. 그러나 도가 사상의 핵심에 자리 잡고 있는 양생술은 이와 같은 이성적 사유만으로는 도저히 이해할 수 없기 때문에 서양인에게는 특히 더 낯설 수밖에 없다. 이런 낯섦을 친숙한 개념의 테두리 안에서 설명하기 위해, 줄리앙은 이 책에서 그가 다른 책에서 사용했던 것과는 전혀 다른 방법을 도입한다. 즉, 그는 『사물의 성향』(2009)에서 중국 문화의 여러 분야에 내재한 사상의 공통치를 귀납적으로 추출해 그중 일반적 특성을 규정하고, 모든 다양한 개별 문화 현상을 일반적 특성이 구체화한 사례로서 설명하는 방법을 사용했다. 반면 그는 이 책에서는 장자의 사상(특히 양생술)에 초점을 맞추기 위해 다른 분야에서 나타나는 중국적 사유의 일반 특징을 단지 배경으로서만 비추는 방법을 사용한다. 그가 마치 뮤지컬 영화에서처럼 중요한 장면만 특별히 부각시키는 기법을 쓴 것은, 서양인의 눈에 너무나 낯설게 보일 양생술에 감추어진 비합리적 모습이 어떻게 중국 전통의 합리적 인간관과 세계관의 배경 속에서 조화를 이루며 전체 풍경을 형성하는지 보여주고 싶었기 때문일 것이다.

줄리앙은 중국 문화대혁명의 영향으로 인간 사유의 특수한 비합리성이 합리적 풍경 전체에 스며들어 조화를 이루는 데 특별한 관심을 갖게 되었을 것이다. '마오주의' 열풍이 유럽을 휩쓸던 시절 유럽 대학생들에게, 특히 공산주의 사회를 구현하고자 68 학생운동을 일으켰던 1960~1970년대 프랑스 대학생들에게 문화대혁명이 어떤 이상적 풍경으로 그려졌을지는 어렵지 않게 추측할 수 있다. 그러나 일찍이 벨기에의 중국학자 시몽 레즈Simon Leys(본명은 피에르 리크망Pierre Ryckmans)는 『마오 주석의 새 의상Les habits neufs du président Ma』(1971)에서 "문화대혁명에서 혁명적인 것은 단지 이름뿐이고, 문화는 전술적 명분에 지나지 않으며, 실상은 마오 주석이 자신의 정적을 제거하기 위한 권력 투쟁"이라고 서술했다. 물론 이런 신랄한 비판은 혁명을 통해 이상적 사회를 구현하려는 꿈에 젖어 있던 그 당시 유럽 대학생들에게는 미국 중앙정보국 첩자의 헛소리로 들릴 수밖에 없었다. 이 같은 시대 분위기를 고려하면, 그때 유럽 대학생들과 동일한 꿈을 꾸었을 줄리앙이 중국에서 유학하는 동안* 직접 목

---

* 줄리앙은 1975년에서 1977년까지 베이징 대학과 상하이 대학에서 중국학을 연구했다.

도한 폭력 앞에 느꼈을 당혹감이 어느 정도였을지 상상하기는 어렵지 않다. 이러한 점을 염두에 두어야만 철학도인 줄리앙이 왜 그와 같은 혁명에 대해 정치학 관점의 사실 탐구보다는 이성적 인간이 어떤 조건에서 비이성적 행위를 하는지 밝혀줄 가치론적 탐구, 즉 사유 방식에 대한 탐구에 더 큰 노력을 기울였는지 이해할 수 있다.

문화적 존재인 인간이 어느 순간 너무나 자연스럽게 비문화적 폭력을 휘두를 수 있음은 동서고금 수많은 강대국의 역사에서 보편적으로 나타나는 현상이다. 이런 사실은 폭력이 인간 본능에 속한 것이어서, 그것이 이성으로 완전히 제어되지 못하는 순간 언제라도 폭발해 표출될 수 있음을 반증한다. 우리는 그 단적인 예를 프랑스 대혁명 발발 이후 80년간 지속된 혼란에서 발견할 수 있다. 자유·평등·박애의 혁명 이념은 이성적 사유가 주도적으로 작동하는 개념 체계에서는 인류 문화가 나아가야 할 방향에 대해 결정적 나침반의 역할을 할 수 있지만, 이성의 통제가 더 이상 작동하지 않는 폭력 행위 가운데서는 아무런 힘도 발휘할 수 없다. 이와 같은 보편적 사실을 염두에 두어야만, 비로소 이성의 가면 아래 숨겨진 야만의 모습이 왜 다른 어떠한 나라보다도 특히 중국의 역사에서 끊임없이 되풀이되며 나타났는지를 더 잘 이해할 수 있다.

중국은 너무나 일찍부터 지나치게 광대한 영토를 지닌 제국으로 확정되었고, 모든 가치를 오직 그러한 제국의 체제를 유지하기 위해 수렴하는 사유 체계로 작동시켜왔다. 이런 사유 체계를 염두에 두어야만 1960~1970년대 문화대혁명, 1989년 톈안먼 사건, 최근 G2 강대국으로서 인접국을 대하는 중국의 행태가 갑자기 발생한 우연의 현상이 아니라, 중국의 오랜 역사에서 구조화한 체제 유지 원리가 작동해 나타난 필연의 현상임을 알 수 있다. 물론 개인과 집단의 이익이 조화를 이루던 먼 옛날, 가족 종교가 인간의 삶을 지배하던 시절에는 그러한 야만성을 염려할 필요가 없었다. 그러나 강력한 국가가 출현하고 개인과 집단의 이익이 충돌하는 시대로 접어들면서 그와 같은 염려는 일반 국민의 삶에서 일상화한다. 특히 가족 종교의 미덕이 국가 종교 내지 이데올로기에 의해 완전히 파괴된 국가에서는 그러한 염려가 국민의 삶을 훨씬 더 강력하게 지배한다.

야만성에 대한 교화 노력은 역설적으로 그런 염려가 사회를 강력하게 지배했던 문명권에서 더 발달했다. 그 노력의 싹은 인류 문명에서 종교와 철학을 통해 열매를 맺었다. 이 둘은 서로 다른 열매를 맺었지만 싹은 동일했기에 양자 모두 야만성에 대한 교화가 근본 사명의 하나였다. 물론 이 둘이 각각 사명을 실천하는 방법은 다르지만 사명을 완수하려는 노력은 오늘날뿐만 아니라 미래의 인류 사회에서도 가장 중요하다. 오늘날 우리는 그러한 노력이 주로 이성의 작용을 통해서만 이루어지는 것으로 생각하기 쉽다. 서양의 역사에서 종교가 주로 맡았던 교화의 역할이 근세 들어 이성의 사유를 본질적 기능으로 삼는 철학에 의해 대체되었기 때문이다.

서양 역사에서 초기 기독교의 첫째가는 미덕은 자신과 종교가 다른 이도 포용할 수 있는 관용의 정신이었다. 그러나 중세에 접어들어 기독교 신만을 유일신으로 받아들이고 나머지 이교도 신은 모두 거부하는 배타적 사유가 지배화하면서 타 종교인을 무자비하게 탄압하는 야만성을 드러냈다. 이러한 현실에서 나타난 근세 르네상스 인문주의는 인간의 이성적 사유와 판단에 근거한 관용 정신을 통해 야만성에 대한 교화를 부르짖는다. 인문주의적 관용주의가 힘을 발휘했던 가장 단적인 예는 네덜란드인의 정신에서 발견할 수 있다. 1685년 프랑스에서 가톨릭과 개신교의 차별을 금지하는 낭트칙령이 폐지되었을 때 네덜란드는 기술자, 상인 중심의 위그노(프랑스 프로테스탄트 칼뱅파 교도)를 받아들여 약소국에서 강대국으로 변신할 수 있었다. 물론 가톨릭 세계에서도 사제였던 데시데리위스 에라스뮈스^{Desiderius Erasmus}가 관용 정신을 종교적 사유의 중심에 놓아 잃어버렸던 관용의 미덕을 조금이나마 회복시켰다. 바로 이런 역사적 맥락으로부터 서양에서는 종교에서든 철학에서든 야만성에 대한 교화를 인간의 이성적 사유와 판단 기능에 고유한 것으로 간주하는 전통이 자리 잡았다.

그러나 서양인과 달리 중국인은 야만성에 대한 교화가 이성적 노력과 비이성적 노력이 조화를 이룰 때만 가능하다고 생각했다. 중국의 전통 철학에서 이러한 야만성에 대한 교화 노력은 크게 두 가지 흐름에서 전개되었다. 하나는 개인적 원자로서 행복과 장생을 추구해 야만성을 자연스럽게 통제할 수 있는 인격을 수양하려는 흐름이고, 다른 하나는 정치적·사회적 존재로서 개인이 지켜야 할 덕목을 강조하고 권장함으로써 야만성을 순치시키는 흐름이다. 이러한 두 흐름을 염두에 두어야만, 극도로 혼란스러웠던 춘추전국시대에 왜 유가 사상이나 법가 사상이 지배 이데올로기로 등장했는지 그리고 그와 동시에 묵가나 노자·장자의 도가 사상이 출현했는지 이해할 수 있다.

물론 도덕적·사회적 무질서가 횡행하는 시대에는 무질서를 순치시키려는 이성적 사유가 중시되고 그러한 사유는 한 개인의 권리나 자유보다 사회집단의 안녕과 질서를 우선시하는 윤리 사상을 발전시키기 마련이다. 그러나 그와 같은 혼란을 제어하는 데 중요한 역할을 수행했던 이성적 사유가 평화롭고 질서가 있는 사회에서 단순히 하나의 전통적·형식적 규제 도구로 사용되면 지나친 엄숙주의, 금욕주의, 교조주의의 틀을 유지하기 위해서만 작동하는 위험성을 띤다. 중국에서 그런 위험성은 전통 사유 체계가 공맹(공자와 맹자)의 도덕적·정치적 이데올로기에 주희朱熹의 우주론적·형이상학적 함의로 치장되었을 때 극점에 달한다. 그러나 달이 차면 기울 듯이 이성적 사유의 위험성이 극점에 달했을 때 그것에 대한 반작용이 나타나는 것은 지극히 자연스러운 현상이다.

전 세계 인류의 지성사 흐름에서 이성적 사유의 메두사적 고정화가 극한치에 이르렀을 때 그것을 깨뜨리려는 페르세우스적 방패(거울 역할)와 검이 등장하는 것도 이와 동일한 맥락에서 설명할 수 있다. 이런 관점에서 노자·장자의 사상은 중국의 페르세우스적 방패이자 검으로 해석할 수 있다. 따라서 가면과 방패가 번갈아 나타나는 역사의 법칙을 염두에 두어야만, 중국적 사유에서 공맹 사상이나 노장(노자와 장자) 사상이 번갈아가며 힘을 발휘하는 것이 어째서 자연스럽게 받아들여지는지 이해할 수 있다. 바로 그러한 이유에서 이 두 가지 사상은 대립적이기보다 상호보완적 역할을 수행한다. 이 두 흐름이 수행하는 역할을 인식해야만 도가 사상 내지 양생술이 중국 철학의 다면적 풍경에서 차지하는 고유한 모습을 정확하게 파악할 수 있다.

중국의 도가 사상은 야만성에 대한 교화 작용을 주로 개인 차원에서 진행한다는 점으로부터, 바로 이런 다면적 풍경을 구성하는 데 독특한 역할을 한다. 사실 개인을 집단 질서에 귀속시키는 국가 종교의 가치만이 중시되던 고대에 사회 또는 국가로부터 독립된 개인의 가치를 중시하는 사유는 그 당시의 시대 분위기를 생각하면 가히 혁명적 발상이다. 집단과 국가의 전통적 권위에 도전하는 발상은 빈번히 발생하는 전쟁 와중에 살아남아야 했던 고대 중국 민중에게 어쩌면 필연의 생존 전략이었을 것이다. 개인의 생명 존속을 최고의 가치로 설정하고 누구라도 수련만 하면 도인이 될 수 있다고 주장하는 평등주의적 도가 사상은 불평등한 신분 계급 구조를 결국 하늘의 뜻으로 확정하는 결과를 낳은 지배 계층 중심의 유가 내지 법가 사상보다 훨씬 더 근본적으로 개인의 무의식적 심층에 와 닿기 때문이다.

개인의 구원과 장생을 중시하는 태도가 기본이기에, 장자 사상은 교화 노력이 이성적 차원인지 비이성적 차원인지 굳이 구별할 필요가 없다. 이러한 사유의 자유로움을 염두에 두어야만 장자 사상이 왜 아무런 거리낌 없이 사회 안녕이나 질서가 아니라, 개인의 안위나 행복 그리고 더 나아가 장생을 얻을 수 있는 방법에 대한 탐구로서 양생술을 적극 주장했는지 이해할 수 있다. 줄리앙의 이 책이 전통적 철학 주제에 국한하지 않고 스트레스를 벗어나는 방법이나 행복하게 사는 법과 같은 비철학적 주제를 다루는 것도 그가 다루는 장자 사상에 내포된 자유로움과 무관하지 않다. 그렇다면 역사적으로 가장 어려운 현실에서 살았음에도 불구하고, 장자는 어떻게 그와 같은 자유로운 사유를 할 수 있었을까? 그것은 아마 그가 이성적 사유를 중시하는 철학적 사유보다 이성적 사유와 비이성적 사유를 초월하는 종교적 사유에 더 친밀했기 때문일 것이다. 인간은 현실 문제를 이성적 사유로 해결하는 방법을 찾아낼 수 없는 지경에 도달하면 자연스럽게 그 문제를 초이성적 관점에서 다루는 종교적 사유로 경도하기 마련이다. 장자 사상이 고유하게 펼치는 문제

해결의 초이성적 지혜가 무엇인지를 살펴보기 전에 그 지혜의 근원인 도교에 대해 고찰할 필요가 있다.

4세기에서 6세기 사이 육조시대에 황금기를 맞았던 도교는 신자를 영원한 삶(장생)으로 이끄는 것이 목표인 구제의 종교이다. 도교 신자는 자신이 추구하는 영원한 삶을 정신의 불사不死가 아닌 물질적 육체의 불사로 생각한다. 서양인과 다르게 정신과 물질을 나누지 않았던 중국인은 눈에 보이지 않는 정신적 영혼을 눈에 보이는 물질적 육체의 대립으로 여기지 않았다. 그들은 인간에게는 누구나 혼魂이라고 부르는 고귀한 영혼(세 가지)과 백魄이라고 하는 저급한 영혼(일곱 가지)이 있다고 생각했다. 이 두 종류의 영혼이 저승에서 어떻게 될 것인가에 관한 믿음이 어떻든지 간에 그들은 영혼이 죽음과 함께 해체된다고 믿었다.

반면 하나뿐인 육체는 영혼이나 신의 거처가 된다. 따라서 그들은 오직 육체 안에서만 통일된 인격을 이루면서 불사를 얻을 가능성이 있다고 생각했다. 도교 신자는 저승에서 혼이 용해되어 버리므로 죽은 사람을 위해 적절한 기도와 의식을 바치면 그 사람이 불사의 신체를 얻을 것이라고 상상했다. 그러나 도사는 그러한 생각을 일반화하지 않았다. 바로 그러한 이유에서 그들은 죽을 수밖에 없는 육체로 오래 사는 것보다는 살아 있는 동안 불사의 신체로 바꾸는 것, 말하자면 죽을 수밖에 없는 피부나 뼈 등을 조금씩 불사의 기관으로 대체하고자 노력했다. 그러한 경지에 도달한 도사는 죽지 않고 '대낮에 하늘로 올라간다'. 물론 그들은 이러한 승천이 예외적일 뿐 실제로는 아무리 열렬한 도교 신자라도 다른 일반인과 마찬가지 방식으로 죽는다는 점을 알고 있었다. 그래서 도가에서는 이러한 승천에 대해 특별한 해석을 하게 된다. 즉, 죽음이 일상 사건인 인간 사회를 혼란시키지 않으려고 불사의 몸이 된 사람은 죽은 체를 한다고 믿은 것이다. 이 사람은 관 속에 있는 자신의 검이나 지팡이에 시체의 모습을 부여하고, 그의 진짜 신체는 이미 떠나가 신선들 사이에서 산다. 이것을 시해尸解라고 부른다.

이성을 중시하는 과학적 관점에서 보면, 어느 시대의 누구라도 이 시해 관념을 도저히 이해할 수도 설명할 수도 없다. 여기서 도교의 개념이 과학 차원이 아니라, 종교 차원에서 논의되는 것임을 염두에 둘 필요가 있다. 그래야만 살아 있는 동안 불사를 확보하려고 도사가 종교 차원에서 수행했던 수련이 오늘날 어떠한 의미를 지니는지 이해할 수 있다. 도사는 그 목표에 도달하기 위해, 몸[形]을 길러 육체를 변형시키고 신神을 길러 정신을 오래 지속시키고자 한다. 그는 물질적 수준에서 몸을 기르기[養形] 위한 식이법과 호흡법을 수련해야 한다. 이는 물질적 육체의 노쇠와 죽음의 원인을 제거해 불사를 얻을 수 있는 싹을 신체 내부에 만들고자 함이다. 이 싹이 응결되어 끊임없이 성장하면 조잡한 육체가 정미精微하고 가벼운 신체로 바뀐다. 다른 한편, 그는 정신적 수준에서 정신 기르기[養神]를 위한 정신 집중과 명상을 해야 한다. 이 두 가지는 인격의 통일 원리를 강화시킨다. 그렇게 하면 육체 내부에 있는 여러 초월적 존재를 위압할 권위를 증대시켜 신이나 정령, 영혼 같은 존재를 자기 안에 거두어들일 수 있다. 이러한 존재를 보존하고 유지하는 것은 생명을 지속시키는 데 필요하다. 이렇게 양형養形으로 생존의 물질적 지주인 육체를 강화하고 양신養神으로 육체에 사는 모든 초월적 존재를 결집시키면 신체 내부에서 생명을 연장시킬 수 있다.

이 개념 체계에서 인간의 신체는 유비적으로 하나의 세계(소우주)로 간주된다. 그것은 천지(대우주)라고 하는 외부 세계와 같다. 이런 인간의 신체에는 신이 산다. 생명은 기와 함께 신체로 들어간다. 이 기가 호흡에 의해 배로 내려가 하단전下丹田에 갇혀 있는 정과 결합하면 신이 생긴다. 신은 인간을 지도하는 원리로서, 사람의 좋은 행동과 나쁜 행동의 원인이 되며 사람에게 인격을 부여한다. 이 신은 영혼과 달리 일시적이다. 그것은 밖에서 온 기와 개인 내부에 있는 정이 결합해 형성된 것이기 때문에 사람이 죽어 기와 정이 분리되면 저절로 소멸한다. 따라서 적절한 실천으로 기와 정을 증대해나가면서 신을 증강시켜야 한다. 만약에 도교 신도가 물질적 육체의 불사를 얻기 위해 갖가지 약을 복용하는 것이나 식이요법, 호흡법, 연금술 등을 통해 양형을 실천하는 데만 만족했더라면 도교는 건강법이나 의학 체계이기는 해도 종교는 아니었을 것이다. 그러나 기원후 도교는 종교 형태를 갖추었기 때문에 불사에 이르지 못하는 이런 모든 종류의 실천에 만족하지 않고 궁극적 단계에 가서 신선이 되기 위한 실천을 장려한다. 바로 이와 같은 실천을 위해 도교 신자는 양생·양신·수일守一이라는 세 단계 수련을 행해야 한다.

양생 단계에서는 죽음의 원인을 몰아내야만 한다. 죽음의 원인 가운서 첫 번째가 곡식이다. 곡식의 기가 인간 안에서 삼충三蟲 또는 삼시三尸라는 해로운 악마를 낳는다. 이 악마의 하나는 뇌를, 또 하나는 심장을, 또 다른 하나는 내장을 갉아먹어 죽음을 초래한다. 그러므로 곡물을 먹지 않는 것[辟穀]은 식이법에서 필수이다. 단약 복용과 호흡술 수련을 동반하는 식이법의 목적은 기식(기 섭취)을 성취하는 것이다. 기식을 성취하면 몸의 거친 기가 점차 순수한 원기로 바뀐다. 몸의 기가 원기로 완전히 대체되면 몸이 가벼워지고 죽지 않는다.

양신 단계에서는 코를 통해 기를 들이마시고 그 기를 인도해 정이 들어 있는 배에 이르게 하고, 몸을 따라 다시 척추의 골수를 통해 뇌로 돌아가게 하면, 기와 정의 결합이 강화되고 정신이 길러져 몸의 해체를 막을 수 있다.

수일 단계에서는 집중, 명상, 망아를 통해 자기 안에 있는 신과 접촉한다. 수련의 처음 단계에서는 중요하지 않은 작은 신만 보인다. 그다음 단계로 올라가면 더욱 중요한 신이 보인다. 두뇌 한가운데 깃들어 있는 위대한 세 신이 보이면 불사가 보증된다. 신과 접촉하기 위해 고안된 이러한 명상을 실천한 다음, 더 나아가 명상 속에서 외부 세계의 모든 영향을 없앤 후 정신을 신 자체에 맡겨야만 도와 신비한 합일을 이룰 수 있다. 이러한 경지에 이른 사람은 도와 완전히 결합했기 때문에 몸을 불사로 만들려고 노력할 필요가 없다. 그는 도의 전능한 힘을 나누어 삶과 죽음을 자유자재로 할 수 있고, 스스로는 물론 세계도 변화시킬 수 있다. 그는 자신의 의지를 개입시키지 않고도 도처럼 무위를 행한다. 도사는 세계를 그 '길', 즉 도에 따르도록 내버려두는데, 도는 아무런 방해를 받지 않을 때 가장 잘 이루어지기 때문이다. 이렇게 개인적 불사를 모두 포기하고 스스로 도에 빠져드는 경지에 이르면, 그들은 위대한 성인이 된다.

이상의 고찰을 통해, 도교라는 종교적 관점에서 노장 사상을 이해하고자 할 경우 그것이 우리가 여태까지 어렴풋이 상식으로 알던 것과 얼마나 거리가 먼 것인지 깨닫는다. 우리는 도교 용어의 심층적 의미는 모른 채, 단지 피상적 의미만을 사용하기 쉽다. 예를 들어 단전호흡, 불로초, 단약(은단), 도사, 신선(선녀), 성인 등과 같은 도교 용어를 일상에서 친숙하게 사용하지만, 이 용어들이 육체와 구별되는 신체, 신, 양형, 양신, 벽곡, 시해, 수일, 좌망坐忘 같은 전문 개념과 정확히 어떻게 연관되는지는 잘 모른다. 그 연관성에 대해 잘 모른다는 것은 이 개념들이 오늘날 상식으로 받아들여지기 어렵기 때문에 이미 오래전부터 폐기된 것임을 반증한다. 종교적 교리는 상식적·과학적으로 인식하고 설명할 수 있는 대상이 아니기에 특정 종교를 믿는 신자에게만 종교적 신앙과 수행의 지표라는 의미를 지닌다. 그런데 도교 신자가 아니어도 노장 사상에는 특별히 친밀감을 느끼며 그것의 철학적 의미를 탐구하고 싶어 하는 이들이 있다. 그 이유는 인간이 도교의 종교적 교리를 전혀 모르더라도 철학적 성찰을 통해 삶의 지혜를 발견할 수 있다는 데 있다.

줄리앙이 장자의 사상에서, 특히 양생 사상에 관심을 갖게 된 것도 바로 이런 이유에서일 것이다. 사람들 대부분은 양생 개념을, 단순히 자연의 수명이 무한대로 연장된 삶으로 잘못 이해하기 쉽다. 무의식적으로 양주楊朱나 고자告子의 위아爲我 사상처럼 자연적 삶의 웰-빙(육체적 장수와 건강)만 추구하고, 공맹 사상이 장려하는 사회적 삶의 웰-빙을 인의예지가 아니라 입신양명에서 찾기 때문이다. 그 어느 누구라도 양생에서 말하는 장생이 산소 호흡기를 꽂은 식물인간 상태로 자연의 삶을 오래 유지하는 것이라고는 생각하지 않을 것이다. 이와 같은 사실을 염두에 두어야만 오늘날 어째서 죽음 —단순히 병마의 고통을 끊으려는 소극적 안락사를 넘어, 가치 있는 행위를 마지막으로 실천하며 생을 마감하려는 적극적 존엄사— 에 대한 논의가 점점 더 활발해지고 있는지 이해할 수 있다. 삶의 끝자락에서 비로소 자각하는 존엄한 죽음의 필요성을 생각하면, 살아 있는 동안 어떻게 해야 진정한 생명력을 내 것으로 만들어 장생할 것인지를 논하는 양생 사상의 철학적 의미를 좀 더 명확히 깨달을 수 있다.

우주의 기를 내 안에 끌어들여 그 원기와 하나가 됨으로써 얻을 수 있는 힘을 지칭하는 이 진정한 생명력을 정확하게 이해하기란 쉬운 일이 아니다. 도교의 관점에 따르면 그러한 생명력 아래 삶을 영위할 수 있는 사람은 지인至人, 도인, 신선뿐이다. 그러한 사람이 되기 위해 수련해야 하는 모든 과정은 벽곡의 예에서 단적으로 나타나듯이, 일반 사람이 수행할 수 없는 것이기 때문이다. 그렇다면 그 수련은 일반인에게 도대체 무슨 의미란 말인가? 수련의 의미는 우리가 그것을 형이상학적 차원의 개념으로 간주할 때만 파악할 수 있다. 예를 들어 곡식을 완전히 끊는 벽곡이라는 개념은, 실제 수련을 통해 도달하고자 하는 '생명력에서 육체의 요소를 최대한 제거한 상태'의 확장된 표현으로 간주해야만 비로소 그 의미를 알 수 있다. 즉, 그것은 현상계의 모든 존재자에 대한 플라톤Platon의 이데아 개념처럼 하나의 이상적 극한치라고 할 수 있다. 결국 현대 관점에서 양생술의 철학적 의미를 터득하려면 양생의 각 단계를, 이상적 극한치(진정한 생명력의 성취)를 목표로 현실의 삶에서 실천할 수 있는 중간 단계의 수련으로 해석해야 한다.

중간 단계의 노력에 깃든 가치를 중시했기에, 장자는 특정 분야에서 최고 경지에 도달한 장인을 자신의 작품 속 주인공으로 등장시켜 그들이 어떻게 그와 같은 경지에 도달하는지 그 과정을 상세히 논한다. 여기에서 특이한 점은 장자의 주인공들이 호메로스Homeros의 서사시에 나오는 영웅들과 달리, 대부분 평범한 보통 사람이라는 사실이다. 장자는 종교적 이상형의 신선이 되는 것보다 실제 삶에서 자연의 흐름, 즉 도를 깨닫고자 하는 노력을 기울여 얻는 삶의 지혜가 더 중요한 것임을 나타내려 했다. 그러한 사실은 왕후장상 계급에 속하는 문혜공이 가장 하류 계급인 백정 포정庖丁으로부터, 또는 공자가 뱃사공이나 종 받침대를 제작하는 목수로부터 도가 무엇인지를 터득하는 이야기에서 단적으로 발견할 수 있다. 줄리앙이 이 책에서 도를 터득한 평범한 사람들의 예를 중점적으로 분석하는 것은 그런 우화적 비유에서 현대인이 진정한 생명력에 대해 사유해야 할 방식과 그 사유를 바탕으로 실천해야 할 삶의 방식Modus Vivendi에 대해 서구와는 다른 모델을 발견했기 때문이다.

그렇다면 줄리앙의 이와 같은 분석은 장자의 사상에 전혀 이질감을 느끼지 못하는 한국인에게 어떠한 의미를 지닐까? 우리는 장자의 핵심 어휘와 구절을 일상생활에서 부지불식간 사용할 만큼 장자의 사상에 친숙해 치밀한 논리적 분석에 근거한 줄리앙의 해석이 어색하거나 생경할 수도 있다. 그럼에도 그러한 생경함은 다른 한편, 우리가 너무나 당연하다고 생각하는 것에 대해 다른 각도에서 생각해볼 수 있는 계기를 제공한다. 내가 잘 알고 있다고 생각하는 것에 생경함이라는 프리즘을 통하지 않으면, 결코 겹겹으로 고정된 친숙한 가면을 벗겨낼 수 없다. 비교 철학 내지 사상의 가장 중요한 철학적 의의는 바로 이러한 나의 무의식적 가면을 제대로 비추어 볼 수 있다는 점이다. 독자들은 이 책을 통해 이런 가면의 참모습을 살펴 중국 철학 사상의 흐름에서 장자 사상이 차지하는 의의를 정확하게 인식해야 한다. 그리고 그 인식의 바탕 위에 삶을 풍요롭게 만드는 지혜로서 양생술을 어떻게 활용할지 고민하는 것은 전적으로 본인의 몫이다.

끝으로 이 책이 완성되기까지 초벌 번역에 힘써준 한국외국어대학교 철학과 박사과정의 강상림 양, 간자체 중국어 해독에 많은 도움을 준 한

국외국어대학교 사학과 김상범 교수와 철학과 임명희 선생에게 감사의
인사를 전한다. 그리고 이 책을 출간하는 데 여러모로 도움을 준 도서출
판 한울 김종수 사장님의 학문 사랑에 깊은 경의를 표하며, 편집자 배유
진 씨에게 감사 드린다.

2014년 11월, 모현의 죽령지당에서

박희영

지은이 서문

　삶의 가장 비밀스러운 심층을 찾기 위해, 우리의 사유는 언제나 표면의 갈라진 틈에서 출발해 그 심층으로 연결되어 있는 광맥을 추적해 들어가야 한다. 내가 지금 서 있는 이 갈라진 선은 중국적 사유와 서구적 사유를 구분하고 있는 선이다. 매번 특정의 선택된 지점에 쐐기를 박아 넣음으로써, 나는 그 틈을 확대시켜서 두 사유가 서로 아무런 관계를 맺지 않고 따로따로 형성시킨 원형적 사유의 초석들을 나타나게 만든다. 이렇게 두 사유의 원형들을 대면시켜, 우리는 서구적 이성을 가능하게 만들었던 조건들을 다시 살펴봄으로써, 그 이성의 명증성을 흐트러뜨린 다음에, 사유 가능한 것의 영역을 재구성하고자 한다.

　나는 여기에서 가장 친숙한 중국적 표현들 중 하나인 "양생養生"을 탐구의 출발점으로 삼고자 한다. 이 표현은 고유한 의미에서이든 비유적 의미에서이든, 신체와 영혼에 대한 거창한 구분을 하지 않는다. 사실 서구 문화는 바로 이러한 구분을 통해 매우 강력하게 형성되었다. 그러나 우리는 오늘날 이러한 구분에 의해 억압되었던 것들이 현대인의 정신을 위협하고 있음을 보게 된다. 이러한 위협은 이국의 것을 동경하는 취향에 의해 더욱 부추겨진 것이기도 하다.

　사실 양생에 대한 이러한 실마리를 풀어가며, 나는 우리가 만든 범주적 대립의 이음새가 조금씩 풀리는 것을 보게 된다. 심리적인 것과 신체적인 것의 대립이 해소되고, 생명적인 것과 도덕적인 것 그리고 정신적인 것 사이에 우리가 나누었던 차원들이 사라지는 것을 보게 된다. 우리의 목표는 "양생하다"라는 동사의 심연으로부터 여러 굴절된 의미들을 도출해내고, 경험의 완전성을 회복시키는 작업이 될 것이다. 이러한 경지에 이르면, 보통 사람들에 의해 너무나 당연하게 투사된 목적성의 관념이 사라지고, 우리가 그렇게 열망해 마지않는 행복으로의 호소마저도 사라지게 된다. 결국 중국의 현자들이 우리에게 말하려는 것은 양생의 능력이란 것이 의미를 찾고자 하는 중압감을 넘어, 단순히 자아 속에 있는 생명적인 것을 정련시키고 명정하게 만듦을 통해, 그 생명력을 "발전적으로" 유지시켜 그 능력을 최대한으로 발현시키기 위한 것은 아닐까?

이러한 사유의 여정을 통해, 우리는 우리 자신의 사유에 대해 다시 살펴봄으로써, 다른 문화권의 사유를 검증할 기회를 새로이 가질 수 있게 된다.

그렇게 되면 이제 더 이상 "특정한 문화권에 속한 사람만의" 고유한 사유는 의미가 없어지게 된다. 문화들 사이의 대화는 하나의 사유가 어디에 속하는지에 대한 분류 작업이 아니라, 철학을 새롭게 시작하기 위한 하나의 새로운 기회를 제공하는 것이 된다.

내가 이 연구에서 다루고 있는 중국어 원전은 장자(기원전 370~286)의 작품 중에서, 주로 3장 양생주養生主와 19장 달생達生에 관한 것이다.

우리는 장자에 관해 우리에게 전해오는 것이 대략 600년이 지난 후에 등장한 여러 후대 작가들의 각 작품과의 비교를 통해 편찬된 전집임을 알고 있다. 확실히 장주莊周 본인이 직접 썼고 가장 정통적인 것으로 인정되고 있는 작품인 내편內篇의 저자가 문제시될 때, 나는 주로 장자라 칭할 것이다. 후대 작품인 외편外篇과 잡편雜篇에 관해서는 필요할 경우, 이 텍스트들이 차지하는 위상의 차이점을 표시하기 위해 『장자』라고 명명할 것이다.

참고한 판본은 곽경번郭慶藩 판 『장자집석莊子集釋』*이다.

이 책 말미에서 나는 『장자』가 편집된 시대와 동시대의 사상가인 혜강에 대해서도 언급했는데, 그는 양생에 관한 사유를 건강 관리와 장생법의 관점에서 다룬 유명한 수필을 남겼다.

나는 또한 좀 더 일반적 방식으로 "중국적 사유"에 대해 언급하려 한다. 나는 나의 이러한 의도에 대해 독자가 잘못 생각하지 않기를 바란다. 나는 멀리에서 다소 오래전부터 지속적으로 지각되어온 이러한 사유의 어떤 전체적 단일성을 상정하면서 그것이 지닌 극단적 다양성이나 역사성을 고려하지 않은 채, 주석이 달려 있는 원전에 없는 외적인 것을 추가시키지 않았다. 나는 중국적 사유를 그들의 언어 속에서 생성된 것, 즉 그들의 언어 속에서 구성된 것으로서(그리스적 사유가 그리스어를 말하는 사유인 것처럼) 이야기할 것이다.

---

* Zhuangzi, *Jiao zheng Zhuangzi ji shi*, ed. Guo Qingfan(Taipei: Shi jie shu ju, 1962) 2 vols.

들어가며

　이 글은 '산다는 것'이 무엇인지를 주제로 다룬 일련의 고찰로 이루어져 있다. 물론 이 개념을 치우침이 전혀 없는 관점에서 다룬다는 것은 쉬운 일이 아니다. '삶'의 관념과 달리, 이 개념은 추상화가 잘 되지 않기 때문에, 그것의 특수한 형태들은 사유되는 행위 자체로부터는 나타나지 않는다. 나는 여기에서 인식과 진리 추구에 집중하느라 삶의 문제로부터 떠나버린 철학의 기본적 구조물에서 추출된 여러 다양한 지혜의 주제들에서 출발해 이 삶에 접근한 후(『현자에게는 고정관념이 없다』 참조), 삶의 자산이라는 관점, 즉 삶의 증진과 유지(장수 건강법)의 관점에서 이 문제를 다루고자 한다. 이러한 방법은 존재를 그것의 궁극적 목적을 향해 치닫게 만드는 서구의 자연학으로부터 기원한, 시초와 종말 사이에 존재하는 시간적 팽창(『시간에 관해』 참조)에 대립해, 계절적 계기와 존재의 현상학으로부터 그리고 또한 전이와 지속에 대한 사유로부터 출발하는 것과 같다. 사실 서구 자연학의 논의들은 이와 같이 "살다"와 "존재하다"를 분리시키는 방향으로 나아갔었다. 이러한 분리는 "왜"라는 물음을 통해 극적으로 전개되는 의미의 논리에 대비되는 논리, 즉 대립자들 사이의 칸막이를 없앨 수 있는 정합성의 논리에 의해 계승될 수밖에 없었다(『회화에서의 그림자』 참조). 바로 이 그림자에서 회화의 대상 그 자체는 결국 다른 모든 것들을 초월한 비-대상적 대상으로서 나타나게 된다

(그리스인이 정의한 바에 따르면, 화가는 "살아 있는 것을 그리는 사람^{zôgraphe}" 이다. 반면에 중국인에 의하면, 화가는 "살아 있는 것들에 생명력을 부여해주는 사람"이다, 『위대한 이미지는 형태를 지니고 있지 않다』 참조).

산다는 것 자체는 어떠한 의미도 갖고 있지 않고(만약에 그것이 투사와 허구에 의한 것이 아니라면), 부조리하지도(그것의 실재를 믿지 않음으로서) 않다. 그것은 단지 의미를 넘어서 있을 뿐이다. 이러한 점에서 산다는 것이 무엇인지를 묻는 물음을, 그리고 삶의 잠재력 또는 자산에 대한 물음을 통해 접근하는 것은 내게 유익한 것처럼 보인다. 그러한 접근은 불가피한 이념화 작업을 최소화한다.

1

자신의 신체와 정신을 양육하기
상징적 분리

1

　"양육하다"는 가장 기본적 ―근원적― 이고, 그 뿌리가 매우 깊은 동사이다. 이것은 "내"가 태어나기 전부터 또는 숨쉬기 전부터 이미 참여하고 있는 활동, 즉 최초인, 원초적인, 기본적인, 가장 깊게 닻을 내린 활동을 의미한다. 바로 이 활동을 통해, 나는 영원히 대지에 속하게 된다. 대지 위를 기어 다니는 가장 하찮은 동물이나 식물과 똑같이, 나는 양분을 섭취하는 일로부터 삶을 시작했던 것이다. 나의 활동은 바로 이 양분 섭취로부터 시작되었기 때문에, 우리는 이 활동으로부터 벗어나는 것을 조금이라도 꿈꿀 수가 없다. 거칠어지고 강철같이 단단해진 손(배고픔을 해결하기 위해)을 지닌 우리를 모든 운명의 시발점으로 이끄는 이 활동은 우리의 종적種的 속성을 가장 풍부하게 규정해준다. 물론 여기에서 "우리"라 함은 생명을 지닌 존재 전체로서의 우리를 의미한다. "양육하다"

라는 동사는 다른 여러 용법들로 전위轉位시키기에 적합하기 때문에, 가장 정제된 어휘들을 통해 풍부하게 퍼져나간다. 우리는 그 예를, "나는 욕망·꿈·야망을 키워나간다", "독서는 정신을 함양시킨다" 또는 "나는 공상을 꿈꾸고 있다", "당신의 문체는 아직 충분히 무르익지 않았다" 등과 같은 표현들 속에서 찾아볼 수 있다. 그러므로 "양육하다"라는 동사는 한편으로는 그것의 고유한, 가공되지 않은, 전체적인, 의심의 여지가 없는, 순수한 상태의 사실적인 것을 의미하고, 어떠한 가정이나 모호함도 허용하지 않는다. 이러한 면을 염두에 두면, 나는 이 의미가 변이되거나 완화되는 것을 생각할 수 없다. 따라서 나는 모든 언어들 속에서 이것에 완벽히 부합하는 어휘를 찾지 못한다는 것을 상상할 수도 없게 되는데, 그 이유는 영양분을 섭취하는 행동이 우리의 삶 속에서 꾸준히 되풀이되는 것 ―만약에 내가 영양분을 섭취하지 않는다면, 나는 죽게 된다― 과 마찬가지로 이 동사의 의미는 한결같이 동일하게 무한히 반복되기 때문이다. 그런데 이 동사는 다른 한편 가장 독특한 욕구, 우리가 심지어 이상적이라 부를 만한 욕구를 지니기도 한다. 그러한 욕구는 다른 차원과 수단들을 드러낼 뿐만 아니라 좀 더 높은 단계로 올려주기도 하는데, 인간은 그러한 작업을 자신의 소명 내지 사명으로 삼게 된다. 그러한 소명 의식 속에서, 플라톤Platon은 "신적인 것은 영혼의 날개 달린 기관을 양육시키는 역할을 하는 것"이라고 말했던 것이다. 그가 이렇게 말했던 이유는, 영혼이 진리의 평원 안에서 정신적 양식을 발견해가는 가운데 신들의 행렬을 따라 상승하게 될 때, 참다운 실재에 대한 명상은 이 영혼에 대해 "유익한 양분"이 되고, 더 나아가 이 영혼은 "전인全人 교양술 안에서 양육되기en mousiké he trophé" 때문이다.

우리는 언어에 대한 사유가 한 어휘의 다의성이 발생하는 단계에서 나타나기 마련인 이러한 무질서를 어떻게 단번에 축소시켰었는지를 안다. 우리는 또한 계속해 확산되기 쉬운 어휘의 용법들이 어떻게 쉽사리 통제의 상태로 되돌아오게 되는지도 안다. 그것을 알기 위해서는, 본래의 뜻과 파생된 뜻을 구별해내는 작업만으로 충분할 것이다. 플라톤은 "내가 나의 신체를 양육하는 것과 똑같이, 나는 나의 정신을 양육시킨다"라고 말한다. 신체와 정신의 관계는 유비적이다. 나는 신체와 정신을 두 개의 차원들 내지 두 부분들로 나누는 동시에, 이 둘 사이에 존재하는 어떤 "친족성suggeneia"을 상정한다. "양육하다"는 이렇게 신체와 정신을 또는 정신적인 것과 물질적인 것을 대립시키는 코드화에 따라 나누어진다. 그것은 가시적인 것과 비가시적인 것으로 이분되는바, 이 비가시적인 것은 이때부터 예지적인 것으로서 간주된다. 그런데 "양육하다"에 관한 한, 이러한 분류는 지나치게 조급한 분류가 되는 것은 아닐까? 여기서 우리는 이러한 분류가 그렇게 조급하게 이루어질 수 있을 만큼 자명한 것인지에 대해 의문을 품게 된다. 내가 말하고자 하는 것은 이러한 분류가 가장 온전한 경험 —적어도 온전하게 남아 있는 것으로서의 가장 근원적이면서 동시에 가장 총체적인 "경험", 즉 단 한 번의 운동 속에서도 느낄 수 있는 우리의 유지, 발전, 세련의 "생명과 관련된" 경험— 을 단숨에 전부 드러낼 위험을 지닌 것은 아닌가 하는 점이다. 왜냐하면 "양육하다"는 이상적인 것에 대해 말하기 위해 쓰일 수도 있기 때문이다. 어떤 이유에서 그것은 그렇게 근본적인 것임에도 불구하고, 단일적인 면을 지니지 못하고 있는가? 다시 말해서, 그것은 왜 유비적인 것과 다르게, 그 자체 속에서 관계 맺어질 수는 없는 것인가? 왜 우리는 이러한 양자택일 —즉,

자신의 신체를 양육하는 것이거나 또는 (은유적으로) 자신의 정신(자신의 감정, 도약, 열망)을 양육하는 것— 속으로 단숨에 빠져들 수밖에 없는가?

이러한 구분은 일차적인 것이다. 따라서 우리 사유의 선입견 속으로 거슬러 올라가기 위해서, 우리는 이러한 구분으로 되돌아가는 작업부터 시작해야만 한다. 왜냐하면 우리 모두가 바로 이러한 구분에서 주요한 분기점 —바로 이 분기점으로부터 서양적 정신의 운명은 역사적으로 규정되었다— 이 이루어지고 있음을 그 이후부터 알고 있었고, 적어도 오늘날에도 예감하고 있기 때문이다. 그래서 서구인의 종교적 전통은 양식의 의미를 다음과 같이 —즉, 진정한 "굶주림"은 신의 말씀에 대한 굶주림이고, 신비 의식들은 그러한 말씀의 양식이며, 주님은 우리를 위해 "성서의 이삭"을 모아주셨다— 받아들이게 되는 것이다. 그리스도는 우리에게 생명의 양식을 주었기 때문에, 우리는 "신체를 위한" 양식을 "천상의" 양식으로 승화시켜야만 할 것이다. 그 이후 이러한 두 차원들과 세계들에 대한 구분 속에 편리하게 자리 잡으면서, 두 세계에 대한 비교를 더 이상의 주저함 없이 지속적으로 지배하면서, 교부들의 강론은 믿음의 세계에 갓 입문한 신자들을 양육해주는 "우유", 여전히 주님에 대해 의심을 품고 있는 환자들을 치료해주는 "야채", 선택된 자들에게만 허락되는 좀 더 확고부동한 양식인 "신의 어린 양의 살코기"를 차례차례 언급하게 된다. 신비의 양식(만나Manne)은 이 마지막 양식을 예고하는 상징이 되었는데, 그 이유는 "이 신비의 양식을 얻기 위해서는 가만히 앉아 있어서는 안 되고", "자신의 거주지로부터, 즉 정신을 강제로 붙들고 있는 신체로부터 벗어나야 하기" 때문이다(오리게네스Origenes). 그러나 우리가 아무리, 지드André Gide가 그랬듯이, 세속적 양식들에 대해 새롭게 그리고 활발하게 다루기를 원한다 하더라도, 우리는 우리 스스로가 그 속에 갇혀 있는 바의 이러한 거대한 주름으로부터, 즉 구체적 세계 또는 상징적 세계로부터 지드가 벗어난 만큼 벗어나지는 못한다. 우리가 더 이상 신을 믿지 않고, 끊임없이 사유를 세속화하고 싶어 한다 하더라도, 우리의 언어가 이러한 구분을 본보기로 삼고 있는 한 우리는 이러한 의미를 함축하고 있는 구분을 잊어버릴 수가 없다. 그 이유는 이러한 구분이야말로 실로 매우 편리한 것이기 때문이다.

그런데 우리가 중국어에서 관습적으로 그리고 정형화한 표현에 따라 "자신의 삶을 가꾸기"를 뜻하는 양생에 대해 알게 되면, 그러한 구분은 느닷없이 흔들리게 되지는 않을까? 그러한 구분의 적절성은 흐려지기 —물론 조심스럽게— 시작하지 않을까? 사실 내가 "자신의 삶을 가꾸기"를 말할 때, 그 의미는 구체적이고 물질적인 좁은 의미일 수도 없고 정신적인 의미일 수도 없다. 그것은 이러한 양생에서는 "영생永生"이 문제가 되지 않기 때문이다. 그것의 의미는 더 이상 세속적 의미로 환원되지 않지만, 그렇다고 해서 천상적인 것으로 돌아가지도 않는다. "나의 삶"은, 만약에 내가 그것을 이렇게 총체적으로 파악한다면, 나의 생명적 잠재력인 것이다. 그리하여 고대 중국의 최초의 "자연주의적" 사상가들은 특정의 초월적 질서 —그것이 종교적 질서이든 의례적 질서이든지 간에— 에 인간의 행위를 전적으로 종속시키는 행위에 반발하면서, 인간의 본성을 다음과 같이 규정했던 것이다. "인간의 본성, 그것은 삶이다. 그 이상의 것은 아무것도 없다"(『맹자』, 고자告子 편).* "자신의 삶을 가꾸는" 것과 "자

---

* 양주梁朱와 고자가 말하기를, 인간 본성은 "나만의 위해야 한다[爲我]"는 개인 중심주

신의 본성을 가꾸는" 것은 전적으로 하나이다. 내 존재의 전적인 소명과 나의 유일한 책임은 내가 투여하고 있는 삶의 이러한 잠재력을 유지하고 전개시키고자 하는 보살핌 속에 있는 것이다. 또는 일상적 표현을 빌리자면, 삶의 본질 또는 삶의 "정수", "꽃" 그리고 "에너지"에 대해 그것이 지닌 날카로움을 축적시킴[蓄銳]을 통해 가꾸는 것[養精]이다. 다시 말하자면, 힘을 사용하면서도 그 힘을 복원시킬 뿐만 아니라, 또한 우리가 말하는 것처럼 자신의 신체적 존재를 정화시킴을 통해 자신의 능력을 북돋우고 동시에 그 날카로움을 첨예화하면서 심신의 가장 훌륭한 상태를 유지하는 것이다(그러나 이러한 상태가 물론 신체에만 한정되는 것은 아니다). 우리가 문자 그대로 "평정 상태를 함양하기[養靜]"라고 번역할 수밖에 없는 관용적 표현은 전혀 자신의 평정함을 기르는 것으로서 이해될 수 없다. 이러한 번역은 우리가 사용하는 문법을 투사시켜 억지로 짜맞춘 것이기 때문에 경색된 의미만을 지니게 된다. 양정養靜은 오히려 좀 더 여유로운 방식으로(이 여유로움을 이용해) 자신의 힘을 "평정함"을 통해 그리고 "평정함" 속에서 "기르고" 회복시키는 것, 즉 세상사와 근심거리로부터 물러나 휴식을 취하고, 평온을 유지하며, "자기 자신을 재창조해내는 것"을 의미한다. 양정은 신체적이지도 심리적이지도 않다. 그것은 만약에 우리가 이러한 분류의 항들에 집착하고자 한다면, 신체적이면서 동시에 심리적이라고 해야 옳다. 왜냐하면 이 둘은 서로 분리될 수 없는 것이기 때문이다. 이러한 비분리는 매우 귀중한 것이다. 그래서 나

이기 때문에 생물학적 본능의 관점에서만 바라본다. 따라서 인간의 본성을 도덕성에서 찾는 맹자는 이들의 사상을 비판하게 된다.

는 시험 삼아 나 자신을 바로 이러한 비분리 속에서 처신하게끔 방임해보고 싶다. 아니면 한걸음 더 나아가, "인생에 대해 공부한다[學生]"는 것은 이러한 문맥에서 볼 때(『장자』, 19장, 곽경번 판, p.644 참조), 삶이 무엇인지를 연구하는(인식의 관점에서) 것이나 어떻게 살아야만 하는지를 탐구하는(도덕적 관점에서) 것이 아니라, 내가 현세에서 갖추고 있는 삶의 역량을 발휘하고 보존시키며, 가능한 한 최대로 만개시키는 법을 터득하는 것이다.

2

여기에서 그러므로 철학을 그 자체의 근원으로부터 재점토하게 만드는 동요가 심층에서부터 일어나기 시작한다. 이때 "근원으로부터"라 함은 철학 자체가 사유했었던 것(사유하는 법에 대해 사유했었던 것) 이전의 단계 그리고 철학이 여러 물음들 가운데에서 가능한 물음을 선택해설명할 수 있게 되기 이전의 단계를 의미한다. 생물에 대한 명명법 속에서, 아리스토텔레스Aristoteles는 세 가지 영혼 ─영양을 섭취하는 영혼, 감각적인 영혼, 사유하는 영혼─ 에 대해 분명하게 구분하고 분류했었다. 여기에서 인간을 비롯해 동물과 식물 모두를 포괄하는 "영양을 섭취하는threptike 영혼"은 다른 영혼들의 기본이 되는 일차적 영혼이다. 그러나 『니코마코스 윤리학』의 앞부분(I, 6)에서 아리스토텔레스는 영양을 섭취하고 성장하며 또한 소멸하기도 하는 이러한 생명력을 명백하게 제거시키는 일부터 시작한다.

산다고 하는 단순한 사실은 매우 명백하게 인간이 식물들과도 공유하고 있는 그 어떤 것이다. 그런데 우리가 탐구하고자 하는 것은 인간에게만 고유한 것이다. 그러므로 우리는 영양 섭취와 성장 능력으로서의 생명력은 제외시켜야만 한다.

종적種的 인간의 발달은 "이론적인 것"의 단계 —따로 떨어져 있는— 에서 사유와 인식의 활동으로, 누스Nous와 로고스의 활동으로 거슬러 올라가게 될 것인데, 우리는 이러한 사실을 어렵지 않게 예견할 수 있다. 그런데 "인간에게 고유한 것"과 그것의 발현을 사유함에 있어, 영양 섭취와 성장의 유적類的 기능을 외면하고 그럼으로써 지성의 활동을 유기체적 생명으로부터 분리시키는 것은 그 자체로 중대한 결과를 초래하게 된다. 그러나 고대 중국의 사유는 아리스토텔레스와 정확히 반대가 되는 선택을 했었다. 중국적 사유는 오히려 앎의 영역으로부터 벗어나, 내가 투여하고 있는 이 생명적 잠재력을 발휘하고 보존시킬 수 있는 능력에 집중하기 위해, 에너지와 생명력을 한없이 필요로 하고 따라서 그것을 소모시킬 수밖에 없는 인식의 활동으로부터 의도적으로 등을 돌리고 있다. 우리는 이러한 점을 고대 중국의 가장 심오한 사상가들 중 한 명이고 아리스토텔레스와 동시대 사람인 장자의 "양생술" 도입부에서 읽을 수 있는바, 나는 이제부터 이러한 방향으로의 탐구를 추적할 것이다 (3장, 곽경번 판, p.115).

나의 삶에는 끝이 있지만[有], 앎에는 끝이 없다. 끝이 있는 것으로서 끝이 없는 것을 좇는 것은 위태로울 뿐이다. 그런데도 알려고 한다면, 더욱 위태로울 뿐이다.

아리스토텔레스와 장자에게 있어 처음부터 공공연하게 표명되고 있는 단념 내지 포기는 그러므로 완전히 상반된다. 그러나 단념의 목표가 정신(그리스인의 누스^{nous})이 아니라면, 이 단념은 무엇을 향한 단념인가? 장자는 그것을 간결한 문구로 나타내고 있지만, 그것이 정확히 중국인의 의술에 의존하고 있는 한, 나는 그것에 대한 부가적 해설 없이는 분명하게 설명할 수가 없다. 이제 우리가 "따라가야만 할" 길은, 만약에 그것이 인식의 끝이 없고 따라서 출구가 없는 길이 아니라면, 우리가 우리의 신체적 존재의 배후 —근원— 로 거슬러 올라가 전적으로 다른 신체 기관, 즉 등의 중심에서 우리의 중추처럼 밑에서부터 목덜미까지 올라가는 바로 이러한 주 동맥[督](이 동맥을 통해 호흡의 숨결은 미묘하게 지나가고, 또한 이것은 에너지를 지배하는 "맥관脈管"으로서 사용된다)에 대해 관심을 갖는 것이다. 이 비어 있는 내관內管을 통해 유입되는 에너지를 아래에서 정수리까지 그 어느 한편에서도 벗어나지 않고 순환시키도록 만드는 이 동맥은 생명선으로서 이해되어야만 하고, 더 나아가 행위의 "규칙"과 "규범"으로서 "받아들여져"만 한다. 이런 초점의 이동은 매우 중요하다. 왜냐하면 이런 이동은 인식에 의한 사유를 소산消散시켜 우리를 생명적 중심축 —이 축을 통해, 유기적 조절 작용은 각자 속에서 매 순간에 이루어진다— 으로 이끌고 가기 때문이다. 장자는 바로 이런 조건에서만, 우리가 "자신의 인격을 보존하고" "자신의 생명력을 완성시키며" "자신의 일생을 만년까지 펼칠 수 있을 것"이라고 결론 내리고 있다.

3

중국인도 또한 그 가치를 알고 있었던 인식으로의 욕망과는 반대로, 이러한 유기적 생명력 위에 중심을 다시 맞추는 것 자체는, 고대 중국인이 불멸성에 대해서 생각하지 않았었다는 사실을 고려할 때만 온전히 이해될 수 있다. 중국인의 세계는 『파이돈』*의 세계와는 다르게, 벗어날 수 있는 저 위대한 "피안"을 갖고 있지 않기 때문에, 예상할 수 있는 유일한 지속은 필연적으로 개별적 존재의 신체 안에서 그리고 신체를 통해 영위되는 삶의 지속일 수밖에 없다. 따라서 사람이 죽으면, 그 사람이 지닌 영혼들의 일부는 하늘로 되돌아가 양陽의 기들과 융합되고 다른 일부는 땅으로 되돌아가 음陰의 기들과 결합되기 때문에, 그 지속은 진정한 사후의 삶을 확신하지 못하게 된다. 아직도 서구적 용어들의 흔적 속에 지나치게 고착되어 있는 —나에게는 그렇게 보이는바— 마스페로 Henri Maspero가 요약하고 있듯이, "영생"을 통한 "구원"은 도가주의자들에게는 "장생長生"의 획득 속에서만 가능하게 된다. 이 장생은 "신체 자체의 물질적 불멸성으로서" 이해될 것이다.[1] 그러므로 여기에서 갑자기 어떤 간극이 나타나게 된다. 사실 이러한 현상적인 것 —즉, 신체— 과의 균열을 더 이상 상정하지 않는다면, 그와 같은 장생은 어떤 필연적이고 내적인 연속 과정을 통해서 기대될 수 있을 것인가?

장자는 이렇게 다른 종류의 꿈 또는 더 관념적으로 말해 다른 종류의 "이상"의 길을 우리에게 밝혀주고 있다. 왜냐하면 이러한 것들은 비록

---

* 플라톤의 중기 작품 『파이돈』은 영혼 불멸설을 주제로 다룬다. —옮긴이 주

전혀 이승의 것이 아니라고 해도, 적어도 현세적 삶에서 가능한 것이기 때문이다. 이러한 삶은 바로 그러한 꿈 내지 이상 속에서 함양되어야만 한다. 다른 세계에 천국이 있을 수 있음을 상정하지 않으면서, 또는 적어도 애매모호하지 않은 방식으로, 장자는 다음과 같은 특별한 사람들에 대해 언급하는 것으로 만족해한다. 바람과 이슬만을 먹고 사는 저 멀리 떨어진 막고야藐姑射 산의 신선들(1장, 곽경번 판, p.28), 또는 대화를 나누고 있는 선고仙姑(6장, 곽경번 판, p.252)와 같은 사람들은 "백설과 같이 빛나는" 피부를 지니고 있고, "처녀의 우아함과 신선함"을 간직하고 있으며, "어린아이의 홍조"를 띠고 있다. 그들은 "천년의 삶을 살은 후에" 이 세계에 싫증이 나 흰 구름을 타고 최고천最高天으로 되돌아간다(12장, 곽경번 판, p.421). 이런 경지에 도달하기 위해서, 그들은 하나의 "도道", 즉 지혜가 적절하게 가르쳐주는 길, 장자가 수守라는 동사 —순수한 상태에서 "지킬 줄을 아는 것"— 를 통해 특징짓고 있는 이 길에 도달해야만 했었다. 어떻게 어린아이와 같은 피부를 가질 수 있느냐는 물음을 받자, 선고는 수수께끼 같은 이야기(조급해하지 않고, 인내를 가져야만 밝힐 수 있는)로 설명해준다. "나날이 나 자신을 밝히고 정화하면서(여기서는 우선 무엇을 밝히고 정화하는지에 대해 정확히 밝히지 않고 있다. 그 이유는 우리가 그 "대상"을 점진적으로 단념함을 통해서만 알아차리게 될 것이기 때문이다), 나는 모든 것을 단계적으로 '외적인 것'으로 다룰 수 있는 경지에 도달하게 되면, 나의 생명력, 세계 전체, 사물들 그리고 인생의 사소한 걱정거리까지도 더 이상 혼잡하게 만들지 않게 된다네! 그리하여 나는 오직 '절대적'이기만 한 '독립성'을 시야에 나타나게 만드는 '아침의 투명성'에 도달하게 된다네! 이 경지에서는 '과거와 현재가 동시에 소멸되고' '혼란'의

한가운데에서조차도 장애를 일으키는 것은 더 이상 아무것도 없게 된다 네! 이런 '평온함'이야말로 도달하기만 하면, 우리에게 장생을 보장해주고 삶을 '보양해'준다네"(6장, 곽경번 판, p.252)! 우리가 이렇게 세상사로부터 등을 돌릴 때, 우리는 이 총집(11장, 곽경번 판, p.381)의 다른 곳에서 알 수 있듯이, 더는 보지도 듣지도 않으면서, 더 이상 아무것의 방해를 받음이 없이 이런 "평온함明淨性"에 도달하게 되고, "자신의 신체적 존재를 더 이상 소진시키지 않고", 자신의 "정수"를 "동요시키거나" 흔들어 대지 않게 된다. 그렇게 되면, 우리는 "자신의 신체적 존재의 모든 생명력"을 간직하면서, "장생"을 향유하게 될 것이다.

　"독립적이고 자유로우며 독특한" 유일의 자아維我를 볼 수 있는 "아침의 투명성"으로의 이러한 점진적이고, 일정한 방법에 따른 접근을 나는 신비스러운 경험으로서 읽어내지(우리가 흔히 그리고 특히 마스페로가 읽어낸 것처럼) 않기 위해 조심을 하게 된다. 왜냐하면 나는 이 경지가 선고에게 던져진 유일한 질문 — "당신은 나이가 꽤 많습니다. 그런데도 어린아이의 피부 빛을 지니고 있습니다. 어떻게 그럴 수가 있죠?"— 에 답하는 것이 문제가 되는, 전적으로 삶 —속의— 존재에 관련된 것임을 잊을 수가 없기 때문이다. 자신의 도에 대해 물음을 받고 나서, 선고는 유일한 내적 능력인 생명력에 주의를 집중시키기 위해서 모든 방해가 되는 "외적인 것들" —에너지의 소모는 바로 이러한 외적인 것들로부터 나온다— 의 짐을 내려놓으라고 가르친다. 이러한 생명력은 점진적으로 정화됨을 통해, 궁극에 가서 자연적·도적(유일한) 창발성의 순수한 —충만된— 영역과 단도직입적으로("투명한" 방식으로) 소통하게 되고, 이러한 사실로부터 항상 활동하고 있는 상태(과거도 현재도 없이)로 머물게 된다. 바로 이러한 것이 본질적 요점인 것이다. 자아에 대한 고양과 초월인 이러한 경지에 도달하기 위해서, 선고는 생명력을 명백하게 다시 획득하려고 노력할 필요가 없는 것이다. 여기에서 문제가 되고 있는 젊음은 비유적 의미로 읽혀서는 안 된다. 그것은 신체적 존재의 늙지 않음을 목표로 하고 있는 것이다. 원기 왕성한 낯빛의 선고는 우리에게 말하길, "나 스스로가 삶을 독점하고 소산시키는 외적이고 개별적인 모든 투여들과 집중들 —나의 삶에 관련된 것들을 포함해— 로부터 일정한 방법에 따라 벗어남을 통해, 나는 족쇄에서 완전히 벗어난 이러한 단계에서 생명력의 공통적 원천과 일치하게 되고, 그 생명력의 끊임없는 도약력과 호흡을 같이할 줄 알게 된다. 따라서 나는 더 이상 늙지 않게 된다".

그러나 우리는 어떻게 일상적으로 자신의 주의력을 자기 자신에 집중시키는 것 대신에, 외부로 흘러가도록 방치할 —파스칼Blaise Pascal이 말하는 기분 전환— 수 있을까? 다음과 같은 일화는 정반대의 예가 되는 가치를 지닐 것이다(20장, 곽경번 판, p.695). 이 이야기에 따르면, 장자는 조릉雕陵이라는 밤나무 밭 울타리를 거닐다가, 문득 남쪽에서 이상한 까치 한 마리가 날아오는 것을 보았다. 날개의 넓이가 일곱 자, 눈의 직경이 한 자나 되었다. 이 새는 장자의 이마를 스쳐 지나가, 숲에 가서 멎었다. 장자는 의아했다. "저건 도대체 무슨 새일까? 날개는 큰데 높이 날지 못하고, 눈은 큰데 보지 못하다니!" 장자는 옷소매를 걷어 올리고 재빨리 다가가 활을 쥐고 그 새를 쏘려 했다. 그러다 문득 보니, 매미 한 마리가 시원한 나무 그늘에 멎어 제 몸을 잊은 듯 울고 있었다. 그리고 바로 그 곁에는 사마귀 한 마리가 나뭇잎 그늘에 숨어서 이 매미를 잡으려고 정신이 팔려 스스로의 몸을 잊고 있었다. 이상한 까치는 이 기회에 사마귀를 노리면서 거기에 정신이 팔려 스스로의 몸을 잊고 있었다. 장자는 이 꼴을 보고 깜짝 놀랐다. "아! 모든 사물이란 본래 서로 해를 끼치고 해는 서로를 불러들이고 있는 거구나!" 장자는 활을 내버리고 도망쳐 나왔다. 여기에서 곤충이나 까치로 하여금 "자신의 본성"을 "잊어버리도록" 만든 것은 눈앞의 이익이라는 미끼인 셈이다. 그런데 까치를 쫓고 있는 장자도 똑같은 행동을 하고 있는 것은 아닌가? 이야기가 전하는 바에 의하면, 장자는 바로 이러한 이유에서 집에 돌아온 뒤 석 달 동안 불편한 심기에 젖어 있었다. 왜냐하면 그를 외부의 것으로 향하게 만들고 에너지를 심하게 발산시키도록 만드는 외적 이익을 추구하면서, 아니면 적어도 자신의 호기심을 추종하면서, 그가 소홀히 했던 것은 자신의 양심(또는 자신의 도덕적 존재나 이상적 열망 등)이 아니라, 자신의 "고유한 인격"을 이루고 있는 것, 그의 개별적 "자아", 즉 외부의 것에 대한 모든 탐진에서 벗어나, "진정한" 존재가 되는 그러한 자아이기 때문이다. 장자 또한 그러한 자아를 "수호하는 것"을 "망각함"에 의해 자신의 생명적 존재마저도 위험에 빠뜨리게 만들 정도에 이른 점이 이 이야기 속에서 일련의 연속적 단계에 따라 비유적으로 이야기되고 있는 것이다. "망각", 에너지 낭비, 그 결과 닥치게 될 위험, 그러나 우리가 여기서 지적해야 할 점은 그러한 것이 잘못도 아니고, 죄는 더더욱 아니라는 사실이다. 최후의 심판도 부활도 없는 이 세계 안에서는, "자신의 영혼을 구원하는" 일이 아니라, 자신의 생명을 안전하게 지키는 일만이 존재할 뿐이다.

4

그런데 만약 내가 『장자』에서 "생명적인 것"과 그것을 "양생함"에 대한 사유의 발전 과정을 추적하는 일에만 몰두한다면, 그것은 단순히 내가 이 사유 속에서 그리스 철학을 잉태시켰고 무르익게 만들었던 암묵적 선택들로부터 우리를 멀어지게 만드는 특정 학문 분과 —본보기가 될 만한 제목이라도— 를 볼 수 있기 때문만은 아니다. 그것은 우리가 장자의 사유 속에서, 외물의 관점 —그 자체가 굳건히 구축되어 있고 자의식을 지닌— 에서 우리(여기에서 "우리"란 진리와 자유에 대한 탐구 사이에서 발전된 서구적 우리를 의미한다)의 정신을 형성시켰던 "이론적" 선입견(관조^{theorein}의 선입견)을 재검토해볼 수 있는 기회이기 때문이다. 내가 관심을 지니고 있는 것은, 고백하자면 오히려 일반적 방식으로, 나의 사유를 가능케 하는 조건들이다. 바로 그러한 이유에서 나는 어떻게, 다시 말해서, 어떠한 전략에 따라 나 자신의 정신에서 한걸음 물러서서 사유할 수 있을까에 관심을 지니게 된다. 왜냐하면 중국적 외재성과 이 외재성이 행하는 해체의 효과가 나에게는 그러한 물러섬의 역할을 수행하게 될 것이기 때문이다. 그것은 단번에 공공연하게(극적으로) 특정의 입장을 취하고, 하나의 "주장"을 발전시켜나가는 것 —철학은 그 탁월성을 보여주기 위해, 매우 자주 이러한 일에 몰두한다— 과는 다르다. 이번에는 전혀 다른 것이 문제가 된다. 왜냐하면 "자신의 가치 있는 삶을 가꾸는[養生]" 문제는 새로운 논쟁을 불러일으키기 때문이다. 나는 이미 앞에서 이러한 논쟁이 전개되었었음을 알고 있다. 그러나 여기에서는 이 논쟁이 새로운 차원을 맞게 되었기 때문에, 나는 그것을 밝히기 위해 더 많은 노력을 기울일 수밖에 없게 되었다. 사실 이러한 양생술에 대해 고대 중국 사상가들이 기울였던 관심은 명백하게 아직도 의심할 여지없이 현대 중국인의 가장 특징적이고 함축적이며 여전히 지속되고 있는 풍습들 중 하나이다. 중국인의 이러한 관심은 세상사 해결에 점차 관심을 더 기울이게 된 오늘날 서구인의 사유에 근본적인 변화를 초래하고 있다. 기독교적 사유로부터 벗어났기 때문에 자신의 행복에 대한 열망을 초월적 세계 속에서 찾지 않을 뿐만 아니라 개인적 원인보다 상위에 있는 원인들(혁명, 조국 등)의 이름으로 행해지는 희생으로 점점 덜 인도되고 있는 세상 속에서, 우리가 일단 이런 모든 투사들과 기대들을 백지화하고 나면, 우리에게는 적어도 환상이라고 의심을 받지 않게 될 "이 세계"를 운영하고 "지켜 나가는 일" 외에는 아무것도 남지 않게 될 것이다. 각각의 개별적 존재에 주어져 있고 모든 이념적 포장들로부터 벗어난 것으로서의 이 삶의 자산은 추호도 의심할 여지가 없는 —바로 그러한 이유에서 "진정한"— 유일한 "자아"가 될 것이다.

나는 이에 대한 증거로서, 심리학적인 것과 의학적인 것 사이의 경계선에서 오늘날 그것이 어떠한 차원의 앎인지를 알지도 못한 채, 잡지 류에서 번성하고 있는 모든 아류 문학(웰빙, 건강, 인생에 대한 것)을 들 수 있다. 특히 이러한 류의 잡지들은 흔히 중국을 참조하고 있다. 마치 중국이 우리를 이런 거대한 이원주의(서양이 예전부터 십자가처럼 짊어져왔던)로부터 해방시키는 관費으로서 사용될 수 있을 것처럼 말이다(마치 플라톤이나 데카르트René Descartes를 포함한 서구의 위대한 철학자들은 그들 자신이 도구로서 활용해왔던 이러한 이원주의를 초월하기 위해 아무런 노력을 기울이지 않았던 것처럼 말이다). 그래서 우리는 오늘날의 서점들이 판매대에서 철학자들의 작품을 치우고, "건강"과 "영성" 사이의 불분명한 영역을 열면서 기氣, 에너지들의 조화, 섹스의 도道, 인삼, 된장, 콩 등에 관한 책들(그러나 이 책들은 심혈을 기울인 노작勞作이 아니기 때문에, 진정한 의미에서의 저자가 없는 셈이다)을 채우고 있음을 보게 된다. 나는 "동양"에 이렇게 매달려, 동양의 관념적 모호성의 보호 아래 번성하고 있는 이러한 아류 사상이 내게 공포심을 일으킨다고 항변하지는 않겠다. 왜냐하면 내가 처음에 나의 탐구를 안내해줄 것으로 언급했던 이런 귀중한 "비분리" —내가 그 이론적 결론들을 도출해내고자 원했던— 와 혼탁한 호수 —"인격적 발달"이라고 명명해야 합당한 것에 대해 선전하는 모든 사람들이 정신의 무감각으로부터 지나치게 쉽사리 이익을 낚아 올리고 과대 선전을 하는 곳으로서의 호수— 사이에는 확실히 깊은 도랑이 존재하고 있기 때문이다. 우리는 차라리 쌍방이 모두 반대 방향으로 행동하고 있다고 말하는 편이 나을 것이다. 바로 이러한 이유에서, 나는 오늘날의 서구를 은밀하게 장악하고 있는 사악한 이념적 의식을 비난할 수밖에 없다. 따라서 지금이야말로 호흡, 조화 그리고 "양생"에 대한 사유를 바로 이러한 사이비-앎으로부터 축출해내고, 그러한 사유가 지닌 정합성을 증명함으로써, 그것을 철학적 사색의 장 속으로 통합시켜야 할 중요한 때이다. 그렇지 못할 경우, 우리는 서구적 사유가 그 자신이 구축했던 이상적인 것들과 나태하게 결별하면서 사회적으로 해로운 비합리주의에 빠지는 것을 보게 될 위험이 있다. 우리는 이러한 시도가 또한 은밀하게는 정치적 시도 —물론 그와 같은 시도를 발전시킬 필요조차 없지만— 임을 이해할 수 있게 될 것이다.

『장자』는 양생술 —일반인들을 입문시키고자 하는 심오한 비법— 에 기울여진 이러한 관심이 적어도 무엇에 대립되는 것인지를 분명하게 밝히고 있다. 그래서 장자는 학파들 사이에서 일어난 논쟁(예를 들어, 묵가주의와 유교주의 사이에서 벌어진 논쟁)에 대해서뿐만 아니라, 좀 더 광범위하게는 우리의 에너지를 헛되이 소비하게 만드는 모든 논쟁만을 위한 논쟁도 소개하고 있다[그는 이런 에너지 소비의 대표적 예로서 궤변론자 혜시惠施를 들고 있다. 그는 책상에 등을 대고 앉아서, 책상의 "단단한 것"과 "흰 것"에 관해 변증법적으로 반박하기 위해[堅白論] 자신을 소진한다(2장, 곽경번 판, p.74; 5장, p.222 등 참조)]. 양생술은 또한 영웅주의에 그리고 행동하고자 하는 의지에도 대립된다. 그래서 장자는 "과거의 성인들은 무예를 연마하지도 원대한 계획을 세우지도 않았었다"라고 말한다(6장, 곽경번 판, p.226). 고대의 중국은 잘 알려져 있듯이, 영웅의 업적을 찬양하는 서사시가 없었던 문화이다. 장자는 자문한다. "'타인을 살리기' 위해 그리고 그렇게 함으로써 명성을 얻기 위해 자신의 목숨을 잃어가면서까지 세상의 선을 위해 스스로를 희생시킬 필요가 있는가"(18장, 곽경번 판, p.609)? 장자의 이 같은 양생에 관한 물음은 곧장 인간적 존재 안에서 가장 근본적인 선택은 무엇인지에 대한 물음을 끌어들인다. 그런데 이런 선택은 어느 경우가 되었든지 간에 선과 악 사이의 선택 —고대 그리스의 서사시에서 그려지고 있는 헤라클레스Hercules의 악과 덕 사이에서의 선택— 보다 훨씬 더 근원적이다. 왜냐하면 이러한 선택에서는 항상 다소간 외적인 가치들의 문제의 근원에서 발생하는 "자신"에 대한 관리 및 "경영"만이 문제가 되기 때문이다. 우리는 이러한 자신에 대한 관리라는 문제의 원리가 무엇보다도 우선적으로 경제적인 것임을 잘 알고 있다.

그래서 우리는 장자가 고찰하지 않았던 점이 바로 이러한 극단성의 관점에서 드디어 나타나게 됨을 발견한다. 사실 그는 아무런 어려움 없이, 도덕(왜냐하면 선에 대한 관심은 이러한 생명력의 발현을 자연스럽게 구속하기 때문에)을 초월하라고 말한다. 그러나 그는 자아를 상실함을 통해 얻는 즐거움의 정당성에 대해서는 생각하고 있지 않다. 그러한 생각을 하지 않는 이유는 그가 자신의 생명력을 지키지 못하고 에너지를 소모시키기보다는, 의식적인 선택을 통해 장생을 희생시키면서까지 어떤 가치를 실현하고 싶어 하는 욕망 자체를 상상하지 않기 때문일 수도 있다(그것은 우리가 모든 불멸성을 포기한 것과도 같다). 그런데 나는 이러한 두 태도를 어떻게 조화시켜야 할지 그 방법을 알지 못한다. 그중의 한 태도는 우리가 "자아"로서 "기리는", 가장 본질적인 것을 구성하는 생명적 자산을 정화시키고 명확하게 하는 것으로서 최선을 다해 보존해, 그것이 "외부의 것" ─공포 또는 욕망의 관심사들─ 이 지닌 모든 것을 소진시켜버리는 힘의 압력 아래 점차 줄어드는 가죽*처럼 수축되지 않게 하는 것이다. 또 다른 하나의 태도는 자신이 지닌 생명력의 자산을 보존하기 위해 지금까지 기울여온 모든 사소한 노력들을 오르가즘적 도약력 속에서 단숨에 폐기시켜버리는, 발자크Honoré de Balzac의 소설에 나오는 젊은 주인공 라파엘의 태도이다. 사실 그는 "사랑에 도취해" 엄청나게 사치스러운 파리의 한 호텔에서 애인 폴린느의 젖가슴을 깨물며 죽어가면서 자기 보존의 본능을 파괴하는 힘 덕분에, 이러한 오르가즘의 궁극적 경련을 신과 함께함apothéose의 경지로 승화시키고 있다.

─────────────────

* 발자크의 소설 『나귀 가죽La peau de chagrin』에서, 주인공의 소망을 이루어주는 신기한 힘을 가진 가죽이 그것을 이용할 때마다 점점 줄어든다는 이야기에서 나온 표현이다. ─옮긴이 주

2

정련과 고착 상태에서 빠져나옴을 통해
자기 자신을 발전적으로 유지하기

1

라파엘의 행위는 생명력의 완전한 소진이자, 자신의 한계에 과감히 맞서는 비극적 도전이라 할 수 있다. 아니면 그러한 행위는 정반대로 자신의 잠재력에 대한 신중한 경영이자, 내재성의 사유와의 만남을 통해 지혜의 도塗 속으로 고양되는 행위라 할 수 있다. 사실 우리는 자신의 욕망에 관해 글을 쓸 때, 욕망 자체에 직접 부딪치는 것이 아니라, 그것으로부터 일정한 거리를 둘 때 더 잘 쓸 수 있다. 그렇다고 해서, 삶에 대한 이런 중국적 양생은 과연 우리에게 라파엘의 운명처럼 친밀한 것이 될 수 있을까? 우리가 그런 양생에 친밀해지기에는 하나의 저항점이 우리를 가로막는다. 우리는 중국적 사유를 이해하기 위해 바로 이러한 저항점에 접근할 수 있는 길을 제대로 개척해야 할 것인바, 우리는 이 길을 "인격적 계발"이라고 명명해야 적합할 것이다. 물론 이때의 계발은 전적으로 다른 존재로 개종하는 것 —이는 서양 철학자의 해결책이다— 이 아니라, 자기 자신의 인격적 정합성을 생산해내는 것이다. 그렇다면 우리가 "자신"에 대한 보존이자 동시에 정화라고 지칭했던 것은 어떻게 서로 연결되어 결합될 수 있는가? 아니면 나의 육체적 존재를 벗어나 정화 내지 정제시킴을 통해, 나는 어떻게 그 존재를 그것의 도약력 속에서 "보전"하고, 나의 생명력의 충전적 —"도가적"— 체제를 확보할 수 있을까?『장자』외편(19장, 곽경번 판, p.630)에 따르면, 우리는 무엇보다도 먼저 이러한 효과를 얻는 데 도움이 되지 않는 모든 활동과 앎으로부터 벗어나야만 한다. "삶이 무엇인지를 진정으로 이해하게 되는 것"은 진정한 삶에 유용하지 않은 것에 대해서는 관심을 두지 않는 것이고, "운명을 진정으로 이해하게 되는 것"은 그 운명에 아무런 영향을 끼치지 않는 것에 대해서는 관심을 기울이지 않는 것이다. 이리하여 필요 없는 고찰들은 적법한 고찰들을 위해서 제거된다. 일련의 결론들은 다음과 같은 고찰들을 통해 도출된다. 즉, 우리는 "우리의 신체적 형상을 보양하기" 위해서, 확실히 "물질적 자원들과 자산들에 호소하는 것으로부터" 시작해야만 한다. 그러나 "물질적 자원들과 자산들을 지나치게 소비함에도 불구하고, 그런 소비만큼 우리의 신체적 형상을 보양시키지 못하는 일이 일어날 수도 있다". 좀 더 높은 단계에서도 사정은 마찬가지이다. 확실히 "우리의 생명력을 확보하기 위해서", 우리는 우리의 "신체적 형상에서 벗어나지 않는 일부터 시작해야만" 한다. 그러나 우리는 또한 "우리의 신체적 형상과 분리되지 않아도, 우리의 생명력이 현저히 심하게 위축될 수 있음"도 안다. 우리가 매우 일반적으로 생각하는 것과는 반대로, 장자는 "자신의 신체적 형상을 기르는 것만으로는 자신의 생명력을 유지하기에 충분치 않다"고 간단하게 결론짓는다. 첫 번째 행위는 두 번째 행위의 "필요"조건은 되지만, "충분"조건은 못된다. 그러한 사실로부터 핵심적 문제가 다음과 같이 논리적으로 제기된다. 즉, 간략하게 나의 신체라고 부를 뿐만 아니라 더 본질적으로 ―"더 정수적으로"― 나의 "삶"이라고 부르는 것을 효과적으로 "양육시키기" 위해서, 나의 신체적 형상을 배양하는 일 이상으로 ―물론 그 이상의 일도 이러한 신체적 형상으로부터 분리되어 있지 않다. 그러므로 신체와 분리된 "정신적인 것"은 문제가 되지 않는다― 어떠한 일을 해야만 하는가?

만약에 내가 오직 관념적 관점에만 만족한다면, 문제는 다음과 같이 제기될 것이다. 우리가 이 "양육"을, 두 차원을 분리시키지 않은 채 본래의 뜻과 파생된 뜻 사이에서 사유할 수 있는 것은 신체적 형상과 분리되지 않으면서도 그 신체적 형상을 초월할 수 있고, 또한 그것에 생명력을 불어넣고 활성화할 수 있음을 인식하는 조건하에서일 뿐이다. 그러나 우리는 이 두 차원을 효과적으로 연결해주고, 그리하여 물질적인 것과 정신적인 것의 거대한 이원론을 경험 안에서 재흡수할 수 있는 어떠한 매개물을 찾을 수 있는가? 다시 말해서, 우리는 어떠한 받침점으로부터 출발해야 구체적인 것과 분리되지 않는(그 결과, 저 유명한 "질적 비약"을 산출하지 않는) 질적 고양을 생각할 수 있을까? 나는 이러한 매개와 받침점을, 중국적 사유가 그토록 집중적으로 관심을 기울이고 있는 바로 저 섬세함의 전이 단계 속에서 발견할 수 있다고 생각한다. 이때의 섬세함은 물리적인 것과 구체적인 것의 영역을 언제나 떠나지 않으면서도(그러므로 그것은 신앙의 차원에 속해 있는 것에 호소하지 않는다), 동시에 구체적인 것의 둔중함과 한계 그리고 불투명성으로부터는 이미 벗어나 있다. 사실 중국인은 인식을 위한 순수한 목적에서 그리스인과는 달리, "존재"의 서로 전혀 다른 차원들에 대해서 물음을 던지지 않았었다. 그들은 실제로 최대한의 효력을 도출해내기 위해 더 유연하고 덜 고착적인 태도를 취했기 때문에, 더 "생생한" 바로 이 "얽매이지 않고" "명정한" 단계에 대해 열정적으로 관심을 쏟았던 것이다.

　나 자신은 이미 여러 통로를 통해 그러한 단계에 도달했었다. 이 통로들은 그러한 단계를 우리의 경험에 열어주고 있다. 그리하여 이것은 미학에서는 담박淡泊의 무한한 맛일 것인바, 이 무한한 맛은 하나의 음이 노래로 또는 하나의 형태가 회화로 막 나타나기 시작할 때, 아니면 이미 노래와 회화로 흡수되고 있는 중일 때, 회화에서의 여백과 충만 사이의 전이적 단계에서 또는 음악에서의 침묵과 음 사이의 전이적 단계에서 나타나는 음 또는 형태인 것이다. 이러한 담박의 맛이 단순히 그 기본적 형태만 만들어지거나 또는 형태 속에 흡수되기 시작했다 할지라도, 그 맛은 더 이상 그것의 현전이 야기하는 원초적 불투명성을 부과시키지도 않고 더 이상 특정의 것에 의해 한정되지도 않기 때문에, 오히려 멀리 퍼져나가고 함축적이며 모든 것에 스며들어 무한히 발산될 수 있다. 이러한 단계의 섬세함은 전략 속에서는 전장에서 군사들을 배열시키기 이전에 이미 작용함으로써 적을 상대적으로 무기력하게 만들어버리는 작전의 유연성과 유순함일 것이다. 적이 처한 상황과 반대로, 아군은 정신을 예민하게 유지할 줄 앎을 통해 적에게 들키지 않게 될 뿐만 아니라, 동시에 극단적인 반작용을 아군의 것으로 만듦으로써 아군의 잠재적 능력은 끊임없이 새로워진다. 이렇게 되면, 적군은 그들의 여러 작전 계획들과 진영 배치의 경직성에 의해 옭매이고 굳어버린다. 그리하여 상대

편은 현실화한 것 안에만 파묻혀 움츠러들게 되는 반면, 나는 가능적인 것의 유연한 단계에서 나 자신을 유지할 수 있다.

중국인의 모든 실제적 행동들은 이러한 점으로 되돌아온다. 장자가 여기에서 적절하게 끌어들이고 있고, 앞에서도 인용되었던 주요 용어들 중 하나는 이미 이와 같은 의미를 잘 나타내고 있는바, 그것은 우리가 "본질" 또는 더 잘 표현하자면, "정수[精] —"꽃", "뽑힌 것", "최고의 것", "에너지"— 로 번역했던 것이다. 이것은 물질적인 것 안에서, 그러나 세련된 방식으로 잘 자리 잡고 있다. 본래 선별되거나 정제된 쌀알을 지칭했던, 따라서 어떤 것의 "순수한 정수"라는 의미를 지닌 이 용어는 남성의 정자뿐만 아니라, 주정[酒精] 그리고 에너지화해 그것의 효력을 남김없이 펼치는 순간의, 그렇게 정제되어 정묘해진 모든 물질을 지칭하기 위해 쓰이기도 한다. 바로 그러한 이유에서, 이 경지의 것은 만질 수 있는 것, 불투명한 것, 생기 없는 것, 마비된 것, 조야한 것들의 단계에 대립된다. 내가 이러한 것을 이렇게 "정묘한 것"이나 "정신" 또는 "극도로 정교한 것"으로 번역해야만 한다면, 나는 갑자기 (서양의) 과학과 그리고 과학의 실험적이고 수학화한 그리고 모델화한 합리주의 —우리는 물론 이것이 지닌 진리의 엄청난 효력에 대해 이의를 제기할 수는 없다— 의 위대한 정복 앞에 몽매주의적[蒙昧主義的] 어휘를 다시 제시하는 것처럼 보일 수 있음을 잘 안다. 그럼에도 나는 이것을 너무 오래된 정신 상태의 잔존물이라고 회피하기보다는 오히려 이 용어 앞에 멈춰 서서, 나 자신을 이것에 집중시키기로 마음먹었다. 사실 장자 사상에 대해 주석을 다는 데 있어 이 용어의 중요성 이상으로, 나는 이 용어에서 우리의 이성의 역사에 병행해 자리 잡고 있는 중국적 사유를 검토하면서, 유럽의 근대과학이 그것에 고유한 조작적 선택들을 작용시켜, 우리의 경험 중에서 가장 근원적인 경험, 즉 생명을 지닌 것에 대한 경험을 정확하게 재발견하고 다시 그것을 은폐시키는 데 기여했었던 것(우리는 전통적으로 이런 경험을 연금술 안에서만 인정했었다. 그러나 이 같은 인정은 정확히 말하자면, 그런 경험을 훨씬 더 배제시키는 결과를 낳았다)을 회복시키고 다시 생각해보는 기회를 발견하게 된다. 따라서 그때부터 오늘날까지 우리는 그러한 경험을 단지 왜곡되게 그리고 문화적 억압의 방식으로, 즉 비의적秘義的이고 불가사의하며 반이성주의적 방식으로만 다시 만나게 되었기 때문에, 나는 그러한 태도의 피해에 대해 말하기 시작했던 것이다. 따라서 이러한 태도와는 반대로, 우리는 정련화 —명정화— 로부터 잉태된 이러한 "정묘함" 또는 "극도로 정교화함"을 우리의 가지성의 영역 안으로 들어오게 만들고, 또한 구체적인 것과 정신적인 것 사이에 그리고 본래의 의미와 파생된 의미 사이에 다리를 놓는 작업을 진행시키는 것이 적절할 것이다. 장자의 지성은 바로 이러한 다리를 놓는 데 효과적으로 기여하게 될 것이다.

이런 작업은 특히 도덕적 주제를 다루는 방식과는 다르게, 세상사에 대한 근심을 덜어버리고 속박에서 벗어나는 것 —동서양의 지혜는 우리에게 진력이 날 정도로 이러한 상태에 도달하도록 끊임없이 권고해왔었다— 이 어떻게 자신 안에 있는 생명력을 강화시키는 데 효과적으로 작용하게 되는지를 더 잘 이해할 수 있도록 만들어줄 것이다. 장자는 연이어 "어떻게 나는 꾸준히 이러한 해방에서 정련화, 그리고 명정화로의 과정(정이우정精而又精이라는 표현에 나타나는 동사 정精의 반복 용법을 참조)에 깊게 관여함"을 통해, 나의 내적 흐름과 역동력에 맞서 거칠게 방해하고 있는 이러한 모든 세상사들의 고정화하고, 차단시키며, 짓누르는 점들로부터 단숨에 벗어나는 경지에 도달할 수 있을지를 밝혀주고 있다. 우리는 이 내적 흐름과 역동력을 투명하고, 현묘하며, 활기 있게 만듦으로써, 그리고 나 자신 안에서뿐만 아니라 세상의 거대한 창발 과정 안에서도 끊임 없이 생명력을 활짝 꽃피게 만드는 이 유입된 에너지의 항구적 운동과 언제나 더 밀접하게 재결합함으로써 그러한 해탈의 경지에 도달할 수 있게 된다. 사실 우리 신체의 양분을 섭취하는 신진대사가 가장 초보적 단계에서 이미 드러내고 있듯이, 그리고 존재자들의 삶과 죽음에 리듬을 부여하는 "모임"과 "흩어짐"의 번갈아 나타남이 우주적 단계에서 전개되는 것과 같이, "자신의 삶을 기른다"는 것은 그 섬세화(정수화)를 그 극단으로까지 밀고 감으로써 언제나 "자기 자신을 발전적으로 유지시키게[能移]"됨을 의미한다. 그러한 것이 가장 중요한 점이다. 양생은 어떠한 것을 향한 발전이 아니라, 새로 거듭남이다. 그것이 일으키는 변화는 다시 활력을 불어넣는 것 외의 다른 어떠한 것도 목표로 삼지 않는다(바로 이러한 점에서, 그것은 우리로 하여금 서양이 그렇게 열심히 몰두했던 문제, 즉 의미의 문제로부터 벗어나도록 해준다. 사실 산다는 것 그 자체는 우리가 알다시피 의미를 갖고 있지 않다). 또는 장자가 이전에 같은 책에서 매우 간결한 문구로 언급했다시피, 우리는 이러한 세상사들의 "속박"과 족쇄로부터 해방됨을 통해 "한결같음-평온함"에 다가가야만, 끊임없이 세상을 관개灌漑시키는 자연적 변화의 능력을 우리 자신 속에서 되찾게 된다. 이러한 창발성으로 향하고 그것의 내재성과 일치함[與彼]을 통해, 우리는 (자신 안에 있는) 삶을 "변화-자극시키고" 따라서 끊임없이 다시 펼치게 만들 것이다[與彼更生].[1] 그런 삶을 특정한 일에 집중하거나 특정한 표상 또는 감정 —우리는 외물을 돌보느라, 이러한 일들을 하게 된다— 에 집착하도록 방임해, 그 결과 침체되고 쇠약해지도록 만드는 대신에 말이다.

2

그럼에도 여기에는 우리를 실망시키는 면도 있다. 우리는 삶에 대한 하나의 선택을 해야 하는 시점에서, 과연 양생은 어떠한 의미를 지니는지 정확히 알기를 원했었다. 우리는 우리의 복잡하게 얽혀 있는 사유의 심층으로부터 가장 덜 추상적인 것 —우리 안에 있는 생명력의 원천— 이 나타나도록 만들었다고 주장했었다. 이 "양생"은 더 이상 "신체"에 대한 양육에만 좁게 한정되지 않는 순간부터, 필연적으로 사변적인 것에 대한 양육으로 빠져들게 될 것인가? 우리는 여기에서 어떻게 양생의 경험을 두 영역으로 분리시키지 않고 표현할 수 있을까? 즉, 우리는 어떻게 한 차원의 경험을 상실하지 않으면서, 동시에 다른 차원의 경험도 구성할 수 있을 것인가? 앞서 언급되었던 장의 그다음 부분을 살펴보자(곽경번 판, p.645). 제후는 자신이 찾아간 집의 주인에게 "나는 당신의 스승이 당신에게 양생술을 가르쳐주었다고 들었는데, 당신은 그 가르침 중에서 무엇을 기억하고 있는가?"라고 물었다. 이 주인은 차분한 어조로 대답하기를, "저는 스승의 집 문 앞에서 비질만 했을 뿐입니다. 제후께서는 제가 무슨 가르침을 기억하기를 바라십니까?" 우리는 이 주인이 대답을 회피했다고 믿거나 또는 겸손함을 보여주고 있다고 생각할 수도 있지만, 실제로 내가 생각하기에는 그렇지 않다. 우선 중국에서 "대답하지 않는다"는 것은 이미 상대방에게 그가 이해할 능력이 없음을 깨닫게 해주는 우회적 대답의 방법이라는 것을 우리는 너무나 잘 알고 있다. 따라서 만약 묻는 자가 자신이 원하는 대답에 도달하고 싶다면, 그는 스스로의 힘으로 앞으로 나아가야만 할 것이다. 그러나 문 앞에서의 비질은 그가 생명력에 대한 보존과 갱신의 가장 초보적인 단계에 이미 참여하고 있음을, 다시 말해 신중하면서도 효과적인 자기 유지를 기본적인 일상생활 속에서 행하고 있음을 의미하는 것이다. 우리가 흔히 사찰 안에서, 그것도 특히 일본의 사찰 안에서 볼 수 있는 다음과 같은 예를 살펴보자. 사찰 안에서 수행하고 있는 스님들은 단순히 물기만 적신 걸레를 가지고서, 열의가 없는 것도 있는 것도 아닌 몸짓으로, 서두르지도 그렇다고 느리지도 않은 속도로, 사물들의 형태를 너무 힘주어 받아들이지도 그렇다고 전혀 안 받아들이지도 않으면서 계단을 쓸거나 난간을 닦는데, 나는 실로 이런 행위 또는 동작, 즉 매 걸음마다 다시 행해지는 비질의 운동 자체 속에 이미 그 답이 들어 있다고 생각한다. 그러나 제후는 이러한 비질의 의미를 깨닫지 못하고, 분명히 어떤 이론적 내용을 기대했었던 듯싶다. 그럼에도 제후가 다시 묻자, 비질하고 있던 제자는 간결하게 대답한다. "저는 스승께서 다음처럼 말하는 것을 들었습니다. '자신의 삶을 기릴 능력을 갖추는 것은 양을 기르는 것과 같다. 만일 뒤로 처지는 양들이 있으면, 우리는 이러한 양들에 채찍을 휘두르지 않는가?'"

우리는 풀을 조금이라도 더 뜯어 먹기 위해, 무리로부터 벗어나 여기저기에 멈춰 서 있는 양들을 쉽사리 연상할 수 있다. 초원 전체에 흩어져 뒤로 자꾸 처지는 이 몇 마리 양들은 양떼 전체의 진행을 지연시킨다. 그러나 여기에서 왜 하필이면 양의 예를 들어 이야기할까? 이는 아마도 단순히 "기르다, 양식을 주다"를 뜻하는 중국어 양養이 양식을 취하는 핵심 행위인 먹다[飼]와 양[羊]의 어간으로 구성되어 있기 때문일 것이다. 더 정확히 말하자면, 자신의 삶을 가꾸는 것에 대해 지녀야 할 태도는 목동의 태도, 즉 양들이 풀을 뜯어 먹고 싶은 대로 놓아두고 양떼 전체의 보행 속도를 유지시키면서도 뒤처지는 양들에 대해 결코 시선을 떼지 않으며, 사육하는 태도와 같은 것이기 때문이다. 사실 이 목동은 분명히, 자신의 신도들을 사막을 가로질러 좀 더 푸르고 비옥한 약속의 땅으로 인도하는 복음서의 훌륭한 목동처럼, 맨 앞에서 진두지휘하며 양떼를 인도하지는 않는다. 그는 오히려 모든 양들이 계속해 나아갈 수 있도록 하기 위해, 양떼 뒤에서 자신의 지시에 반항해 여기저기에 멈추려는 양들을 보살피는 일에 만족한다. 여기에서 목표로 삼고 있는 것은 어떤 이상理想으로 나아가는 것이 아니라, 우리가 이미 언급했듯이, "단순히" 진행시키기만 하는 것이다.

우리의 물음은 이렇게 가장 개괄적인 상태에 머무르기 때문에, 특정의 훈계적인 자기 성찰 —오늘날에도 여전히 성당에서 어린이들이 치러야만 하는 저 유명한 "자기 성찰"의 시험— 에 한정되지 않는다. 우리는 실질적인 것, 즉 앞으로 나아가되 내면적 차원에서 미래를 열며 나아가는 것에 대해서만 관심을 나타낸다. 자기 성찰은 신체적 차원뿐만 아니라 도덕적이고 심리적인 차원에서, "내 안에서 뒤처지고 있는 것은 무엇인가?"를 묻는 것이어야만 한다. 이 뒤처지고 있는 것은 성향, 기능, 충동 또는 감정으로서 해석될 수 있다. 내가 그 뒤처지고 있는 것들을 전체 대열 —내 삶의 전개를 주도하는 공통적인 대열— 에 따르게 하도록 하기 위해 그리고 또한 그 전체 대열도 세속 전진하도록 다그치기 위해 채찍질해야만 할 것은 무엇인가? 자기 성찰은 의학적이고 병리학적인 차원에서 마치 암

세포의 고유한 진행 상태를 탐구하기 위해, 다른 세포들의 전체적 기능들로부터 따로 떼어내어 그 세포가 암으로 변하게 되는 과정을 연구하는 것과 같은 방식으로 해석될 수도 있다. 그것은 우리가 자기 성찰을, 자신의 심리적 삶을 계속 전개해나가는 것이 아니라 과거의 특정 사건에 고착해 있는 신경쇠약 환자에 대해 읽어내듯이, 정신분석학적 방식으로 읽어낼 수 있는 것과 전적으로 동일하다. 사실 신경쇠약 환자는 본래 병을 일으켰던 과거 상태에 대한 "고착"으로부터 빠져나오지 못하고, 또한 가장 일반적인 방식으로 성적 충동(프로이트^{Sigmund Freud}가 말하는 리비도^{libido})이 투여되는 방식을 특징짓는 관성으로부터도 빠져나오지 못한다. 왜냐하면 이 성적 충동은 정신분석학에서 알 수 있다시피, 언제나 예전의 자세를 탈피해 새로운 자세로 나아가는 데 반감을 느끼기 때문에, 그리고 유착과 고착에 의한 마비 상태에서 벗어나지 못하는 경향을 지니고 있기 때문이다.

반면에 중국적 해석은 관습적으로 이러한 자기 자신을 발전적으로 유지해가는 "길" ―중용― 만을 중시하고, 그 중용으로부터 벗어나는 극한치를 중시하지 않는 태도를 지니고 있다. 그리하여 제후의 주인은 마침내 자신의 생각을 밝히게 된다. 옛날에 암벽 사이에서 물만 먹고 사는 단표單豹라는 사람이 있었다. 그는 이익을 얻을 수 있는 어떠한 관계도 맺지 않았고 따라서 사람들과의 교제에서 발생할 수 있는 어떠한 걱정거리도 갖고 있지 않았기 때문에 자신의 생명력을 보존할 수 있었고 언제나 어린아이의 얼굴빛을 띤 채 70세의 나이에 도달하게 되었다. 불행히도 그는 굶주린 호랑이를 만났는데 적막한 곳에 홀로 사는 그를 보게 된 호랑이는 아무런 어려움 없이 그를 한입에 삼켜버렸다. 다른 한편,

장의張毅라는 사람은 집이 없어 양반집의 단골 식객 노릇을 했지만 40세에 이미 내적으로 쇠약해져 열병에 걸려 죽었다. 한 사람은 자신의 내면을 키웠으나 호랑이가 밖으로부터 그를 먹어버렸고, 반면에 다른 한 사람은 자신의 외면을 키웠으나 질병이 그를 내부로부터 공격했다. 이 둘 중 어느 누구도 자신의 배후에서 어슬렁거렸던 불운을 후려쳐 물리칠 줄은 몰랐던 것이다. 진정으로 생명을 보양하는 길은 그러므로 이 두 극단 사이에 있다. 그러나 우리는 중용이 단순히 은둔적 삶과 사회적 삶이라는 두 극단으로부터 동등한 거리에 있는 것으로 잘못 이해해서는 안 된다. 왜냐하면 양 극단의 삶으로부터 단순히 등거리만 유지하는 삶은 불가피하게 고정화해, 삶을 쇄신시키지는 못하게 될 것이기 때문이다. 사실 새롭게 거듭남의 기술은 이 두 극단을 번갈아 채택하는 것이다. 공자(보통 장자는 공자를 냉소적으로 묘사하지만, 여기에서는 분명히 중용의 대가大家로서 인정하고 있다)는 중용에 대해 다음과 같이 언급하고 있다. 잘못은 내면의 세계로 은둔하는 것도 아니고, 외부 세계에서 적극적으로 활동하는 것은 더욱 아니다. "숨어 지낼 정도로" 내면의 세계로 은둔해 다른 사람과 어떠한 관계도 맺지 않는 것(외부로부터 위험이 닥쳤을 때도 홀로 있고, 무방비 상태에 처할 정도로)은 잘못이다. 또한 휴식을 전혀 취하지 않고 자기가 전념하고 있는 일에 치어, 압박감과 음모 등에 지속적으로 노출될 정도까지 외부 활동을 하는 것도 마찬가지로 잘못이다. 잘못은 은둔적 삶 또는 사회적 삶 중에서 어느 하나의 입장을 취함 속에 있는 것이 아니라, 그 입장이 무엇이 되었든지 간에 단 하나의 입장에만 매달려 그 속에 매몰되어버림 속에 있다. 좀 더 정확히 말하자면, 잘못은 반대되는 입장으로부터 스스로를 차단시킴을 통해 특정 입장 속에서 고립되고 따라서 자신이 취하고 있는 입장으로부터 벗어나라(계속해서 전진하기 위해)는 부름에 마음의 문을 닫아버리는 데 있다. 다른 가능성을 배제해버리는 그러한 삶은 더 이상 "양생될" 수 없어지는데, 그 이유는 그러한 삶이야말로 잠재력을 잃고, 정체되고 폐쇄적이 되어, 새로운 삶을 시도하지 못하게 될 것이기 때문이다.

양생술을 다루고 있는 장의 첫 부분(3장, 곽경번 판, p.115)에서, 장자는 이미 그러한 사실을 간결하게 지적했었다. "선한 행동을 할 때는 명성을 얻을 정도까지 계속하지 말고, 나쁜 행동을 할 때도 벌을 받게 될 정도까지 계속하지 말지어다." 어떠한 행동도 궁극적으로는 "선"이든, "악"이든 별로 중요하지 않다. 중요한 것은 하나의 입장에 의해 꼼작 못하게 될 정도로 그 입장에 집착하지 않는 것인데, 왜냐하면 그렇게 하나의 입장에만 집착하는 것은 덫에 갇히는 것과 같기 때문이다. 사실 아무리 선이라 할지라도 그것이 일상적인 것이 되거나, 우리가 항상 선인이 되어야만 한다는 생각의 노예가 되는 경우에, 선은 생명력을 옥죄는 덫이 될 수 있다. 우리의 생명력은 등 밑으로부터 위로 혈을 보내고 에너지를 유통시키는 관인 주 동맥[督] 속에서 구현되는 힘이다. 그렇다면 무한히 에너지를 소비해야 하는 앎에 대한 열망으로부터 해탈한 우리는 삶의 방향과 규칙을 설정하기 위해, 오히려 이 주 동맥에 관심을 쏟아야만 하지 않을까? 그 이유는 바로 이 중추 동맥이야말로, 우리가 이미 깨달았듯이, 호흡의 항상성을 보장해주는 규제력을 지니고 있기 때문이다. 사실 우리의 호흡은 들숨과 날숨이라는 서로 대립된 양극 중 어느 하나에만 정지되어 있지 않다. 그것은 언제나 서로가 서로를 불러들임을 통해 새로운 에너지를 끌어들이는 지속적 운동이라 할 수 있다. 중국인이 결코 시선을 놓치지 않았던 것은 바로 이러한 호흡이 우리를 거대한 리듬 —세계는 이 리듬에 따라 끊임없이 전개된다—, 즉 낮과 밤의 또는 계절들의 번갈아 나타남의 리듬 속에 정초시켜준다는 사실이다. 이러한 점에서, 호흡은 단순히 양생의 상징이나 이미지 또는 형태일 뿐만 아니라 하나의 매체이기도 한 것이다.

3

양생/삶에 대한 집착은
어떻게 삶을 배반하게 되는가?

1

그러므로 우리는 우리의 본성을 과도하게 억누르고 은폐시키며 족쇄를 채우는 모든 것으로부터 우리의 "본성"을 되찾도록 하자. 우리는 우리의 유일하고 진정한 본성을 "나 자신의 생명력" 안에 복원시키기 위해, 이념적 관점과 구축물들로부터 해방시켜보도록 하자. 우리는 내생을 믿지 않기 때문에 현세의 삶을 보존해야만 한다. 그러한 삶은 내가 외부로부터 부과된 가치들에 도전함을 통해, 우리를 현혹시키는 희생들 그리고 영광 또는 성공에 대한 헛된 욕망에 맞서 그 삶을 "보존하는" 것과 같다. 그러나 보존해야만 할 것이 "삶" 그 자체라면 "보존한다는 것"은 무엇을 의미하는가? "삶"을 보존한다는 것은 우리가 보물(외형만 거대할 뿐 구조는 허약한 건축물이 무너졌을 때, 그 잔해 속에서도 흠집 없이 남아 있는 유일한 가치이기 때문에 지켜야만 할 나의 유일한 보물)을 보존하는 것과 같은 것인가? 그것은 자신의 삶에만 매달려 외부 세계와 단절된 채 모든 관심을 온통 자신의 삶에만 기울이는 것인가? 아니면 그것은 자신의 삶을 모든 공격으로부터 보호하고 탕진시키지 않기 위해 그 삶을 보살핌에 전념하는 것인가? 바로 여기에서 양생은 생명력을 지키기 위한 모든 처방들로부터 분리되어, 철학적으로 깊고 도덕적 차원보다 좀 더 근본적인 차원을 회복하게 된다. 왜냐하면 자신의 삶을 보존한다는 것이 자신의 인생에만 주의력을 고정시키는 것은 아니기 때문이다. 하물며 그것은 삶을 자신 속에만 집중시키려고 애쓰며, 우리가 가장 혐오하는 죽음으로부터 삶을 최대한 오랫동안 구해내기를 바라는 것은 더욱더 아니다. 반대로, 그것은 자신의 삶의 심연 속에서 생명체의 논리 ─생명체의 탄생뿐만 아니라 사라짐도 내포하고 날숨뿐만 아니라 들숨도 내포하고 있는 논리─ 와 합류해, 삶의 총체적 과정의 번갈아 나타남을 통한 갱신을 향해 열려 있는 자신의 삶을 "보존하는" 것이다. "양생"이란 자신의 생명을 애써 확장시키거나 연장시켜 목숨을 억지로 유지 내지 지속시키고자 하는 것이 아니다. 생명이 유지되고 지속됨은 바로 이러한 억지로 원하지 않음과 강제로 소유하려 하지 않음의 조건하에서만 가능한 것이다. 언뜻 모순처럼 보이는 이 말은 오해를 살 위험이 있기 때문에, 단순히 목숨만을 유지하고 지속시키기를 바라는 것과 구별하기 위해서, 우리는 이 말의 의미가 무엇인지를 자세하게 살펴볼 필요가 있다.

그러기 위해, 우리는 본래의 논의로 되돌아가 보도록 하자. 자신의 젊음을 "보존하며", "장생"에 도달할 수 있도록 해주는 점진적 고양 속에서, 우리는 선고의 다음과 같은 놀라운 경구와 마주치게 된다. 신고는 말하길, "우리는 '세계' 내지 '사물들'뿐만 아니라, 또한 '삶'도 '외적인 것들'로서 취급해야 한다. 왜냐하면 그렇게 해도 우리의 생명력이 방해받는 것은 아니기 때문이다"(6장, 곽경번 판, p.252). 나는 이 경구에 내재해 있는 긴장을 살리면서 이해하기 위해, 될 수 있으면 부가적 설명을 하지 않고자 한다. 이 경구는 내가 "아침의 고요함"에 도달해 더 이상 체력의 낭비도 쇠약해짐도 없는, 생명력으로 충만한 상태에까지 올라갈 수 있는 것은, 내가 나의 삶에 대한 근심으로부터 벗어날 때만 가능함을 표현하고 있다. 이것은 우리가 세상사의 속박들 ―억제와 고착의 힘에 의해, 우리의 역동성과 내적 갱신을 방해하는 것들― 로부터 벗어나면, 우리에게는 마치 "만약에 우리가 세상의 근심들로부터 벗어나면, 우리의 신체적 존재는 더 이상 소진되지 않는다"라는 말처럼 들린다. 더 기이한 것은 이것이 "우리가 삶을 돌보지 않아도, 우리의 생명적 존재의 본질[精]이 더 이상 결핍되지 않게 된다"라는 말로도 들린다는 점이다(19장, 곽경번 판, p.632). 현대의 학자들은 이 구절의 의미가 논리에서 벗어난 것처럼 생각되지 않도록, 서로가 앞을 다투어 "여기에서의 '삶'은 일상생활의 '가치 없는 일들'과 '사소한 일들'이라는 약한 의미로 이해되어야만 한다"라고 해석한다. 이렇게 해석하면, 이 구절은 예측되는 관습적 의미 ―즉, 우리는 일상생활의 모든 사소하고 하찮은 일들은 "포기해도" 괜찮을 것이고, 아무도 그러한 일로 화를 내지 않게 될 것이다― 를 다시 획득하게 된다. 그렇다면 이러한 행위는 삶 자체에 더 전념하기 위해서인가? 그것은 결코 아니다. 우리가 만약에 전통적 주석가들을 따른다면, 우리는 그와는 정반대로 이 경구가 지닌 문자 그대로의 생경한 의미를 지킬 수 있게 될 것이다. 즉, 생명력의 "정수"가 더 이상 부족하지 않고 새롭게 거듭날 수 있도록, 우리는 단순히 "장생"에 대한 집념을 버리고 삶 자체를 그대로 흘러가도록 내버려 두어야만 한다는 것이다.

선고의 언급 중에서 다음과 같은 경구 —자신의 생명을 버리고자 하는 자(죽이는 자)는 죽지 않고, 자신의 생명을 유지하려는 자는 살지 못한다[2]— 는 그 명제의 대립성 때문에 더욱더 강렬하게 느껴진다. 우리는 일반적으로 이 두 명제의 주어를 도道로 설정하면서 번역하는데, 이때의 도는 그 본질상 모든 생명체들의 삶과 죽음을 지배하는 가능태적 주체이다. 도는 바로 이러한 유일한 작용을 통해 신이 된다(그래서 이 문장은 단숨에 신비주의적인 것이 된다). 그런데 하나의 전통적인 주석은(곽경번 판, p.255 참조) 이 경구를 전혀 다르게 해석한다(우리는 중국어 생生이 "살다"와 "낳다"를 동시에 의미함을 상기할 필요가 있다). 그래서 우리는 이것을 "삶에서 벗어나고자 하는 것은 죽지 않고, 살고자 하는 것生은 살지 못한다"고 번역하게 된다. 다시 말해, 주석에 따르면, 자신의 생명을 보존시키고 그것도 될 수 있으면 오래 연장시키기를 바라면서 자신의 삶에 대해 걱정하는 것, 따라서 자신의 삶에만 "전념하고" "집착하며" 그것만을 "소중히 여기는 것"은 "진정한 삶을 사는 것이 아니다". 자신의 삶만을 생각하는 것은 사는 것이 아닌 것이다. 이것은 자신의 삶에 대한 괴로울 정도의 걱정이 자신의 사는 즐거움을 해칠 수 있기 때문이 아니라, 좀 더 근본적으로는 그러한 걱정이 자신 속에 있는 생명력의 근원 자체를 가로막고 망가뜨리기 때문이다. 반대로 삶 그 자체를 "외적인 것"으로서 다루는 가운데 "아침의 명정성"에 도달함을 통해, 주석가 곽상郭象이 명시하기를, 우리는 더 이상 삶과 죽음에 대한 두려움을 갖지 않게 되고, 우리에게 일어나는 모든 것 속에서 우리의 평정 상태를 발견함을 통해 우리의 생명력은 어떠한 집착 —그것은 삶에 대한 집착일 것이다— 에도 더 이상 "빠져듦" 없이 저절로 "전개된다". 그때부터야 비로소 우리는 자신에게 일어나는 유일한 자극에만 응답하면서 진정한 삶을 "살게 되는 것이다"(곽경번 판, p.254 참조). 그러한 경지에서만, 우리는 신선함과 "아침의 명정성" 속에서 살게 된다. 그러므로 이제 우리는 이러한 강한 의미의 삶 —선고는 어린아이의 혈색을 지니고 있었다— 만을 생명적인 것에 대한 관점 속에서 유지하고, 서양인처럼 삶의 주체를 형이상학적으로 실체화함을 통해 그 의미를 신학적 논의의 대상으로 삼지 않도록 하자. 그렇게 하지 않으면, 우리는 곧장 이 경구의 의미를 서양식으로 해석할 수밖에 없게 된다. 사실 절대적 능력자인 서양의 신 자신은 태어나지도 죽지도 않으면서 다른 생명체를 창조할 수도 있고 소멸시킬 수도 있다. 바로 이러한 점이 서양의 신학이 정의 내리고 있는 신의 첫 번째 속성이다. 그러나 중국적 사유에 의하면, 사물들의 위대한 창발創發 과정의 절대적 수준道에까지 올라가 자신의 삶을 "자연스럽게 흐르도록 방임하고", 그리하여 삶에 대한 걱정마저 "소멸시키는"(죽이는) 경지에 이르면 우리는 더 이상 죽지 않는 것이 된다. 왜냐하면 삶을 구속하는 어떠한 것도 자기 자신으로부터 더 이상 아무것도 만들어내지 않기 때문이다. 반면에 살기만을 원하면生生, 우리는 더 이상 진정한 삶을 얻지 못하게 된다. 삶을 충전적으로(완벽하게) 살기 위해서 우리는 삶에 집착하지 않을 필요가 있다. 삶에 집착하지 않아야만 비로소 우리는 이 장의 앞부분(곽경번 판, p.224, 229)에서 언급되었던 구절 — ①"인식의 최고봉"은 자신의 자연적 수명을 다하며 일찍 죽지 않는 것이다. ②"진정한" 인간은 "삶을 사랑할 줄"도 "죽음을 경멸할 줄"도 "모른다"— 의 의미를 이해하게 될 것이다. 왜냐하면 "진인眞人은 자신이 이 세상에 태어나게 된 것을 즐기지도 않고", "무규정적 세계로의 회귀를 거절하지도 않기" 때문이다. "그는 편안하게 떠나고, 편안하게 되돌아온다." 그는 이 세상에 태어났을 때 어떠한 삶이라도 모두 "받아들일" 준비가 되어 있는 것과 마찬가지로, 이 세상을 떠날 때 또한 언제나 삶을 "전송할" 마음의 준비가 되어 있는 것이다. 이 "진정한" 인간은 삶을 받아들이고 동시에 전송하면서, 이러한 오고-감을 따르면서, 삶의 끊임없는 주인이 될 수 있는 것이다.

살기만을 원하는[生生] 자는 살지 못한다. 언제나 그렇듯이, 우리는 텍스트를 가능한 한 원문에 충실하게 읽어, 상식적으로 납득되지 않는 의미가 나와도 그것에 대해 두려워하지 않을 필요가 있다. 삶에 집착하고 어떻게 하면 "더 오래 살지"에 대해 끊임없이 정신을 쏟는 자는 스스로 자신 안에 있는 생명력의 원천을 고갈시키게 된다. 또한 공포감 때문에 죽음의 관념을 거부하고 물리치고자 하는 자는 자신의 삶을 자연의 섭리인 번갈아 나타남과 순환 ―이 섭리를 통해 자신 안에 있는 삶은 끊임없이 새로워진다― 으로부터 박탈시키게 된다. 왜냐하면 자신의 삶을 위해 애쓰는 자는 그만큼 자신의 생명력을 소진하게 되기 때문이다. 사실 자신의 삶에 집중하는 자는 그것에 최상의 가치를, 심지어 유일한 가치를 부여한다. 그러한 가치에 대립되는 모든 다른 가치들은 그가 자신의 삶이 위협을 받고 종말의 현기증 나는 심연이 열리는 것을 홀연히 깨닫는 순간, 사실상 단숨에 폐기되지 않는가? 그는 실제로 마음속 깊이에서는 "이 세계의 것"에만 집착한다. 즉, 그는 어떠한 희생을 치르더라도 살아남기를, 생생하기를, 더 오래 살기를 원한다. 그런데 자신의 삶에만 고착되어 있으면, 그는 더 이상 생명의 운동력 자체와 결합할 줄도 모르고, 삶이 자신 안에서 들어오고 떠나가는 것 ―외부적으로는 바다의 밀물 및 썰물과 같고 내부적으로는 숨결의 들숨 및 날숨과도 같은 것— 을 허용할 줄도 모른다. 그는 또한 결합된 운동, 즉 서로를 필요로 하고 서로 보완의 역할을 하며, 그리하여 자신의 리듬에 따라 생명력의 흘러 들어옴을 "받아들이고" 그것이 떠나감을 전송하는 이 끊임없는 운동에 대해서도 모른다. 그는 이렇게 자신 안에 있는 생명력을 뻣뻣하게 만들고 마비시켜 스스로 생명의 종말을 촉진시키게 된다. 우리가 이해하고 있는 바에 따르면, 장자는 언제나 보통 사람들이 원하는 늙음과 죽음을 쫓아낼 수 있는 비책에 대해서는 전혀 관심을 기울이지 않았었다. 왜냐하면 우리가 생명에 대해 가지는 근심, 그것을 잃을지 모른다는 생각 때문에 겪는 감정은 오히려 그 생명에 해롭기 때문이다.

중국인의 사유는 우리에게 그러한 사실을 모든 면에서 가르쳐준다. 우리가 중용에 도달하게 되는 것은 공자 학파의 최고의 가치인 중中에 달라붙어 집착함을 통해서가 아니다. 왜냐하면 그렇게 하면 우리가 그 중용을 뻣뻣하게 만들고 부동不動의 것으로 만듦으로써, 끊임없이 움직이는 자기 조절의 균형점을 잃게 되기 때문이다(『맹자』, VII, A, 26 참조). 그것은 우리가 태허太虛(도가의 최상의 가치)에 집착하지 않음을 통해서만 허虛에 도달할 수 있는 것과 같다. 사실 태허에 집착하면, 우리는 그 태허를 마치 허로 충만된 것으로서 물화物化시키게 되어, 비어 있음이 주는 무한한 활력을 상실하게 된다(『한비자』, 20장 참조). 마찬가지로 우리가 자신의 삶을 "양육할 줄" 알게 되는 것도 그 삶에 매달리고, 그 삶에 의해 몽롱하게 됨을 통해서가 아니다. 만약에 장자가 생명적인 것에 대한 사유를 절대적 차원으로까지 고양시켰다면, 그는 그러한 절대적 생명력만을 지향성의 대상으로 삼거나, 그것을 소유하려는 의지의 대상으로 삼기 위한 것은 아닐 것이다. 생명은 신과 같이, 근본적으로 우리를 열어주고 우리를 초월한다. 따라서 우리가 신을 독점하기를 원하는 것이 아니라 그의 은총이 발휘되기를 원하는 것과 마찬가지로, 우리는 자신만을 위해 생명을 독점하기를 원할 수 없는 것이다.

고대의 또 다른 위대한 도가 경전인 『노자』는 그러한 진리를 원리로서 정립하고 있다.

하늘과 땅이 시간 속에서 지속할 수 있는 것은
그것들이 자기 자신을 위해서만 사는 것이 아니기 때문이다.
그래서 그것들은 장수하게 되는 것이다(7절).

"스스로 사는 것[自生]" 또는 "자기 자신을 위해 사는 것"은 『노자』에서 언급되고 있는 관념이다. 이 관념은 자신의 삶에만 신경을 쓰며, 오직 그것에만 전념하는 일반인들의 생각을 단적으로 표현하고 있다. 그런데 일반적으로 모든 존재자들을 생산해내는 하늘과 땅은 그 자신들을 위한 지속을 추구하지는 않는다. 바로 그러한 이유에서 하늘과 땅은 "지속된다". 산다는 것은 목표의 차원 ─나는 살기를 원하고[生] 어떤 희생을 치르더라도 언제나 더 잘살기를 원한다─ 이 아니라 결과의 차원에 속하는 것이다. 『노자』에 의하면(22절), 우리가 "어진 사람이 되는 것"은 "스스로를 어질다고 내세우기 때문이 아니다". 이와 마찬가지로, 우리가 "명예를 얻게 되는 것"은 "스스로가 이름을 날리고 있다고 생각하기 때문이 아니다". 또한 우리가 "성공을 하게 되는 것도" "자기 자신을 뽐냄을 통해서가 아니다". 장생이 문제이든 명예 또는 성공이 문제이든지 간에, 결과는 관여된 과정과 투여된 수단들이라는 주어진 조건들로부터 나와야만 하는 것이지, 결코 그 자체로서 탐구되어서는 안 된다. 특정의 결과를 얻기 위해 기울이는 노력은 많은 비용을 필요로 하게 되며, 결과의 자발적 도래에 방해가 된다. 노력을 기울이는 자는 자신의 힘에 해를 끼치게 된다. 이 경구는 가장 일반적인 방식으로 다음과 같이 해석될 수 있다. 즉, "자기 자신이 위대하게 되고자 함에 매달리지" 않을 때만, 우리는 "자신의 위대함이 생겨나게 만들 수 있는 것"이다(34절). 이와는 반대로 사람들이 기력을 모두 소진하게 되는 것은 그들이 "살고자 하는 것[生生]에 지나친 중요성"을 부여하기 때문이고, 자신들 속에 있는 생명력을 "받아들이고" 경영하는 대신에 그 살고자 하는 것[生生]을 위해 에너지를 전부 고갈시키기 때문이다(50절). 또한 생명을 "증진시키거나 강화시키는 것[益生]"(55절)이 상서롭지 못한 것이라면, 그것은 우리의 "정신"이 우리를 강화시키기 위해 에너지를 사용함으로써 우리가 단숨에, 한번 도달된 성장은 마치 절정의 상태가 쇠퇴를 불러오듯이 그 자체로부터 허약해짐을 불러들여 "때 이른 죽음"으로 나아가게 된다는 논리 속으로 빠져들기 때문이다.

2

그런데 여기에서 우리는 존재의 절대적 원리로서 언급된 『노자』의 경구가 기독교 복음서의 잘 알려진 구절과 너무나 비슷해 갑자기 당황하게 된다. 그 둘은 너무나 비슷해 동일한 인류학적 진리가 서로 다르게 표현된 것이 아닌가 하고 의심이 들 정도이다. 차이는 단지 그 진리가 중국에서는 생명적인 것을 되돌아보는 입장에서 표현되고 있다면, 서양에서는 피안과 차안이라는 세계에 대한 이분화 속에서 전개되고 있다는 점일 뿐이다. 그러므로 한쪽에서는 오직 장생의 문제만을 다루고 있는 반면에, 다른 쪽에서는 영생의 문제를 다루게 된다. 어쨌든 생에 대한 집착이 오히려 생을 배반하게 되는 방식과 동일하듯이, 두 차원의 삶을 대립시키는 힘 또한 동일하다.

자신만의 고유한 삶에 집착하는 자는 그것을 잃게 되고, 이 세계 안에서 그러한 삶에 집착하지 않는 자는 그것을 영생 속에서 유지하게 되리라(요한복음 XII, 25).

"영혼Psukhé"으로 번역되는 그리스어(히브리어) néfech는 여기에서 자신만의 "고유한 삶"으로 표현되고 있다. 이 단어는 70인이 번역한 그리스어 『구약 성서』와 『신약 성서』 속에서 —도가 사상가에게 있어서와 마찬가지로— 살아 있는 존재로서의 사람뿐만 아니라 자신의 고유한 "자아"를 구성하고 있는 것도 지칭한다. 그렇다면 그리스어와 중국어에서 동일한 의미를 지니고 있는 이것은 무엇인가? 다시 말해, 종교와 문화 그리고 언어와 역사를 동시에 뛰어넘어(왜냐하면 그것은 여러 언어 속에서 표현된 다양한 겉모습을 뛰어넘거나 아니면 그러한 언어적 표현 이전의 것이기 때문이다), 궁극적으로 우리로 하여금 특정의 "관점"을 취하지 않고 하나의 공통적 핵으로서 생명의 본질을 파악할 수 있도록 만들어주는 것은 무엇인가? 말하자면 생명의 "고유성"은 바로 생명체가 자신의 생명력 자체를 회피할 수 있다는 사실이다. 이러한 사실은, 그러므로 경구 속에서 논리적으로 모순된 방식으로만 표현될 수 있다. 즉, "삶에 집착하는 자는 삶을 잃게 된다"라거나 "진정한 삶을 전개하기 위해서는 삶을 버려야만 된다"라고 표현될 수밖에 없는 것이다. "한 알의 밀알이 대지에 떨어져 죽지 않으면, 그것은 홀로 머물 것이다. 그러나 그것이 죽으면, 그것은 열매를 풍부히 맺을 것이다"(요한복음 XII, 24). 이 구절은 단순히 영양 섭취만 하는 식물의 생명력과 인간의 운명을 하나의 유類 개념 속에 병렬시킴을 통해, 모든 종류의 생명체 속에 공통으로 구현되어 있는 명백한 생명력을 표현하고 있다고 볼 수 있다. 장자의 "삶을 죽이려는 자는 죽지 않고, 살고자 하려는 자는 살지 못한다"라는 언급도, 마찬가지로 이렇게 원문에 충실하게 재해석되어야 비로소 그 본뜻에 더 가까워질 것이다.

이렇게 해석할 때부터만 우리는 비로소 동서의 사유들을 각 사유의 고유한 운명으로 향하게 만든 간극(양자의 화해가 더 이상 복귀될 수 없을 만큼 벌어진 간극)이 어디에서 발생했는지를 이해할 수 있게 된다. 우리는 또한 동서의 사유들이 공통적으로 어떻게 양 극항을 통한 대상의 인식으로부터 출발해, 각 사유에 고유한 분류 패턴들과 문제들에 따라 작동하는 개념들을 두 갈래로 나누게 되는지도 이해할 수 있게 된다. 복음서의 경우, 한 알의 밀알은 곧장 자유롭게 연상되는 거대한 이분법에 따라 구체적 의미를 비유적 의미 속으로 흘러 들어가게 만든다. 즉, 이 밀알은 생명의 양식인 예수를 상징하는바, 이 복음서에서 예언되고 있는 예수의 수난은 인류의 구원을 보장해줄 것이다. 그때부터 얻고자 목표로 삼는 양식은 영적인 것이 된다. 반면 도가에서는, 그러한 두 차원의 의미 사이에 단절이 일어나지 않는다. 그래서 이러한 생에 대한 집착을 포기함의 논리는 전적으로 생명적인 것 안에 남아 있게 된다. 이것은 다양한 영역들 안에서 꽃피고 있는 효율성의 공통적 논리를 창출해낸다. 바로 이러한 논리로부터 전략도 파생된다. 『노자』는 이러한 논리 속에 포함되어 있는 역설을 자유롭게 활용해, 자신의 가장 영향력 있는 생각을 발달시키게 된다. 그의 생각에 따르면, 전쟁에서 승리하기 위해 장수는, 절대적 힘을 얻고자 노력하는 것이 아니라 그 절대적 힘에 "약함"을 결합시켜야만 한다(40절). 왜냐하면 훌륭한 장수는 "무조건 싸우기만 하는 호전적인 것"이 아니라(68절), 세계를 "낮은 곳으로 흐르는 성질"을 통해 지배하는 물과 같아야 하기 때문이다(66, 78절). 이는 도덕에서 위대한 덕이 "도덕적이 아닌 것"과 마찬가지인데, 그 이유는 위대한 덕이란 직접적으로(하나하나 명분을 따지면서) 구체적인 덕을 겨냥하는 것이 아니라, 그 덕이 저절로 흘러나오도록 방임하는 것이기 때문이다. 반면에 "덕을 절대로 버리지 않고", 명분을 따지면서 세심하게 각각의 덕에 집착하는 비천한 덕도 또한 "도덕적이지 못하다". 왜냐하면 그러한 덕이야말로 덕이 지닌 이러한 세심하지도, 격식을 지나치게 따지지도 않는 너그러운 성향을 단숨에 놓쳐버리기 때문이다(38절). 또한 그것은 미학(이 분야에 대한 구분은 분명히 서양인이 내린 것이다)에서, 위대한 작품이란 "완성 상태에 이르는 것을 피하고" 작품을 완성시키고자 하는 욕망을 포기할 때 비로소 이루어지는 것과 같다(41, 45절). 그것은 스케치의 가치와 같은데, 그 이유는 하나의 밑그림으로서의 스케치는 그 자체로서보다 본 작품으로 전개될 때 비로소 참된 가치가 나오기 때문이다. 사실 효과를 실질적으로 극대화할 수 있는 최선책은 단기적 효과를 얻기 위해 내리는 모든 부과와 처방을 포기하는 것이다. 그 이유는 그렇게 해야만, 우리는 효과를 억지로 얻어내고자 하는 대신에 최선의 효과가 나타날 수 있는 가능성의 장을 최대한으로 개방시킬 수 있기 때문이다. 그와 마찬가지로, 삶을 고갈시키지 않고 최대한 꽃피울 수 있는 길은 삶을 억지로 "증진시키거나" "강화시키려" 하지 않고, 삶에 대한 집착을 포기하는 것이다.

그러나 삶을 "증진시키고" "강화시키는 것"은 정확히 무엇을 뜻하는가? 장자가 궤변가 호적胡適과의 대화 속에서 표명한 바에 따르면(5장, 곽경번 판, p.220), 그것은 자연스럽게 흘러가는 삶에 "찬성/반대", "호好/불호不好"의 주관적 욕망欲望을 덧붙이는 것이다. 사실 궤변가들은 동일한 돌 안에 "흰" 성질과 "단단한" 성질이 공존하는지 여부를 놓고 격돌하는데, 우리는 그들처럼 어떤 견해에 대해서는 찬동하고 어떤 견해에 대해서는 반대함을 통해, 삶을 강렬한 것으로 만들게 된다. 우리는 또한 살아남는 것은 좋아하고 죽는 것은 싫어하듯이, 어떤 것은 좋아하고 어떤 것은 싫어함을 통해, 삶을 강렬한 것으로 만들기도 한다. 결과적으로 우리는 두 가지 중에서 하나를 선택해야 하는 문제로 시달리거나 중압감을 받게 되면, 각자가 지닌 고유한 자아에 "상처를 입게 된다". 따라서 우리는 생명적 자산을 강화시키는 대신에 "저절로", 즉 자발적으로 어떠한 압력이나 간섭 또는 저항도 받지 않고 흘러나오는 것(자연)에 "항상 부응해야만" 한다. 이렇게 장자는 삶을 자극하거나 파괴할 수 있는 그 어떤 것도 억지로 덧붙이지 않고 "삶의 흐름에 자신을 맡기는 것"에 만족하는 가운데, 자신의 삶을 보양시키고자 한다. 그래서 그는 끊임없이 조금이라도 더 알고자 하는 욕망으로 이끄는 지식은 "병든 자식"과 같고, 사람들 사이에서 체결된 합의는 "접착제"와 같으며, 덕은 자신을 타인에게 "묶는"

(과도하게) 방식과 같고, 성공이나 결과는 물물교환이나 상품과 같다고 생각한다(곽경번 판, p.217). 사실 "어떤 일을 실행할 계획 자체가 없는" 그가 무슨 지식을 가질 필요가 있겠는가? "아무것도 분리시키지 않는" 그가 무슨 접착제를 가질 필요가 있겠는가? "아무것도 잃지 않은" 그가 무슨 덕을 가질 필요가 있겠는가? "장사 자체를 하지 않는" 그가 왜 상품을 가질 필요가 있겠는가?

현자는 자신의 행위가 지식 속에 빠져 방해받지도, 타인과의 약속에 의해 얽매이지도, 덕에 의해 묶이지도, 성공에 의해 구속받지도 않도록 만들 것이다. 이 네 가지 "부정적인 것"은 장자가 여기에서 한마디로 천식天食(천주天鬻)이라 부르고 있는 것이다. 여기에서 우리는 번역을 제대로 하기 위해 관념적으로 명확한 대응 용어를 찾아내는 것의 중요성을 새삼 다시 깨닫게 된다. 왜냐하면 그렇지 못한 경우, "하늘의 양식[天食]"은 전혀 다른 의미로 받아들여질 것이기 때문이다. 사실 방금 예를 들었던 비유를 포함해 지금까지 우리가 공부해왔던 바에 따르면, 장자가 말하는 하늘의 양식, 즉 천식은 서구의 "하늘로부터 내려진 양식"과 대척점에 서 있다. 왜냐하면 서구의 "하늘로부터 내려진 양식"은 인간적 결핍감(진리에 대한 것이든 사랑에 대한 것이든)을 채워주기 위한 일종의 초월하는 힘 ─플라톤이 말하는 진리의 양식이든 구약과 신약에서 말하는 만나Manna와 예수의 성체이든─ 을 부여받은 것이기 때문이다. 그러나 장자가 말하는 하늘의 양식은 잉여적으로 주어지는 것이 아니다. 그것은 오히려 단지 "삶을 강화시키려고만 하는" 이런 모든 "잉여적 양식"을 우리 자신으로부터 제거할 때 주어질 수 있는 것이다. "하늘의 이치에 따라 자신의 삶을 살찌우는 것"은 우리를 짓누르는 모든 것 ─지식이든, 약속이든, 덕목이든, 성공이든지 간에— 으로부터 완전히 벗어나, 삶을 오직 우리 안에 내재하고 있는 하늘이 내리는 명령에 따라서만 사는 것이다.

4

마음 비우기
자신 안에 내재하는 하늘의 재발견

1

"하늘의 양식[天鬻]"을 중국어 문자 그대로의 뜻으로 옮기면, 중국어에서 본래 의도한 것과는 정반대의 의미를 표현할 수밖에 없게 된다. 우리는 이러한 현상으로부터 얻은 교훈에 대해 심사숙고할 필요가 있다. 사실 고대 중국(기원전 1000년의 주 왕조)에서, "하늘"은 신의 개념을 점차 대체하게 되는데, 이 신의 개념은 상제上帝라는 저 높은 데 군림하는 황제로 표현된다. 하늘은 그것의 흐름 안에서 드러나는 "항상성"을 통해, 즉 무엇보다도 낮과 밤 그리고 계절의 번갈아 나타남의 "항상성"을 통해(6장, 곽경번 판, p.241 참조), 고대의 사상가들 중에서도 특히 장자에게 있어, 세계의 거대한 운행의 자연적 조절을 구현하고 있다. 왜냐하면 하늘은 운행의 궤도를 결코 빗어나지 않으며 끊임없이 새롭게 거듭남을 통해, 모든 존재자들을 생성시키기 때문이다. 그리하여 하늘은 운행성의 내재적 원천을 지칭하게 되는바, 이 원천으로부터 하늘은 단적인 반응을 통해 "땅"과 함께 작동하게 된다(음과 양). 하늘은 "땅"과 긴밀히 결합되어 스스로를 유지해나감으로써만, 삶을 끊임없이 창출시키게 된다(그러나 나는 이런 운행성에 나의 개별적 존재를 통해서만 제한적으로 접근할 수밖에 없다. 바로 이와 같은 의미에서, 하늘은 나를 초월해 있다). 따라서 장자가 "하늘의 양식"에 대해 논하거나 또는 "하늘을 자신의 내부로 끌어들일 것"을 권장할 때, 그가 의도하고 있는 것은 다음과 같다. 즉, 그것은 어떠한 도덕적이거나 종교적인 함의를 지나치게 부여하지 않고, 단지 내 자신 안에서 이 자연스럽고 자발적인 순수한 운행 체제와 합일해야만 한다는 것이다. 물론 그러기 위해서, 우리는 개인적 자아가 지닌 선입견 [成心]이 이러한 흐름에 덧붙이는 모든 것으로부터 자유로워져야만 한다. 왜냐하면 자아가 어떤 견해에 찬성 또는 반대를 할 때 부지불식간에 자신이 본래 지닌 호/불호의 성향을 투사시킴으로써 지니게 되는 모든 불필요한 감정 상태가 세계의 순수한 명령에 방해의 장막을 치게 되기 때문이다. 사실 생명력을 끊임없이 쇄신시키는 자연스러운 반응의 힘은 바로 이러한 장막에 의해 치명적으로 모호해지고 어지럽혀지며 거추장스럽게 된다. 그 결과 유입된 생명력은 "자아" 속에서 족쇄가 채워지고, 고갈된다. 그러므로 우리는 여기에서 정말로 (하늘의) 양식이란 것이 존재한다 해도, 그것이 언제나 비유적 의미로만 언급되는 것이 아니라는 사실에 주목할 필요가 있다. 왜냐하면 여기에서는 아직 나의 유기적 존재의 차원 이외의 어떠한 차원도 개입하고 있지 않기 때문이다. 이를 달리 표현하자면, 나는 오직 이러한 "하늘의" 양식을 통해서만, 유기적이고 근본적인 나의 존재를 실질적으로 발전시켜나갈 수 있다는 것이다.

왜냐하면 하늘의 양식을 모든 감정 상태의 굴레로부터 벗어나게 함으로 써만, 나는 마침내 나를 관통하고 있는 이 생명력의 부름에 충전充全적이며 만족스럽게 반응하게 될 것이기 때문이다. 사실 이러한 경지에 도달해야만, 비로소 하늘의 양식은 나의 원함 또는 싫어함의 좁은 세계로부터가 아니라, 무변광대한 반응의 원천 ─전체로서의 세계에서 솟아나는 거대한 운행의 원천─ 으로부터 직접적으로 내게 다가오게 된다. 그래야만 나는 나의 삶을 그 내재적 원천과 직접적으로 연결시킬 수 있게 된다.

"하늘"과 "인간"을 주요한 두 축으로 대립시킴을 통해, 장자는 생명력의 두 차원 또는 두 체제를 구분하게 된다. 그 하나는 근본적 (하늘의) 체제로서 나에게 양식을 부여해주는 차원이다. 나는 나의 목적성이 더 이상 끼어들지도 않고, 인과성의 지배를 받는 나의 앎이 더 이상 개입되지도 않는 경지에 도달했을 때(텍스트는 "지식과 원인을 동시에 제거시켜라"라고 말한다, 곽경번 판, p.539 참조), 이러한 차원(하늘)을 내 안에서 발견하게 된다. 다른 하나는 축소화한 "인간"의 체제인바, 여기서 나의 생명력은 그것에 부과된 편견들에 의해 "강요당하게" 된다. 그 이유는 우리의 생명력이 이러한 앎과 욕망으로부터 발생하는 자극의 영향을 받아 축소되기 때문이다. 그런데 여기에서 자극은 둘로 구분될 수 있다. 그중 하나인 외부로부터 오고 즉각적이며 산발적이고 일시적인 자극은 나의 감정적 존재의 단계에서 끈질기게 솟아 올라와 나를 재촉하고 소모시킨다. 또 다른 하나는 근본적이고 나의 무한 증식되는 개념들과 선택들을 벗어난 내적 자극인바, 그것은 세계를 끊임없이 움직이게 만드는 들끓음에 나를 충전적으로 연결시켜준다. 우리가 "하늘의" 양식으로 이해하고 있는 것은 바로 이러한 내적 자극의 양식일 것이다. 우리는 또한 이와 비슷한 방식으로 반응성의 두 체제를 구분해볼 수 있다. 즉, 한편으로 나의 관점이나 욕망에 의해 지배를 받는 피상적 반응에만 국한되어 (이 경우, 그 원동력은 매우 미약하게만 자극을 받게 된다), 나를 부추기는 "원동력"(機의 관념)이 자연의 운행성 안에서 제대로 자리 잡지도 접목되지도 못하게 되면, 내 안에 있는 생명력의 소비는 실로 지대하게 된다. 다른 한편, 나를 부추기고 일으켜 세우는 원동력이 전체로서의 세계에 끊임없이 생기를 불어넣고 나를 그 세계의 에너지에 접속시키면, 나를 움직이게 만드는 이러한 반응성은 나의 에너지를 전혀 사용하지 않고도 나를 지탱시키면서 활력 있게 만들어준다. 반면에 "욕망은 깊고, 하늘로부터 오는 원동력은 피상적이 되면"(곽경번 판, p.228), —장자는 간결하지만 핵심을 찔러 언급하길— 달리 말해 (욕망으로부터 나오는) 외적 자극이 강하면, 나를 생명력의 원천 그 자체에 연결시키는 내적 자극은 약화되어 나타나고 희석되며 시들어진다. 왜냐하면 그럴 경우, 내적 자극은 전적으로 외적 자극의 지배를 받아 약화될 수밖에 없기 때문이다. 이로부터 우리는 장자가 욕망에 대해 도덕적으로 비난하지도 금욕주의의 미덕으로 회귀할 것을 주장하지도 않고 있고, 단지 만약에 내가 욕망을 파생시키는 외적 자극의 피상적 수준에만 머물면서 의지를 억지로 끌고 간다면, 어떤 행위를 하고 싶은 동기를 갖게 되는 것은 나의 에너지를 소모해야만 비로소 가능함을 말하고 있을 뿐임을 알 수 있다. 사실 나의 욕망에 영양분을 주는 것의 여부는 전적으로 나(나의 생명력)에게 달려 있다, 반면에 원동력이 내 안에 있는 하늘의 원동력일 때, 다시 말해 나의 개인적인 편견으로부터 벗어나 내가 자연적 운행성의 기반 위에 서게 되었을 때, 나는 더 이상 어떠한 것도 바랄 필요가 없어진다(나는 더 이상 어떠한 것도 지향하지 않게 된다). 그러한 경지에 도달하게 되면, 세계 전체가 나를 움직이게 만듦으로써 나를 통해 반응하고, 세계 그 자체가 나의 길을 제시해주며 진행하게 된다.

그러므로 바로 이러한 것이 우리가 행위를 함에 있어 취할 수 있는 단 하나의 선택 —그 선택은 종교적이지도 도덕적이지도 않다— 일 것이다. 그러나 그러한 선택은 엄밀한 의미에서의 개종을 요구하지는 않지만(왜냐하면 거기에서는 다른 차원의 가치나 실재로 "전향"할 필요가 없기 때문에), 쓸데없는 짐을 단호하게 내려놓을 것을 요구하게 된다. 『장자』는 이를 끊임없이 환기시킨다. 왜냐하면 나는 세상의 부추김 속으로 관통해 들어가기 위해 피상적이고 개인적인 동기 부여의 차원을 떠나야만 하기 때문이다. 이는 마치 나의 일엽편주를 항구(나의 죽음)에 대기 위해 온갖 지혜를 다 동원해 거센 바람과 풍랑을 거스르며 노를 저어 나아가는 대신에 무한한 흐름(삶)의 한가운데로 첨벙 뛰어들어 그 흐름의 집중과 흩어짐, 다가옴과 멀어짐의 논리와 결합해 그 흐름이 나를 이끌고 가도록 내맡기는 것과 같다. 『장자』는 이러한 무한한 흐름이 번갈아 나타나는 것으로 상정한다. 내 안에서 내가 "열어 밝히는" 것은 "하늘"일 수도 있고, "인간적인 것"일 수 있다(19장, 곽경번 판, p.638). 물론 만약에 내가 내 안에 있는 "하늘"을 열어 밝힌다면, 즉 만약에 내가 내 안에 있는 생명력의 운행성이 투명해질만큼 근본적인 단계에까지 그 하늘로부터 내려온다면, "나는 나의 살아갈 수 있는 능력을 신장시키게 된다". 그와 반대로 만약에 내가 열어 밝히는 것이 "인간적인 것"이라면, 그래서 순전히 자극적이고 의시적이며 인위적이고 "강요된" 단계에만 머물러 있다면, 나는 나의 생명력을 해치고 "강탈하게" 된다. 서두에서 상정되었듯이(6장, 곽경번 판, p.224) 우리가 배워야 할 유익한 앎이란, 그러므로 "하늘"과 "인간적인 것"의 두 차원을 구분하는 것이다. 그래서 『장자』는 반응성의 바로 이러한 다른 체제에 대해 상술하고 있는바, 이는 개념과 의지만이 작용하는 한정된 체제가 아니라, 무한의 체제이다. 세상의 소요 속에 뿌리를 내리고 있는 개인적 존재는 바로 이러한 체제 속에서 이끌어지고, 활용되도록 스스로를 내맡긴다.

지혜를 상징하고 있는 모든 이러한 경구들은 가장 근본적인 세계-내-존재에 대한 엄밀한 서술로서 읽혀야만 한다. 그러한 세계-내-존재는 모든 일상적인 긴장과 폐색 그리고 수축됨으로부터 벗어나, 자신의 원초적인 강력함으로 되돌아가서 자신의 생명력으로 충만된 체제로 나아가게 된다. 그에 의하면(15장, 곽경번 판, p.539), 현자의 삶은 "하늘의 흐름"과 동일시된다. 즉, 현자의 삶은 더 이상 자신에 의해서 그리고 자신을 위해서 행동할 필요가 없는 경지, 그리하여 자신 안에 있는 생명력을 억지로 "강요할" 필요가 없는 경지에 다다르면, 바로 이 근본적이고 내적 자극으로 충만한 유일한 운행성을 자신의 행위 안에 통합시키게 된다. 현자의 삶은 따라서 "정지 중에는 음陰의 덕을 나누어 갖고, 움직일 때는 양陽의 도약에 동참한다". 따라서 그것은 세상의 한가운데에서 작용하고 있는 반응성이다. 달리 말해, 그것은 자신의 행위 안에 몰입해 그 행위를 직접적으로 이끌게 된다. 이를 또 다르게 표현하자면, 현자의 삶은 "내적으로 자극을 받았을 때만, 반응하는 것", 즉 "더 이상의 다른 대안이 없는 최후의 경우에만 행동을 취하는 것이다". 여기서는 마치 기독교의 정적주의*에서 언급되는, 신적 은총을 향해 스스로 열리는 피조물의 "수동성"이 메아리치는 것 같다. 물론 "하늘의 정합성과 합치되어" 그 하나뉨에 전율하는 현자의 개방성과 수동성은 초월을 필요로 하지 않지만 말이다. 현자는 바로 이러한 내재성과 조화를 이루기 때문에, 결과는 자기 자신으로부터 흘러나오는바, 이것은 마치 일상생활 속에서 특정 목적이나 의도 없이 부지불식간에 일어나는 유기적 기능들과 비슷하다. 여기로부터 인간에 대한 이상적 그림 또는 또 다른 꿈 ―현자는 "사유할 필요도 계획을 세울 필요도" 없다― 이 등장하게 된다. 즉, 현자는 무엇을 하기 위해 애쓸 필요가 없다. 그는 "환하게 빛나지만" 빛을 발하지도 스스로를 태우지도(스스로를 태우는 촛불처럼) 않는다. 마찬가지 이유에서, "사람들은 어떠한 계약서를 쓰지 않고도 그를 신뢰한다". 왜냐하면 계약과 같은 "접착제"는 필요가 없기 때문이다. 본질적으로 자연적인 "이 하늘의 덕과 조화를 이루었기 때문에", 그는 "인간들"과 "사물들" 또는 "자연적 요소들"이나 "정령들"로부터 파생되는 어떠한 것에 의해서도 더 이상 구속받지 않는다. 간단히 말해, 현자는 자신의 본성을 해칠 어떠한 습관도 쓸데없는 세간사도 더 이상 갖고 있지 않다. 그는 "자면서도 꿈꾸지 않고", "깨어 있으면서도, 근심하지 않는다".

2

만약에 우리가 이 현자라는 절대화한 형상하에서 그리고 이러한 "하

늘"과 "인간"이라는 전통적 주제를 뛰어넘어 근본적이고 가장 공통적인 경험 —장자는 이 경험을 성공적으로 기술하고 있다— 이 무엇인지를 해독해낼 수 있다면, 우리는 이 고대 중국의 사상가인 장자를 읽어볼 가치가 있지 않겠는가? 적어도 내가 이렇게 나태한 작업(중국어 "하늘"을 프랑스어 "하느님의 하늘"로 옮기는 것)에 만족하지 않는 한, 그리고 중국적 관념을 그것의 고유한 근원에 따라 탐색해 들어가는 한에서는 더욱 그렇지 않겠는가? 중국적 관념은 나의 생각을 어긋나게 하고 어지럽히는 것으로서, 지금까지 전혀 생각해보지 못했던 것을 문득 떠오르게 만들어준다. 왜냐하면 장자는 여기에서 우리를 바로 이 본질적으로 반응 성향을 지닌 운행성의 근원 —그는 이것을 실재의 근원이라고 부른다— 과 재결합하도록 만들어주기 때문이다. 그리하여 장자는 이론적 부정합성과 이념적 허약성 —오늘날 서구인의 사유는 바로 이러한 부정합성과 허약성 속에 빠져 있다— 으로부터 "원천으로의 회귀"와 "자연력으로 충만함"의 사유를 구출해내게 된다. 그는 우리에게 진정한 의미의 휴식 개념, 즉 부정적 의미(일하지 않는 것)와는 다른 휴식의 개념을 제공해준다. 왜냐하면『장자』에 나오는 용어들을 이러한 새로운 관점에서 다시 읽으면, 우리는 어느 순간 갑자기 그것들이 놀라울 정도로 적절한 표현임을 느끼게 되기 때문이다. 사실 "휴식을 취한다는 것"은 신체 또는 정신에 속한 것들에 대한 구분을 뛰어넘어, 자신의 전 존재(이 "전 존재" 속에서만 그 집중력은 발견될 수 있다) 속에서 더 안정된 흐름에 닻을 내린 좀 더 근본적인 —모든 일상적 의무와 관습의 굴레에서 벗어날 수 있기 때문에— **활력**을 새롭게 작동시키는 것이다. "근원으로 되돌아간다는 것"(물론 이러한 프랑스어 번역은 언제나 약간의 어색함을 지닐 수밖에 없다)은 흥분되는 외부 자극으로부터 벗어난 유일한 내적 고무됨에 의해서만 이끌림으로써, 자신의 생명력을 이러한 가장 내밀한 에너지의 "원동력"과 다시 결합시킬 수 있는 기회가 될 것이다.

사실 "휴가"라고 하면, 서구인은 정치적으로 휴가의 권리를 쟁취했고, 사회적으로는 오늘날 "필수품"처럼 정착시켰지만, 정작 진정으로 휴식을 취한다는 것이 무엇인지에 대해서는 철학적 성찰을 하고 있지 않다. 왜냐하면 서구의 철학 어디에서도 우리는 이 주제에 대해 다룬 것을 찾아볼 수 없기(몽테뉴^{Michel De Montaigne}가 간접적으로 다루었던 사실은 제외하고) 때문이다. 사실 서구인은 아직까지도 휴가의 "존재론"을 갖고 있지 못한 셈이다. 이것은 오히려 비-존재론이 문제가 되는 것이라고 표현해야 더 적합할 것이다. 중국인의 "하늘" 관념은 바로 이 지점에서 유용하게 활용될 수 있다. 앞서 서술되었던 현자의 역할은 다음과 같이 지속적으로 그려질 수 있다(곽경번 판, p.539). 우리는 음과 양의 유일한 자연적 요인과 기능의 내적 고무됨 아래에서 그리고 내적인 "비움"과 "초연"(근심을 비워냄과 세상사로부터 초연함, 이 둘은 한 쌍을 이룬다)을 통해, 마침내 편협한 "인간적" 관점으로부터 벗어나게 된다. 그리하여 시선 집중과 자신만의 관점을 "망각"(『장자』에서 주요 용어)함으로써, 우리는 "위대한 자연적 변화와 한몸이 된다". 이렇게 생명력을 온갖 족쇄로부터 해방시킴을 통해, 우리는 자신 안에 있는 "하늘"을 새롭게 양육하게 된다. 이런 경구는 적어도 비-이론적인 것의 축 늘어짐과 허약함 속으로 빠지는 것을 피하게 해주는 동시에, 사물 자체에 대한 경험을 지나치게 응고시킴으로써 그 경험을 상실하게 만드는 것도 피하게 해준다. 결국 우리는 "우리의 생명력을 보양하기 위해", 휴가를 떠나는 것이라 할 수 있다.

3

우리는 여기에서 또한 문득 예술가와 그가 다루는 재료 또는 대상 사이에 존재하는 근본적 관계의 개념을 떠올리게 된다. 그 관계는 조각가가 자신이 다루는 돌이나 나무와 맺고 있는 것일 수도 있고, 화가가 신성한 산(태산) ─화가는 매일 아침 끈기 있게 이 산 앞에 이젤을 세운다─ 과 맺고 있는 것일 수도 있다. 우리는 모든 사람들이 알고 있는 사실, 즉 명작이란 예술가가 자신 안에 존재하는 자연스러움을 도출해내는 경지에 이르렀을 때만 비로소 가능하게 된다는 사실을 어떻게 생각해야만 하는가? 물론 그러한 경지는 예술가가 모든 기술적 지식이나 관념 이전의 상태로 거슬러 올라가, 그가 다룰 대상이나 재료의 내재적 자연스러움과 하나가 되어 그것들을 자신의 창조 작업의 "파트너"로서 느끼게 될 때만 획득될 수 있다. 그런데 우리는 이런 관념들을 차례로 살펴볼 필요가 있다. "개방성" 또는 "탈아"라는 관념은 서구인에게 있어서 종교적 사유의 틀을 벗어날 수(하이데거^{Martin Heidegger}의 "자신을 열어 밝힘^{Erschlossenheit}"이나, 클로델^{Paul Claudel}의 "함께 태어남^{co-naître}"의 관념에서 볼 수 있듯이) 없다. "합일"(자연과의)은 그것을 주제로 다루었던 낭만주의적 감수성으로부터 분리될 수가 없는데, 그 이유는 그러한 합일이 어떠한 정통적 존재론으로도 귀착될 수 없기(이러한 존재론의 지나치게 과장된 수사학은 그러한 점을 보완하기 위해 나온 것이다) 때문이다. "정통성"은 그것의 항존성을 보장해줄 어떤 특별한 내재성의 개념에도 근거하고 있지 않다. 존재론의 정통성을 "진솔함" 또는 "천진난만"에 연관시키는 것은 지나치게 심리학적으로 생각하는 것이 된다. 서구의 사유는 여기에서 자신이 경험하지 못한 어떤 것을 표현하려고 애쓰고 있다(이러한 점은 현상학에서도 마찬가지로 발견된다). 모든 이러한 용어들은 요점을 놓치고 있고, 동일한 이론적 약점을 지니고 있다. 그 이유는 그것들이 주관성과 뒤범벅이 되어, 주관성을 대상의 내재적 자연스러움과 합일시킬 수 있는 근거를 창조의 과정 속에서 발견하지 못하고 있기 때문이다.

장자는 여기에서 종 받침대를 제작하는 목수의 예를 드는데, 그 받침대를 구경한 모든 사람들은 그것이 마치 신의 작품이 아닌가 생각할 정도로 경탄을 금치 못한다(19장, 곽경번 판, p.658). 도대체 어떠한 "기술"을 가지고 있는지에 대해 질문을 받자, 그 목수는 대뜸 어떠한 기술도 갖고 있지 않다는 제스처를 취하면서 종 받침대를 제작할 때의 마음 자세를 설명해준다. 즉, 그는 매일매일 똑같이, "이익"이나 "보상"을 받을 것을 또는 "칭찬"을 듣거나 "비난"을 받을 것을 전혀 염두에 두지 않고, 궁극적으로는 왕궁뿐만 아니라 "자신의 몸 내지 사지"까지도 잊어버린 경지에서, 모든 외부의 걱정거리를 잊은 채 오직 능숙한 솜씨에만 전 신경을 집중시키며 숲 속으로 들어간다. 숲 속에서 그는 우선 "외형이 완벽한 나무의 천상적 본성"에 대해 명상을 한다. 그렇게 해야만 비로소 그는 자신이 빚어낼 작품에 대한 비전을 떠올리게 되고, 그런 연후에만 일을 하기 시작한다. 여기서 다시 한 번 더, 간략하면서도 정곡을 찌르는 경구 —그는 [자신 안에 열려 있는] 하늘과 함께, [나무의] 하늘과 하나가 된다— 가 언급된다. 다시 말해, 그는 자신 속에서 작용하는 자연적 창발성의 근원을 억누르고 방해하는 모든 것으로부터 벗어날 때만, 홀연히 나무의 자연적 창발성 —나무는 바로 이 창발성 덕분에 그토록 훌륭하게 자랄 수 있다— 과 합류하게 된다. 중국인의 사유는 이러한 진리를 현상학적으로(심리학적이 아니라) 표현하고 있다. 모든 감정과 의지의 시원으로 거슬러 올라가 마침내 자신의 고유한 도약력을 완전히 해방시켰을 때, 그는 이 나무가 그렇게 당당하게 성장함을 통해 구현시키고 있는 도약력과 합치하게 된다. 마티스Henri Matisse는 중국인의 이러한 가르침을 자기만의 방식으로 매우 잘 표현했었다. 즉, 그는 그림 그리는 법을 배울 때 학교에서 가르치는 대로 모방하는 법만 배우지 말고, "당신이 나무를 그릴 때, 당신은 마치 나무 밑에서부터 위로 나무와 함께 올라간다는 느낌을 갖도록 노력하라"라고 권고한다.[3]

4

여기에는 장자가 보지 못한 어떤 것, 즉 그가 알아차리지 못한 어떤 것이 있다. 그럼에도 그의 작품은 이 어떤 것에 관해 항상 좀 더 깊은 고찰을 시도한다. 그러나 서양은 이 어떤 것에 접근할 수 있는 코드 또는 패스워드로서 간주되는 것에 이름을 부여해, 사랑(서양은 이 사랑을 오직 신의 기초 위에서만 생각했다)이라 명명했다. "절대자"란 그 안에서 모든 존재자들이 용해되고, 그것의 단일성 속에서 모든 존재자들이 서로 흡수됨을 통해 교통하게 되는 어떤 것만을 지칭하는 것은 아니다(도道, 곽경번 판, p.70 참조). 그것은 하나의 형상으로, 심지어는 특정의 얼굴로 나타날 수도 있다. 거기에서 긴장은 더 이상 이완을 통한 조절 작용을 필요로 하지 않고, 영감은 무한해서 감정적 힘을 스스로 독차지함을 통해 생명력을 완전히 흡수하게 된다. 그리하여 어떤 사람이 타자에 대해 자신의 모든 것을 쏟아부을 때, 다시 말해 "타자"로서의 타자(음과 양에서 처럼, 동일한 것에 대립되는 타자가 아니라)에 대해 헌신할 때, 그 힘의 집중은 더 이상 막힘의 원천이 아니라, 그로부터 충만성이 솟아나오는 원천이 된다. 이 같은 힘의 집중은 더 이상 타자를 배제하는 것이 아니라, 오히려 총합시켜준다. 사실 이러한 힘은 궁극적으로 우리가 자신 안에서 "열어야만" 할 "하늘"의 본성이 아니라면 무엇이겠는가? 서구 문학은(사실 서구에서는 이 하늘을 생각하는 것이 철학이라기보다는 주로 문학이다) 자발적으로 선택하는 수난(예수의 수난을 본으로 삼아)과 헌신 ―자기희생(오르가즘의 절정?)을 마다하지 않을 정도로 기꺼이 영웅적이고 숭고하게 수행하는 헌신― 속에서 하늘을 발견한다. 반면에 중국적 사유는 하늘을 자연적 창발성으로 충만한 체제로서 간주한다. 그리하여 중국적 사유는 하늘 속에서 자신의 생명력의 피난처 ―외부 세계의 요소와 위험들의 타격이 전혀 미치지 않는 곳― 를 발견하게 된다. 불 위를 걸으면서도 뜨거움을 느끼지 않고, 하늘로 날아올라도 현기증을 느끼지 않는 놀라운 능력들 ―샤머니즘의 흔적들― 에 대해 개의치 말고 논의해보자(19장, 곽경번 판, p.633). 장자는 술에 취해 수레에서 떨어진 어떤 사람을 예로 들어, 그러한 능력에 대해 비유적으로 이야기한다. 도대체 이 술 취한 사람이 죽지 않고, 그토록 가볍게만 ―신체적 외관상 다른 사람들과 전혀 구별되지 않을 정도로― 다치도록 만든 힘은 무엇인가? 그것은 이 사람이 수레를 탄다는 사실 자체를 의식하지 못한 채 수레에 올라탔으며, 마찬가지로 수레로부터 떨어진다는 사실 자체도 의식하지 못한 채 떨어졌기 때문이다. 즉, 이 사람은 "죽음에 대한 공포가 자신의 마음속 깊은 곳까지 침투하지 않은 상태에서", 감정적 반응이 아니라 창발성의 반응에 따라 자연스럽게 떨어졌기 때문이다. 사실 이 사람이 사고를 당했음에도 불구하고, 죽지 않을 수 있었던 것은 그가 술에 취한 상태에서도 감정의 영향을 받지 않고 자신의 생명을 보호해줄 전 존재의 완전성에 도달해 있었기 때문이다. 이런 예로부터, 장자는 만약에 우리가 "하늘"의 차원에서도 이러한 상태를 유지할 수 있다면 우리는 더욱더 완벽한 완전성에 도달할 수 있을 것이라고 결론을 내린다. 따라서 "현자가 하늘의 차원으로 들어가게 되면, 그는 그 어떠한 것에 의해서도 상처를 받지 않을 것이다".

그런데 여기에서 중요한 것은 장자가 바로 이러한 사유의 기초 위에서 우리가 타인들과 맺는 관계를 생각하고, 그러한 관계로부터 도덕을 구축할 수 있는 유일한 요인들을 추출해냈다는 사실이다. 만약에 우리가 자연으로부터 오는 자극에만 부응하고, 모든 감정적 반응으로부터 벗어난다면, 타인은 더 이상 우리에게 영향을 끼치지 못할 것이다. 마찬가지 문맥에서, 만약에 우리 스스로가 그 무엇을 하겠다는 의도 모두를 버린다면, 아무도 우리에게서 어떤 것을 원하지 않게 될 것이다. 그러면 우리는 우리에 상처를 입힌 검에 대해서도, 우리의 머리에 떨어진 기와에 대해서도 비난하지 않게 된다(19장, 곽경번 판, p.636). 만약에 물 위에서 표류하던 배가 우리의 배에 부딪혔는데 그 배에 아무도 타고 있지 않았다면, 우리는 아무 말도 하지 않을 것이다. 그러나 만약에 누군가가 배에 타고 있었다면, 우리는 그 사람에게 거칠게 말을 함은 물론이고 조금이라도 욕설을 퍼부어야 직성이 풀릴 것이다(20장, 곽경번 판, p.675). 사실 갈등은 바로 이러한 의도적·감정적 자아의 차원에서 생겨난다. 이러한 단계가 일단 지나가면, 아니면 오히려 우리 스스로가 이러한 감정이 일어나는 단계의 이면으로 물러설 줄 안다면, 우리는 힘들여 강요하지 않아도 다른 사람들로부터 많은 것을 얻을 수 있게 된다. 더 나아가 우리는 그들의 공격에 대비할 수도 있는데, 그 이유는 우리의 마음 상태가 그러한 경지에 이르면 다른 사람들이 더 이상 우리와 맞닥뜨리려는 생각조차도 하지 않을 것이기 때문이다.

바로 그러한 것들이 진정한 삶을 양육함(하늘의 뜻에 따라)의 조건이자 결론이다. 첫 번째 경우(무엇인가를 획득하는 것)는 성문 앞에서 근무하는 세금 징수원의 예에서 볼 수 있다. 그는 성문을 통과하는 행인들로부터 돈을 내라고 요구하거나 강요할 필요도 없이 세금을 거두어들인다(20장, 곽경번 판, p.677). 그는 어떻게 그렇게 할 수 있는가? 그는 "분명히" 돈을 받긴 하지만, 정확히 계산하지도 애쓰지도 않으면서 "대충" 받는다. 사람들은 그를 "멍청한 사람"이라고 말할지도 모른다(자신의 내적 삶을 외부의 영향을 전혀 받지 않도록 영위하는 사람은 겉으로 보면 멍청한 사람으로 보이기 마련이다). 그는 자신의 임무에만 집중할 뿐, 어떠한 사람 —세금 지불을 거부하는 "폭력적인 사람"이든, 자신이 지불할 수 있는 만큼만 지불하겠다고 "흥정하는 사람"이든— 에게도 감정적으로 반응하지 않는다. 그는 절대로 행인들을 "억류시키거나" "통행을 금지시키려고" 하지 않고, 단지 그들을 "환대하고" "배웅하는 일"로 만족해한다. 그는 도대체 무슨 일을 하고 있는 것인가? 그는 어떤 일에 집착해 자신의 에너지를 낭비하는 것(잘못 알고, 삶에 집착하는 것처럼)이 아니라, 그 창발성과 자연적 반응성 안에서 조류의 밀물과 썰물처럼, 생명체의 호흡처럼, 끊임없이 오고 가는 생명력 자체처럼 살아갈 뿐이다. 그렇기 때문에 그는 어떠한 것도 완고하게 고집하지도 않고 서두르지도 않으며, 어떠한 일도 억지로 힘들여 하려고 하지도 않고 따라서 어떠한 것도 더 이상 궁지로 몰아넣지 않은 채, 단지 환대하고 배웅하는 일에 만족하게 된다. 이렇게 그는 "우리 각자가 자아의 궁극에 도달하기 위해 가야 할 길"을 갔고, 그 결과 세금은 저절로 거두어질 수 있었다. 그는 아무런 노력을 기울이지 않고도 세금 징수의 목표를 달성했는데, 그 이유는 그가 세금 거두는 일에 자신의 의지를 개입시키거나 부과시키지 않고 그 일 자체가 저절로 이루어지도록 내맡겼기 때문이다.

두 번째 경우(타인의 공격에 미리 대비하는 것)는 우리를 곧장 양생 —우리가 싸움닭을 "양육"하거나 기르는 것(중국어에서는 양養이라는 한 단어가 이 둘 모두를 가리킨다)처럼— 으로 연결시켜준다(19장, 곽경번 판, p.654). 여기에서는 싸움닭을 각각의 단계마다 그리고 열흘 단위의 각 기간마다 어떻게 훈련시켜야 최상의 싸움닭으로 길러낼 수 있는지에 대한 새로운 계획표가 제시된다. 초보 단계의 싸움닭은 아직 허황되고 오만으로 가득 차, 자신의 힘만을 맹신한다. 다음 단계의 싸움닭은 다른 닭들의 그림자나 조그만 소리에도 민감하게 반응한다. 그다음 단계의 싸움닭은 매우 강렬한 시선과 지나치게 힘찬 기를 지니고 있다. 마지막 단계에 도달해 다른 닭들이 아무리 울어대도 외견상 아무런 "변화"를 안 보일 정도의 무심의 경지에 이르면, 이 싸움닭은 비로소 싸울 준비가 된 것이다. 이 경지에 도달하면, 그 닭은 마치 "나무로 만들어진 닭[木鷄]"처럼 태연자약하게 보인다. 이렇게 "싸울 수 있는 훈련이 완벽하게" 이루어지면, 다른 닭들은 이 닭에게 "감히 대들려는 생각조차 하지 못하고, 피하기만 하게 된다". 이 훈련된 싸움닭이 다른 닭들에게 아무런 반응조차 하지 않는 태도를 보이면, 다른 닭들은 이 닭에게 대들어보려고 하지도 못한 채 줄행랑을 쳐버린다. 이전의 단계들에서는, 훈련 중이었던 이 닭이 어떻게 선제공격을 해야 하고, 어떠한 마음 상태를 유지해야 하며, 어떠한 태도를 취해야 할지 결정하는 주체였다. 그러나 이제는 다른 닭들이 그러한 것을 결정하는 주체가 되어, 자신이 결정한 것을 실행하기 위한 부담을 지고 쓸데없이 힘을 소비하게 된다. 우리는 이러한 싸움닭이 도달한 무심의 경지를 마치 스토아 학파의 평정심ataraxia과 같은 도덕적 경지로 여길 수도 있다. 그러나 이 싸움닭의 무심은 단지 전략적인 (여기서 풍자적으로 표현된) 것일 뿐이다. 우리는 이 싸움닭의 일화가, 전투 능력이란 적보다 힘이 더 강해 적을 무찌를 수 있는 능력임을 말하고 있는 것으로 믿을 수도 있다. 그러나 이 일화는 『손자병법』에서 알 수 있듯이, 그러한 식의 전투는 수많은 에너지를 소비하고 위험을 초래하게 만든다는 사실을 말하고 있는 것이다. 사실 진정한 방어는 싸우지 않는 것이요, 싸우지 않는 것은 공격당하지 않을 수 있는 상태를 유지하는 것이다. 그것은 나 스스로가 가장 강한 자가 되는 것(그러면 공격의 대상이 될 수도 있으므로)이 아니라, 아예 접근 불가능한 자가 되어야 함을 의미한다. 더 나아가 타인에 대한 나의 반응을, 아예 타인이 나에 대한 공격을 감히 시도하지 못할 정도로, 마치 "나무로 만들어진 닭"처럼 태연자약의 무심함을 통해 나타내면, 나는 타인의 공격으로부터 나 자신을 보호할 뿐만 아니라, 그의 반응 자체를 제압함으로써 나를 공격하고자 하는 마음 자체를 단숨에 무력화하게 된다. 그러면 타인은 나의 무반응에 당황하게 되고 꼼짝 못하게 되지만, 나는 오히려 나의 에너지를 아낄 수 있게 된다.

5

무심지경

1

만약에 우리가 고찰하려는 것이 내가 여기서 선택한 것처럼, 단순히 사상의 전개 속에서 나타났던 이러저러한 내용들이 아니라, 사유의 가능성 자체에 대한 (문화적) 조건들이라면, 다음과 같은 장자의 경구는 우리에게 생각해볼 무언가를 던져줄 것이다. 또한 그것은 이러한 작업에 대한 이해의 단서도 제공해줄 것이다. 장자는 말하기를, "모든 논의 속에는 논의되지 않은 것이 들어 있다"(곽경번 판, p.83). 이 말은 모든 논의의 시원에는 그리고 그러한 논의로부터 발생할 수 있는 반대 견해들의 시원에는, 합의의 기반이 존재함을 의미한다. 도道의 이미지를 띠고 있는 이러한 기반은 모든 존재들을 현실화하고 그 존재들 각각을 서로 구별시키는 하나의 단일한 운행성의 원리와 같은 것이다. 가장 다양한 관점들, 심지어 서로 대립되는 관점들이 서로 포용되어(이 관점들은 이러한

"기반" 위에서 서로 소통되면서 이해된다), 그것들 사이의 구분이 없어질 수 있는 것은 바로 이러한 합의의 기반이 존재하기 때문이다. 그러한 합의의 기반은 예를 들어, 『파이돈』의 초반부에서 소크라테스Socrates가 "죽음이란 영혼과 신체의 분리"라는 생각에서 출발하는 것과 같다. 그는 이 생각을 대화의 흐름 안에서 후천적으로 얻은 지식이 아니라, 이미 자명한 명제 —죽을 때, 영혼은 신체로부터 분리되어 "그 자체로 고립되고", 신체도 또한 그렇게 된다(64c-d)— 라고 주장하고 있다. 소크라테스의 대화 상대자인 심미아스Simmias는 사실상 이에 대해 이의를 제기할 생각조차 하지 못하고 있다. 따라서 영혼의 본성과 불멸성에 대한 논쟁은 대화가 시작된 뒤에나 이루어진다. 그러나 그러한 합의의 기반이 형성되기 위해서는, 영혼이란 신체로부터 분리될 수 있고 신체에 대해 자율적인 생명의 원리라는 관념이 아주 일찍부터 형성되어 있어야 하고 또한 많은 사람들에게 널리 퍼져 있어야만 한다. 이러한 방식의 사유는 플라톤이 개진하기 훨씬 전에 이미 호메로스Homeros의 작품 속에 나타나 있다. 즉, 그러한 생각은 『일리아드』에서 행해진 프시케psyche와 튀모스thymos에 대한 구분 속에 이미 함축되어 있는 것이다. 트로이의 성벽 아래에서 싸우는 전사들의 튀모스 —이것은 에너지와 용기의 장소인 그들의 가슴 속 심장 안에 들어 있다— 는 죽음에 의해 손상되고 부서져버리게 된다. 반면에 프시케, 즉 머리와 하나를 이루는 전사들의 영혼은 죽은 후에도 계속 존속하는 것으로서, 눈에 보이지만 만질 수는 없는 이미지, 다시 말해 한때 살아 있었던 존재의 환영eidolon으로서 존재하는 것이다. 프시케는 마치 "꿈 속의 유령처럼" 그리고 "안개처럼" 멀리 날아가(『오니세이아』, XI, 220s.), "하데스의 지하 왕국에" 도달하게 될 것이다. 훨씬 후대에 나타나는 시인들의 작품 —특히 핀다로스Pindaros와 격언을 노래한 시인들의 작품— 속에서, 우리는 지각과 사유 그리고 감정 속에 서로 연루되어 있는 생명의 원리, 동일한 실체 안에 결합되어 있는 생명력과 자의식의 원리를 발견하게 된다. 바로 이 순간에, 영혼은 철학에 의해 "자명한 것"으로 간주될 중요한 인류학적 표상으로서 탄생하게 된다. 그러나 소크라테스와 마주하고 있는 심미아스는 아직 영혼의 존재에 대해서 논의할 생각조차 하지 못하고 있다.

이러한 의미에서, 『파이돈』의 도입부부터 서양 지성사 안에서 가장 중요한 것은 이미 결정된 바나 다름없는데, 그 이유는 그 이후부터 "영혼"이 존재하는 것으로 확정되었기 때문이다. 이와는 대조적으로, 중국적 전통은 "영혼"이 아니라 "생명"을 보살피는 일에 주력하게 되는데, 그 이유는 중국적 전통이 생명의 원리를 유기체적 존재로부터 분리시키지 않았기 때문이다. 중국적 전통은 머리에 신체 나머지 부분들과는 다른 운명을 부여하지 않고, 심장心에(서양인은 흔히 "심-정coeur-esprit"으로 번역한다)에 정신을 위치시킨다. 게다가 노자는 자신의 관심을 생명력이 집중되는 중심지이자 영양분의 저장고인 "배"에 기울일 것을 주장하기까지 한다(『노자』, 12절). 이와 정반대로, 플라톤의 『티마이오스』(44d 참조)에서는 "가장 신성한" 부분인 머리가 다른 무엇보다도 중시되며, 신체는 단지 이러한 머리를 "지탱하기" 위한 부속물에 지나지 않는다(오니언John Onians 은 자신의 비교 문화 연구에서, "영혼이 머리 안에 존재하고 있다"는 관념을 대부분의 인도-유럽어족과 켈트족의 공통적인 특성으로서 규정하고 있다).[4] 그런데 중국인이 영혼을 영혼만의 고유한 운명과 본질을 지닌 하나의 유일한 실체로서 생각하지 않았던 사실은 그들의 사유에 무한한 영향을 끼치게 된다. 그렇다면 만약에 우리가 이러한 영혼의 관념을 갖지 않거나, 적어도 우리가 영혼의 관념을 더 이상 형이상학적 원리로 전제하지 않는다면(물론 서구인들도 수세기 전부터 이 관념에 대해 의심의 눈초리를 보내고 있음은 자명하다), 도대체 사유한다는 것("인간"의 위상에 관해, 인간의 내면적 구조에 관해, 인간의 운명에 관해, 도덕에 관해 등)은 무엇을 의미하는가? 사실 오늘날 서구의 사상가들이 공통적으로 그렇게 하듯이, 영혼에 관심을 갖지 않는다는 것은 영혼을 독립된 실체로서 생각하는 것이 우리의 사유에 미치는 부수적 영향들에 대해 관심을 두지 않는다는 것을 의미한다. 그러나 우리는 아무리 관념적 차원에서 이러한 사유가 미치는 영향으로부터 벗어나고자 노력해도, 여전히 그러한 영향을 받고 있다. 아리스토텔레스가 이미 영혼의 불멸성에 대해 더 이상 거의 언급하지 않았을지라도 ―사실 그는 이러한 물음에 대해 관심이 없는 것처럼 보인다―, 그리고 영혼을 인간뿐만 아니라 모든 생명체에도 공통적인 차원에서 생각할지라도, 그는 영혼을 신체의 "원인aitia"과 "원리arche"로서 생각하기 위한 개념적 도구로 활용하고 있다. 그 결과 신체는 단지 영혼이 자신의 형상을 부여하기 위해 사용할 "질료hyle"로서만 규정받게 되었다. 물론 스토아 학파의 철학자들은 영혼이 존재하기 위해서는 영혼 자체가 신체를 빌려야만 한다고 주장했었다. 그럼에도 서구 철학사에서 영혼은 그 표상의 능력과 신체를 움직이게 만드는 힘을 통해 자신만의 고유한 원리를 지니는 것으로 확정된다.

내가 방금 사용했던 이 "그럼에도"라는 표현은 우리의 사유에 끊임없이 영향을 줄 것이다. 왜냐하면 칸트Immanuel Kant가 코페르니쿠스적 선환점을 마련한 이후, 아무리 영혼이 철학의 무대를 떠나 믿음의 영역 안으로 들어가게 되었다 하더라도, 영혼의 관념은 전문적 어휘들 속에서 그리스인이 사용했었던 의미로 여전히 사용되고 있기 때문이다. 우리는 예를 들어 "심리적인 것le psychique"이란 용어 속에 그리스어 프시케의 영향이 지속되고 있음을 의심하지 않는다. 그것은 마치 우리가 도덕에 대해 말하려 할 때, 도덕morale이란 용어 대신에 그리스어 어근을 지닌 "윤리éthique"라는 용어를 사용하는 것과 같다. 서구적 사유는 그리스어 어근을 지닌 유사한 어휘들을 사용할 때 왜 그렇게 번역하는지에 대해 그 이유를 설명하지 않은 채, 한 사유로부터 다른 사유로 이동하거나 미끄러져 들어가거나 건너뛰는 편리한 방법을 쓰고 있다. 나는 "영혼"이라는 용어가 라틴어 어원으로부터 짊어지고 있는 짐을 내려놓거나, "문학적인 것" 안으로 흘려보냈으면 한다. 왜냐하면 그렇게 해야만 우리는 지나치게 엄격한 학문적 규정에 대한 보상으로서, "영혼의 다양한 의미들"이 뿜어내는 후광을 그대로 간직할 수 있기 때문이다. 그래야만 우리는 "인간이 만약에 과학에 의해 생명이 없는 대상으로 규정된다면, 과연 인간은 영혼을 갖고 있는 존재라 할 수 있는가?"라는 물음을 던질 수 있게 될 것이다. 바로 이러한 이유에서, 나는 영혼이라는 용어가 그리스어 어원으로부터 함축하게 될 의미를 간직하고자 한다(그래야만 나는 내가 과연 영혼을 갖고 있는지에 대해서는 의심할 수 있을지라도, 나의 "정신 현상"이 구성하고 있는 이 실체에 대해서는 의심하지 않게 될 것이다. 영혼의 실체에 대해 의심하는 경향을 지닌 정신분석학은 종교적 입장들로부터 매우 멀리 떨어져 있어서, 자신이 영혼의 장치라는 이런 가장 묵직한 문화적 선험체의 후계자임을 따라서 그 후계자로서 서구 문화가 정립시킨 "과학"(영혼에 대한 학문) 속에 편입될 수 있었다는 사실을 잊을 수가 있을까? 나는 특히 프로이트의 작품을 프랑스어로 옮기는 가장 최근의 번역가들이 독일어 seelisch를 "심리적인 것le psychique"
으로 번역하지 않고, "영혼적인 것l'animique"이라는 형용사로 새로 만들어낸 사실
에 주목하게 된다). 오늘날 우리는 더 이상 영혼에 대해 사유하지도 논쟁
하지도 않는다. 그럼에도 우리는 영혼에 대해, 그것이 지닌 유산 속에서
그리고 그 속에 함축된 여러 다양한 의미를 고려하며 사유한다. 확실히
영혼은 이념적인 표상으로서 우리의 정신적 토양의 근저에 있는 "고고
학적" 심층에 영원히 속해 있고, 우리의 인식론적 공리들을 규정하는 통
제적 이념으로서 작용하고 있다.

2

우리는 중국적 사유를 하나의 이론적 척도(또는 관찰 도구)로 활용함을
통해, 이러한 영혼 관념의 융합체가 서구적 사유의 형성과 전개에 어떠
한 영향을 끼치게 되었는지를 좀 더 잘 알 수 있을 것이다. 사실 고대의
중국인은 사람이 죽을 때 두 개의 원리가 분리된다고 생각했다는 점에
서, 소크라테스와 일맥상통한다. 그러나 그들에게는 "자기 자신 속으로
물러나는" 고유한 영혼은 없고, 단지 하늘로 되돌아가는 정묘한 혼魂들
과 땅과 합쳐지는 물질적인 백魄들만 있다. 더 오래된 샤머니즘적 전통
은 인간의 정묘한 혼은 살아 있을 때도 자신의 몸을 떠날 수 있고, 무당
은 구천에 떠도는 혼들을 자신의 몸 안으로 불러들일 수 있다는 좀 더
일원론적 방식으로 생각하고 있다(3세기 주시선집周詩選集에 나오는 "초혼招魂"
편 참조). 그러나 장자는 샤머니즘적 문화와 멀리 떨어져 있지 않음에도

불구하고, 이런 생각을 중시하지는 않는다. 우리는 이 같은 사실을 주목할 필요가 있다. 인간이 자연의 흐름에 합류함으로써 "천류天流"로 되돌아갈 수 있다고 주장하는 장자는 단순히 "현자의 정신은 그럼으로써 순수해지고", 그의 "혼"은 "피곤하지 않게 된다"라고만 말한다. 그러나 여기에서 언급되고 있는 영혼은 언제나 에너지의 낭비를 피하고, 가능태적 생명력의 관점에서만 고찰되고 있다(곽경번, p.539 참조). 사실 장자는 작품 이곳저곳에서 산발적으로 영혼에 대해 언급하고 있지만, 그중 어떠한 언급도 영혼의 본질을 규정하고 있지는 않다. 이러한 언급들은 우리로 하여금 분석적 관점을 연역해내도록 만드는 것이 아니라, 우회적 표현 속에서 상징적 의미를 찾아내도록 만들어준다. 예를 들어, 그는 세상만사에 대한 근심에 젖어 있으면 결코 발견할 수 없는 "보물" 또는 "정신적 보고"에 대해 차례차례로 언급한다(곽경번 판, p.212). "기가 집중되고, 그 운행이 구속받지 않는" 이 정신적 보고는 의학적 용어로 "영부靈府 또는 영대靈臺"로 불린다(곽경번 판, p.662). 이 영부는 더 단순하게 어떠한 위험도 들어올 수 없는 "가옥宀" 또는 "가장 깊숙한 마음"으로도 불린다(곽경번 판, p.642). 이는 다시 좀 더 기본적인 용어로, 신체 "외부" ―우리가 이것을 보살피는 일에 대해 전념하는 것은 잘못된 일이다― 에 대립되는 신체적 골격의 "내부"라 불린다(곽경번 판, p.199). 그러므로 우리는 우선 중국어에서는 영혼을 지칭하는 용어가 매우 다양하다는 사실을 염두에 두고 출발할 필요가 있다. 이와는 대조적으로, 서구에서 "영혼"은 단 하나의 용어 ―물론 그 의미가 일의적으로 규정되지는 않지만― 로만 표현되어 왔다.

중국의 사상가들은 그럼에도 인간 안에서 신체적 존재로부터 구별되는 생명력의 원리를 식별하고 있다. 그들은 그리고 그중에서도, 특히 장자는 이러한 원리를 인식과 도덕적 지각의 기능 속에서 파악하지 않을 때는 심心(심장 안에 위치해 있는)이나 정精(미세한 것, 섬세한 것)이라는 용어를 사용한다. 이러한 용어들은 우리가 보았듯이, "신체는 그 능력이 최대한 발휘되어야 하고, 정精은 새로이 거듭나야 된다"는 생각을 잘 표현하고 있다(곽경번 판, p.632). 프랑스의 번역가(리우 키아웨이, p.150)는 이것을 "영혼"으로 번역했는데, 이러한 번역어는 신체와 한 쌍을 이루는 대칭어로서는 훌륭하지만, 중국어가 지닌 정화되고 증류되어 정련되는 모든 질료(정화精花, 주정酒精 등)라는 의미는 담아내지 못한다. 따라서 이 번역어는 서구 철학이 행했던 영혼과 신체에 대한 형이상학적 단절을 정확히 표현하지 못하게 된다. 중국어에서 정精은 "영적"이라는 관념과 결합해, 사물을 "눈처럼 순수하게" 만들고(곽경번 판, p.741) "무시無始"로 되돌아가게 만드는 —세상사 안에서 "소진되어"버리는 것 대신에— 더 안정된 복합체인 "정신精神"을 구성하는 것처럼 보인다. 정精은 "천지사방으로 펼쳐지고", "도달하지 않는 곳이 없게 되어", 마침내 "그것의 이름은 신과 비슷하게 된다"(곽경번 판, p.544). 따라서 "영혼"의 관념과 그것이 지닌 무한성과 신의 관념이 형태 —여기에서 취해진 제帝라는 형태가 아무리 느슨한 것이라 할지라도— 를 취하게 되면, 정精은 필연적으로 그것들 각자에 대해 새로운 모습을 띠게 된다. 만약 우리가 좀 더 인내심을 지닌다면, 우리는 바로 여기에서 가장 흥미로운 사실을 알아차리게 될 것이다. 이러한 사유의 다른 가능성 —장자가 실질적으로 관심을 기울였고, 그가 도달하고 싶어 하는— 은 여전히 열려 있지 않은데, 그 이유는 정精이 생명과 생명의 유기적 정련을 다루는 좀 더 근본적인 관점으로 되돌아가기 때문이다. 이 두 용어 정精과 신神은 정화의 여러 단계들을 지칭하기 위해, 흔히 이렇게 나란히 함께 쓰인다. 그리하여 "정精에 도달하기 위해서는, 물질성을 버리고 또 버릴지어다!"(곽경번 판, p.411)라는 경구는 모든 것을 실체화하는 길을 거부하는 이 두 용어의 창발적 기능을 잘 특징짓게 된다.

그러므로 실체로서의 영혼 그리고 그것의 존재에 대해 질문을 던지게 되는 "영혼"은 존재하지 않고, 단지 점진적 정화와 벗어남을 통해 충만한 생명력으로 나아갈 수 있는 **생명력**을 불어넣는 과정만이 존재하게 된다. 달리 말하면, 내가 정련되면 될수록 ―나의 정신이 투명해지면 투명해질수록, 자유로워지면 자유로워질수록, 막힌 데가 없게 되면 없게 될수록― 더욱더 나는 활기차게 되는 것이다. 그리하여 자신 안에 있는 "정精을 기름[養精]"은, 단지 형이상학적 용어로 덧붙임 없이, 자신의 능력을 예리하게 다듬고 최상의 상태를 유지해나감을 의미한다. 이와 마찬가지로 자신의 "신神을 기름[養神]"은 가장 일반적으로 긴장을 풀고 정신을 쉬게 함을 의미한다. 결국 "정신분석"이라는 서양어를 중국어로 번역함에 있어 복합어인 "정신精神"이 사용되었다면, 우리는 이 두 용어들이 서로 결합되었음에도 불구하고 왜 그 의미가 지나칠 정도로 유동적이고, 각각의 특성만을 나타내고 있는지 알게 된다. 왜냐하면 이 두 용어들은 서술적 내용보다는 각각에 고유한 집약적 내용만을 의미하고 있어서, 불변적 실체를 구성한 다음에 그 실체에 근거해 유형별로 나누고 위계화 작업을 통해 얻어지는 "분석적" 지식의 체계를 구축할 수 없기 때문이다.

3

결과적으로 여기에서 영혼에 대한 중국어와 여러 서구어의 용어들 사이에서 나타나는 의미의 차이보다 훨씬 더 큰 차이점이 발생하게 된다. 즉, 인간의 사유는 "영혼"이라는 개념과 함께, 두 문명권에서 전혀 다른 방향으로 펼쳐지게 된다. 사실 보이지 않는 것과 한 짝을 이루는 영혼의 개념이 없었다면, 서양인은 신과 인간 사이의 친밀하고 기도 드리는 관계에 대해 전혀 생각할 수 없었을 것이다(이와 대조적으로, 중국의 문명 속에서 기도는 일찍부터 위축되었다). 신을 통해 무한으로 뻗어나가기 위해 기도 안에 모든 지각을 끌어모으는 영혼이 없었다면, 서양인은 인간의 찰나적 사랑의 감정을 절대자에 대한 사랑으로 고양시킬 수 없었을 것이다(반면에 중국인은 사랑을 단순히 감정으로서 또는 우주론적 조절 안에서 연출되는 성적인 역할로만 보고 있다). 또한 인간을 인간 자체와 인간의 원리로 양분하는 영혼이 없었다면, 서양인은 바로 자신의 영혼과 대화를 나누는 양심의 독백 −"오! 나의 영혼이여!"[5]− 에 어떠한 중요성도 부여할 수 없었을 것이고, 내면의 소리를 축하해주지도 못했을 것이다(불교가 유입되기 전 중국에서는 적어도 이러한 내면적 독백은 발전되지 않았다). 사실 장자와 같은 사상가는 인간의 현실 안에서 물리적이고 만질 수 있는 세계와는 다른 세계를 발견해내기 위해 전력을 기울였었다. 그 세계에 들어가면, 우리는 더 이상의 두려움 없이 자신 안에 있는 "본래적인 것"을 지키고, 이러한 "신체적 형해形骸"를 한갓 자신이 머무는 "거처"로 삼으면서, 들을 수 있고 볼 수 있는 것을 순수한 "현상"으로서 인식하고, "정신을 결코 죽지 않는 것"으로 간주함을 통해 "우주 전체를 지배하고, 자아

안에 모든 존재자들을 받아들일 수 있게 된다". 그러한 경지에 들어가면, 우리는 "자신이 원하는 날을 선택해, [세상을] 떠날 수도 있다"(5장, 곽경번 판, p.193). 여기에서 우리는 홀연『파이돈』에 가깝게 와 있음을 느끼게 된다. 왜냐하면 이 작품은 우리로 하여금 감각적 세계에서 벗어나, 일종의 물리적 존재로부터 분리된 불멸성을 인식할 —비록 그 인식이 이 경지에서 찰나적인 것이기는 하지만— 수 있는 방법을 찾으라고 호소하고 있기 때문이다. 물론 이 경지에서 초월이 가능할 수 있지만, 이 초월은 존재나 영혼의 절대적 위계로의 접근은 허용치 않기 때문에, 초월하고자 하는 이러한 열망은 명확하게 확정된 위상을 갖지 못하게 된다. 바로 이러한 점이, 의심할 나위도 없이 오늘날 우리가『장자』속에서 매력을 느끼게 되는 부분적 이유이기도 하다. 이 작품은 서양의 형이상학적 정신이 구축했을 또 다른 세계의 차원으로 들어가지 않고도, 도달할 수 있는 또 다른 지평을 지시해주고 있다. 즉, 이 작품은 그러한 차원을 위대한 대상(절대자로서의 신)이나 그 대상에 대한 믿음의 영역으로 바꾸지 않고도, 만질 수 있고 구체적인 세계를 초월하는 또 다른 차원을 열어주고 있는 것이다.

사실상 장자에서는 신체장애자임에도 불구하고 고도의 정신적 능력을 지닌 사람들, 즉 곱사나 절름발이, 갑상선종 환자나 각종 불구자들에 대한 논의가 많이 나온다. 이러한 논의는 의심할 여지도 없이, 우리의 마음이 감각적 형상의 차원을 넘어서 있는 "저 세계"로 향하기 위해 노력해야 함을 역설하고 있다. 이 인물들 중 한 사람은 "온 세상 사람을 두렵게 만들 정도로" 매우 못생겼으며, 죽음의 위협에 처한 사람을 돕거나 뱃가죽이 등뼈에 닿을 정도로 가난한 사람을 도와줄 수 있는 사회적 지위나 재산을 갖고 있지 못했다(5장, 곽경번 판, p.206). 그럼에도 그의 주변 사람들은 늘 그를 좋아했고, 많은 여성들이 다른 사람의 정실부인이 되기보다는 그의 애첩이 되기를 더 선호했다. 제후는 그 사람을 자기 주위에 두기로 결정한 지 한 달도 안 되어 그의 사상에 심취했다. 일 년도 안 지나 제후는 그를 완전히 신임하게 되었고, 결국 그를 재상으로 임명하고자 ―그가 이 제안을 거절할까 봐 걱정하면서― 했다. 제후는 공자에게 이 사람이 어떠한 인물인지에 대해 물었다. 공자(『장자』속의 인물)는 늘 그러하듯, 하나의 일화를 예로 들며 우회적으로 대답했다. "공무로 주나라를 향해 가는 길에, 나는 몇 마리의 돼지 새끼들이 죽은 어미의 젖을 빨아 먹고 있는 광경을 보았습니다. 그런데 잠시 후 이 새끼들은 두려움을 느낀 듯 어미를 버리고 떠나가 버렸습니다. "이것은 어미가 더 이상 새끼들을 볼 수 없었고", "어미가 더 이상 새끼들과 닮지 않았기 때문입니다." 새끼들이 어미 속에서 사랑했던 것은 사실, "어미의 몸이 아니라, 그 몸을 활용하고 있는 다른 어떤 것이었지요". 어미의 몸을 유용하게 쓰이도록 만들었던 이 다른 차원의 어떤 것을 아리스토텔레스는 분명히 "영혼"이라고 명명했을 것이다. 그러나 공자는 이것이 무엇인지에 대해 계속해 그 이름을 말하지 않다가 뒷부분에 가서 "덕德"이라 칭한다. 영혼이라는 실체적 관념이 없었기 때문에 이 덕이라는 관념이 결국 사용된 것이다. 여기에서 이러한 중국적 사유의 근본적 범주로 회귀함을 통해, 주관성의 관점이 아니라 보이지 않으면서도 만물을 소통시키는 효율성의 관점이 ―이러한 효율성은 "도"에서부터 흘러나와 끊임없이 세상에 생기를 불어넣는다― 나타나게 된다. 뒤틀린 용모를 지닌 존재가 행사하는 이러한 신기한 지배력 ―간접적이고 은밀해, 더 지속적으로 스며드는 영향력으로서— 은 인간 존재의 차원에서 여러 예들을 통해 표현되고 있는, 바로 이러한 덕이다. 그리고 이런 지배력은 우리가 "우리의 삶을 보양하기" 위해, 자기 자신 안에서 결합시킬 줄 알아야만 하는 자연적 운행의 충전적 힘 —우리는 이것을 "하늘의" 덕이라고 명명했었다— 과 같은 것이다. 따라서 "덕"은 단순히 영혼의 관념만이 차지하는 힘이 아니고, 이 영혼의 관념이 없더라도 나타날 수 있는 힘인 것이다. 이 덕이라는 힘은 유기체적인 것과 감각적인 것을 관통해, "몸" 안에 고착화해버리는 모든 것을 그것의 역동성 안으로 해체시킬 수도 있다.

6

우리는 과연 "신체"를 소유하고 있는가?

1

　나는 내가 영혼을 갖고 있는지에 대해 의심할 수는 있지만, 그렇다고 해서 내가 신체를 갖고 있는지에 대해서도 의심할 수 있을까? 만약 내가 데카르트가 영웅적으로 시도했던 것처럼 형이상학적 결단을 통해 신체에 대해 의심해보기로 결정했다면, 나는 원리상 모든 것에 대해서 외적인 동시에 내적이며, 가장 직접적임에도 불구하고 가장 일반적인 이해에 근거해 형성된 기본적이고 원초적 개념 ―모든 사람이 그것의 존재에 대해 아무런 의심을 하지 않게 된다는 의미에서― 으로서의 이 신체라는 개념이 지칭하고 있는 것에 대해서, 도대체 의심할 수 있을까? 따라서 이 개념에 대해 정의를 내리는 작업으로부터 시작하는 것은 쓸데없는 짓이다. 왜냐하면 이미 모든 사람이 이 개념의 의미를 이해하고 있기 때문이다. 신체는 특히 내가 "나의 신체"라고 말하는 순간, 단숨에 일의적이고 균일한 의미를 부여받는다. 사실 영혼의 단일성에 대응되는 서구어에서의 신체는 각 나라마다 고유한 용어들로 표현되지만, 내 안에 있는 모든 "만질 수 있는 것"을 독립적으로 따로 떼어내어 지칭하는 순간, 어떠한 다른 경쟁적 용어나 동의어를 필요로 하지 않는다. 그리하여 이 신체란 용어는 영혼이 다루는 "만질 수 없는 것"의 영역과 선명하게 구별되는 "만질 수 있는 것"의 영역을 지칭함으로써, 영혼이란 용어와 하나의 개념 쌍을 이루게 된다. 일반적으로 우리는 내가 신체를 가졌는지에 대해서는 훨씬 덜 의심하게 되는데, 그 이유는 신체라는 관념이 나의 존재에 대한 모든 객관적인 것을 포괄하고 있기 때문이다. 그런데 만약에 영혼이 더 이상 실체로서 간주되지 않게 되면, 영혼의 개념 쌍인 신체가 지닌 획일적 의미도 영향을 받게 되지는 않을까? 만약에 영혼이나 심리적 기능의 본질이 더 이상 형이상학적 관점에서 자명한 것으로 전제되지 않는다면, 신체의 본질 또한 해체될 위기에 처하지는 않을까? 이러한 변화가 가져올 결과는 어렵지 않게 예측될 수 있다. 하나의 신체를 갖는다는 것이 무엇인지에 대해 자명하다고 ―정의 내릴 필요도 없이 명백한― 여겨왔던 생각에 이러한 문제를 제기하는 것은 의심할 여지도 없이 지금까지의 다른 어떠한 주제보다도 훨씬 더 근본적으로 서구인의 사유를 뒤흔드는 것이 될 것이다. 왜냐하면 그것은 영혼과 신체의 이원론(그리스어 어원을 살린 전문용어로는 심리적인 것le psychique과 신체적인 것le somatique)이 지금까지 서구인의 사유 속에서 수행해왔던 기능 또는 사유의 근본 조건들을 뒤흔드는 것이 될 것이기 때문이다.

　우리는 이러한 사실을 매우 "잘 알고" 있다. 그도 그럴 것이 우리는 지금까지 이런 사실을 안다고 너무나 많이 말해왔기 때문이다. 그렇지만 우리는 이 점에 관한 우리의 선입견을 뒤흔들 방법을 발견하기 전까지는 이것의 중요성을 정확히 측정할 수 없을 것이다. 이 두 용어의 결합은 이론적 반성으로부터 발생한 "심리적인 것, 신체적인 것"이라는 단어에 잘 나타나 있다. 그러나 이 새로운 용어는 겉으로는 이분법적 구별을 초월한 것 같지만, 실제로는 그러한 구별을 강화시키고 있을 뿐이다. 프로이트 이론에서 경계 개념Grenz-begriff이자 동시에 기본 개념Grund-begriff으로 사용되는 "충동Trieb"이라는 개념도 사실은 심리적인 것과 신체적인 것에 대한 이분법의 관점에서 나온 것이다. 그의 이론 속에서, 충동은 내적 자극의 근원으로 이해되는 신체 활동에 대한 심리적 차원에서의 표상일 뿐이다.[6] 이 "표상"이라는 용어는 우리가 정치적 표상에 대해 이야기할 때와 마찬가지로, 그 자체상 두 차원이 분리되어 있을 뿐만 아니라, 동시에 두 차원이 서로 다른 차원을 대표하고 있음도 상정하고 있다. 반면에 중국의 "양생" 개념은 생명의 관념이 분리되어 있지 않다는 생각을 견지함을 통해, 서구인의 사유 속에 항구적으로 정착된 것처럼 여겨지는 심신 이분법 자체를 흔들리게 만든다. 양생이란 어법은 영혼과 신체를 분리시키지 않기 때문에, 더 이상 영혼에만 호소할 필요가 없을 뿐만 아니라, 서구인이 분석적 방법, 즉 "객관적 방법으로" 확보할 수 있다고 간주해온 명증성을 은밀하게 무너뜨린다. 그리하여 "나는 신체를 갖고 있다" 또는 "이것은 나의 신체이다"와 같은 언명들도 모든 이론적 선입견이 배제된 상태에서 말할 수 있게 된다.

이론적 관점에서 어느 것이 옳은지를 결정하는 것은 매우 중요하다. 그러나 그것을 결정하기 위해서는 매번 그러하듯, 언어에 세심한 관심을 기울일 필요가 있다. 나는 니체Friedrich Nietzsche와 마찬가지로 철학의 가장 혁신적인 기능들 중 하나는 문헌학 속에 그 원천이 있다고 생각한다. 이러한 작업은 많은 인내를 필요로 한다. 그러므로 우리는 서구어에서 일의적으로 sôma(그리스어) 또는 corpus(라틴어)라 부르는 "신체"를 지칭하는 용어가 고대 중국어에는 여러 개가 있고, 그 용어들이 서로 미묘한 뉘앙스의 차이를 지니고 있다는 단순한 사실에서부터 출발하도록 해보자. 우선 우리는 그 미묘한 차이들을 구별할 필요가 있다. 중국어에서 이 용어들의 의미는 서로 교차하지만, 정확하게 일치하지는 않는다. 왜냐하면 각각의 용어들은 각자만의 고유한 관점을 함축하고 있고, 이러한 관점들은 나란히 공존하고 있기 때문이다. 이들 중 어떠한 것도 다른 어떠한 것에 종속되지 않으며, 어떠한 용어도 전체를 포괄해 그 아래로 포섭시킬 수 없다. 사실 형形은 현실화한 형상을, 신身은 인격적 실체 또는 개별적 자아를, 체軆는 구성된 존재를 의미한다. 그런데 이 관념들 가운데 어느 것도 서구적 관념과 완전히 일치하지는 않는다. 그 이유는 이들 각각의 용어가 다른 용어들의 의미를 반영하고 있고, 셋 중 어떠한 것들을 한 쌍으로 묶어도 셋 전체의 의미를 명확히 밝히는 데 도움을 주기 때문이다. "현실화한 형상形"은 모든 현실화에 선행하는 초월적이며, 동시에 생기를 불어넣는 차원身과의 관계 ─대립적이면서도 동시에 보완적인─ 속에서 이해된다. 인격적 실체身는 그것을 지배하는 도덕적 의식의 기능과 마음心에 대한 지식과 쌍을 이루어 작동한다. "구성된 존재軆"는 숨-에너지氣를 그 짝으로 지니는바, 기氣는 응축·응고를 통해 신체 속에서 물질화한다. 둘씩 결합되어 한 쌍을 이루는 이러한 용어들은 한편으로, 앞에서와 같이, 각 용어의 의미를 따로따로 명시적 서술을 통해 한정 짓기보다는, 양극적인 두 용어의 의미를 함께 묶어 생각할 때 훨씬 더 그 의미의 농도가 강화된다. 그리고 다른 한편으로, 내가 여기서 의미의 미묘한 차이에 대해 이야기할 때는, 선택된 특정의 의미가 때로는 선택에서 제외된 다른 의미들과 거의 구분되지 않는다. 심지어 의미들 간의 경계마저 지워질 수 있는데, 즉 각 쌍의 구성 요소들이 상호 교환 가능하게 되는데, 그 이유는 이 용어들이 그려내는 관념적 풍경이 고정된 것이 아니라 항상 변하는 것이어서 어떠한 용어도 그 풍경의 의미를 독점하지 않으며, 그 의미를 하나의 고정된 축으로 구조화하지도 않기 때문이다. "신체"의 의미는 고전 중국어 안에서 산발적으로 흩어진 관념으로 머물러 있기 때문에, 그 흩어진 관념을 하나하나 구체적으로 그려내는 것 자체로 다양한 의미를 산출해낼 수 있다. 우리는 이에 대한 증거를, 서구적 용어를 근대 중국어로 번역하면서 나타나는 현상 속에서 찾아볼 수 있다. 사실 프랑스어로 신체를 지칭하는 corps는 중국어로는 일반적으로 복합어인 신체身體[7] —인격적 실체로서 구성된 존재, 개별적 자아 실체로서 구성된 존재— 로 번역된다. 그러나 이러한 번역은 본래 중국어 안에서 한 쌍을 이룸으로써만 고유한 뉘앙스를 지닐 수 있었던 두 용어들을 그 의미론적 뿌리로부터 떼어내어 각각 고립시킴으로써, 그 고유한 뉘앙스를 살려내지 못하는 중립적이고 경직된 의미 속에 고정시키는 결과를 낳게 되었다.

2

그럼에도 서구어에서의 "신체"를 중국어로 번역하기 위해 가장 흔하게 사용되는 용어는,『장자』에서는 앞에서 언급되었던 유사한 용어들과는 다른 형形, 즉 현실화한 형상이다(예를 들어, 서구어에서의 "내 몸"은 중국어로는 나의 현실화한 형我形이 된다). 그러나 이 용어의 의미는 광범위하게 적용된다. 사실 "신체"의 관념은 엄격하게 규정되어 있지 않기 때문에, 이 형形이라는 용어를 통해 단계적으로 드러나게 된다. 그것은 한편으로 마치 동사처럼 행위를 내포하기도 하고(예를 들어, 형형形形은 형상을 부여하고 현실화한다는 의미에서, "형상에 형상을 부여하다" 또는 "형상이 나타나게 만들다"를 의미한다), 동시에 다른 한편으로 마치 명사처럼 구체적이고 개별적인 현실화의 관념을 의미하기도 한다. 이러한 점에서, 그것은 아직 현실화하지 않았기 때문에 눈에 보이지 않는 것들의 차원과 대비된다. 이 보이지 않는 세계는 구체적으로 현실화하지 않았기 때문에, 앞으로 발현될 능력德 그리고 사물의 절대적 바탕이 되는 도道를 지니고 있다. 따라서 개인의 생명은 죽음과 번갈아 나타나는 가운데 현실화하지 못한 형상으로부터 현실화한 형상으로의 "오고-감"으로서뿐만 아니라, 현실화한 형상으로부터 현실화하지 못한 형상으로의 "오고-감"으로서도 묘사되고 있다(22장, 곽경번 판, p.746). 마찬가지 방식으로, 이 용어는 인품에 의해 드러나는 면(4장, 곽경번 판, p.165)뿐만 아니라, 인격적 자아心와 대립되는 외면적 현실화와 발현도 의미할 수 있다(20장, 곽경번 판, p.698; 12장, 곽경번 판, p.416 참조). 형形이 지닌 이런 다의성 때문에, 장자는 경우마다 다르게 나타나는 이 개념의 뉘앙스를 강조하면서도 그 뜻을 명확하게 하고자, 여러 다른 용어들 —형해形骸나 형구形軀, 사지형체四枝形體 또는 구규九竅(몸의 구멍 아홉 개)— 을 덧붙여 사용하게 된다.

내가 "나의 신체"라고 부를 수 있는 것은 여기『장자』의 언어에서는 지속적 변형 속에서 이루어지는 이 특수한 현실화가 되는데, 이 현실화는 나를 완벽하게 구성하고 나의 유일한 가능적 정체성을 형성시켜준다. 사실 모든 정체성은 바로 이러한 현실화의 단계 이전 또는 이후에 해체되어버린다. "근본적인 것", 즉 만물의 근본인 도道의 바탕이 되는 것은 모든 것이 흩어지고-뒤섞이는 단계, 그럼으로써 해체와 구별되지 않음의 세계로 되돌아감을 통해 도달하게 되는 "흐릿하고 모호한" 심연의 단계에 속해 있다. 바로 이러한 이유에서, 자신의 본성에 대해 규정함으로써 얻게 되는 본질의 세계를 지니지 않은 중국적 사유는 존재론을 발달시키지 못하게 되었던 것이다. 따라서 그것은 개별적인 영혼에 대한 개념뿐만 아니라 그것에 대립되는 질료(아리스텔레스가 신체의 기체基體로서 생각한)에 대한 개념도 갖지 않게 된다. 그것은 단지 지속적인 응결(음의 요인에 의한)과 "활생"(양의 요인에 의한)의 작용 —물질이 지닌 불투명성을 제거하고, 물질을 무한히 펼쳐나가게 만드는— 을 통해 일어나는 "물질화"만을 갖게 된다. 나라는 존재는 외부의 세계처럼, 서로 대립되면서도 동시에 상보적인 이러한 두 가지 긴장의 작용에 의해 형성되고, 삶을 유지하게 된다. 나를 구성하는 이 현실화한 형상形은 전적으로 집중과 발산의 이러한 유일한 운행의 결과로서 간주된다. 이러한 집중과 발산은 동시에 상보적으로 일어나는 것이기 때문에, 이 형形은 나를 응집시켜 주의력을 지니도록 만들 뿐만 아니라 동시에 나를 불투명하게 또는 명료하게 만들기도 한다. 그렇게 함으로써, 그것은 나를 형성시키고 변형시키게 된다. 여기에서 나의 본성은 나의 주관적·감정적 반응에 의해 그 어떤 것도 덧붙여지기 전에, 하늘天이 나에게 부여한 생명력 자체가 된다. 바로 이러한 이유로, 중국적 사유에서는 이원론이 가능하지 않게 된다.

왜냐하면 나를 좀 더 신체적인 의미에서 구성하고 있는 이러한 개별화한 형상은 바로 이 에너지의 호흡[精]을 통해 더 정묘하고 현묘한 차원의 기[氣]와 함께함으로써만 그 기에 "뿌리를 내리고", 그 기에서 "생명력을 얻게 될 것이기" 때문이다(22장, 곽경번 판, p.741).

이것은 『장자』 전집에 따르면, 장자가 자신의 아내가 죽었을 때 장례 행렬의 선두에 설 필요가 없음을 전적으로 자연주의적 근거에서 정당화하고 있는 방식이다. "혼돈 안에 있는 혼합물로부터 변화에 의해 호흡-에너지[氣]가, 이 호흡-에너지로부터 현실화한 형상[形]이 그리고 이 형상으로부터 생명이 발생하게 되었다. 이제 새로운 또 한 번의 변화에 의해, 생명은 죽음에 도달하게 되었다." 나는 여기서 중국어 용법에는 없는, 실사화한 용어 그리고 동사 변화와 연관되는 시간적 관계 ―중국어는 이러한 관계를 동작의 진행을 나타내는 용어들을 더 많이 이용해 표현하는바― 를 사용할 수밖에 없다(18장, 곽경번 판, p.615). 우리는 여기에서 현실화한 형상 또는 더 잘 표현하자면, **현실화 중인 형상[形]**(서구어의 신체라는 관념에 유일하게 대응되는 용어)은 우주의 기로부터 직접 나오는 것임을 알 수 있다. 이 형상은 에너지로 넘치는 기[氣]가 개별화한 응집체인데, 그것은 그 자체로서 특수한 생명체의 출현에 선행하는 것이다. 형[形]은 그러므로 단순히 한 개인의 생명하고만 결합되는 신체가 아니다. 바로 그러한 이유에서, "신체" 관념이 여기서 확고해지기 위해서는, 그것에 대한 대응체를 가질 필요가 있다. 그런데 여기에서 "현실화한 형상"은 그 에너지의 흐름으로부터 나와 특수하게 응집된 것인바, 이때 흐름은 그 배열상 어떠한 단절도 그리고 외부로부터의 침입도 허용하지 않는다. 서구의 신체 관념은 이러한 개별적 인간의 비존재로부터 존재로의 전이 속에서 나타나지는 않는데(실제로 그렇게 나타날 수도 없는바), 그 이유는 서구의 관점이란 것이 등질적이고 연속적인 창발 과정에만 머물러 있기 때문이다. 그래서 중국의 이 관념은 서구의 어떠한 철학적 틀 속으로도 통합되지 않게 된다. 따라서 신체는 환상적 실재로서 인식되지도 않고, 물질적 실재(신체)에 대한 언명마저 정신을 유기체로부터 분비되어 나오는 단순한 부수 현상으로 환원시키지도 않게 된다. 단지 에너지가 개별화하는 현상과 그 에너지가 개별자로부터 벗어나는 현상들만 진정으로 존재할 뿐이다. 그러나 생명의 원리[生理]가 총체적으로 도래하고 발전된 것으로서 이러한 신체적 차원의 개별화는 자연스럽게 그 안에 "초월적이고 생명력을 불어넣는 정신[神]의 차원"을 "간직"하게 되는데, 이 정신은 본연의 에너지로부터 나온 것이다(12장, 곽경번 판, p.425 참조).

나를 구성해주는 바로 이 현실화한 형상은 그럼으로써 나의 전 생명적 존재이지, 물질적 존재로 환원된 "나의 신체"가 아니다. 이 점은 내가 가능한 한 원문에 충실하게 "위형[爲形]"이라는 용어를 "나 자신의 현실화한 형상을 실현하다" 또는 "수행하다"라고 번역할 때, 명백해진다(18장, 곽경번 판, p.609 참조). 이것은 나의 생명을 보존하고 양생하는 것을 의미하는 것 이외의 다른 어떠한 것일 수가 없다. 왜냐하면 평생을 써도 다 못 쓸 만큼의 재산을 소유한 부자가 되려고 애쓰는 것은 나라는 존재의 "현실화한 형상"을 훌륭하게 "실현함"을 "벗어나게 되는 것"이기 때문이다. 마찬가지로, 명예를 얻기 위해 밤낮으로 "노심초사하는 것"도 "이러한 실현으로부터 멀리 떨어지는 것이다". 그리고 또한 죽음에 대한 두려움 때문에 자신의 목숨을 연장시키기 위해 "아등바등하는"것도 "이러한 실현으로부터 멀어지는 것이다". 우리는 여기에서 신체라는 관념을 이

용해 번역함이 왜 본래의 뜻을 지나치게 협소하게 만드는지를 알 수 있다. 왜냐하면 그러한 번역은 창조적 진행 과정의 차원, 즉 도덕적 태도를 포괄하는 총체적 발현 —양생에 고유한— 의 차원을 놓치게 되기 때문이다. 나의 "현실화한 형상形"은 "도道 없이는 태어나지도(살게 되지도) 못한다"(12장, 곽경번 판, p.411). 그래서 "내가 나의 삶을 가장 온전히 펼칠 수 있는 것"은 나를 구성하고 있는 바로 이 "현실화한 형상形을 (충전적으로) 존재하게 만듦을 통해서이다". 이러한 점을 암시하기 위해, 프랑스 번역가는 같은 문장 안에서 같은 의미의 이 같은 용어形를, 첫 번째 것은 "우리의 신체"로, 두 번째 것은 "자신의 건강"으로 번역하고 있다.[8]

3

이 용어가 간직하고 있는 넓은 범위와 그것의 이론적 함의를 가능한 한 가장 잘 보존하고, 서구어의 어휘에 알맞게(어떤 때는 "신체"로, 어떤 때는 "건강"으로) 번역함으로써 야기될지 모르는 본래 의미의 변형을 최대한 의도적으로 억제시키려고 노력하는 순간, 나는 물론 점차 방향을 일탈해 번역 불가능성의 세계로 빠져들 수도 있다. 아니 달리 말하면, 나는 계속해서 그러한 식으로 번역해왔기 때문에, 내가 사용해온 어휘들은 위험스러운 완곡어법에 빠져, 애매모호하게 될 수도 있다. 내가 만약에 "영혼"과 "신체"를 번역 용어로 다시 선택해 예측되는 의미의 주름 속으로 새롭게 말아넣는다면, 내가 사용해온 어휘들은 좀 더 확실하고 유연한 의미를 지니는 것으로 새롭게 태어날지도 모른다. 사실 서구에서

(그리고 전 지구촌이 하나되는 추세가 지배적인 오늘날에는, 중국에서도 마찬가지로) "신체"라는 용어에 의해 인식론적 차원에서 예측되는 주요한 의미가 방해를 받게 된 이래, 고대 중국어에서 그렇게도 투명하게 읽히던 것으로 향하는 통로를 서구어 속에서 개척하기는 점점 더 어렵게 되었다. 이러한 어려움은 내가 사용하는 언어와 마주칠 때, 특히 그 언어의 어휘 내지 통사론과 마주칠 때, 발생하게 된다. 그러나 만약에 내가 이 언어를 다시 손질하고 용해시켜 재구성한다면, 그것은 조금씩 이러한 다른 종류의 이해 방식에 적응하게 될 것이다(왜냐하면 나는 항상 이해 가능한 것 안에 있기 때문이다). 이러한 다른 종류의 이해 방식(중국인의 이해 방식)에 따르면, 나는 더 이상 나 자신을 하나의 영혼과 신체 —각각 자신만의 실체를 지닌— 로서 보는 것이 아니라, 좀 더 총괄적 관점에서 유기적이고 "기능적"인 창발적 실현 또는 형성으로 보게 되는바, 이러한 창발적 실현은 내 안에서 이루어지는 맑게 정제됨과 투명하게 됨에 비례해 활기를 띠게 되고 또한 전개된다. 이리하여 우리는 서구인이 삶의 선택이라 부르는 특수한 형태의 삶이 중국인에게는 어떻게 나타나는지를 알 수 있게 된다. 그중 하나는 나의 존재가 사물들에 의해 완전히 물질화하도록 방임함으로써[物於物], 사물의 존재와 같이 되고, 물화되어버리는 삶이다. 또 다른 하나는 그와는 반대로, 생명력이 한곳에만 집중되어 막혀버리는 상태로부터 벗어나, 자기 자신의 내부에서 세계와 다시 소통함을 통해 새로운 자극을 받아 생생하게 되는 삶이다.

바로 이러한 이유에서, 중국인은 영생을 통한 구원이 아니라, 장생을 인생의 목적으로 삼게 된 것이다. (장자의) 생명 사상과 (맹자의) 도덕 사상이 인생의 목적에 관해 서로 완벽하게 보완되는 것도 이와 동일한 이유에서이다. 도덕가인 맹자는 사실상 자신의 영혼이나 신체를 보살핌에 대해서보다, "자아" 안에 있는 "좀 더 훌륭한 것"이나 "좀 더 하찮은 것" 또는 좀 더 가치가 있는 것이나 덜 가치가 있는 것을 보살핌에 대해 더 관심을 보인다. 이는 물론 이 두 가지가 나의 유기적 존재[體] —완벽하게 구성되어 있고 그렇기 때문에 고유하게 존재하게 되는— 라는 범주에 동일하게 소속되어 있기 때문이다.

맹자가 말하기를, 인간이 자신의 부분에서 사랑하지 않는 부분은 없다. 인간은 모든 부분을 똑같이 사랑하기에, 그 모든 부분을 똑같이 보양한다. 인간은 한 터럭의 털까지도 사랑하기에, 한 터럭의 털까지도 보양한다.

자신이 돌보는 방식이 좋은 것인지 아닌지를 시험해보기 위해서, 인간은 그 돌봄을 자기 자신과의 관계 속에서 접근해보는 수밖에 없다. 우리의 신체 중 어떤 것은 더 많은 가치를 지니고 있고 어떤 것은 덜 가치를 지니고 있으며, 어떤 것은 매우 훌륭하고 어떤 것은 몹시 형편이 없다. 형편없는 것이 훌륭한 것을 해치면 안 되고, 가치를 덜 지닌 것이 가치를 더 지닌 것을 해쳐서도 안 된다. [자신 안에 있는] 하찮은 것만 보양하면 소인배가 되고, [자신 안에 있는] 훌륭한 것을 보양하면 대인(군자)이 된다.

실제로 대추나무와 같은 소관목을 재배하기 위해, 플라타너스나 개오동 나무 같은 아름드리나무들을 소홀히 하는 정원사는 하찮은 정원사이다. 마찬가지로 단 하나의 손가락을 보양하느라 자신의 어깨와 등을 잃는 사람은 생각해볼 필요도 없이 미친 바보라 해도 할 말이 없을 것이다.

마시고 먹기만 하는 사람들은 다른 사람들로부터 멸시를 받기 마련인데, 그 이유는 그러한 사람들이야말로 자신 안에 있는 하찮은 것만 보양하고,

홀륭한 것을 잃어버리게 되기 때문이다. 만약에 마시고 먹기만 하는 사람이 더 중요한 것을 소홀히 하지 않는다면, 어떻게 그들의 입과 배가 그들의 터럭만 한 털 이상의 것으로 간주될 수 있겠는가?(VI, A, 14).

나는 이 문단 전체를 번역했는데, 그 이유는 이 문단이 다음과 같은 핵심을 밝혀주고 있기 때문이다. ① "보양하다"는 일의적으로 [생명력과 관련해] 사용되고 있고, 우리가 영혼과 신체 또는 정신적인 것과 신체적인 것으로 구분했던 차원들로 나누어지지 않는다. ② 가장 가치 있는 것과 가장 가치가 없는 것(도덕적 발달 또는 욕망에 달려 있는 "훌륭한 것"과 "하찮은 것")은 동일하게 우리의 (유일한) 신체에 달려 있고, 나무와 소관목 또는 손가락과 등과 같이, 종적種的으로 같은 차원에 속해 있다. ③ 자기 피부(또는 자신의 배)의 "미세한 부분"에 대한 보양은 전 부분에 동일하게 적용된다. 그다음의 구절에 의하면, 마음-정신心은 감각官의 기능들과 대등한 우리 안에 있는 "기능"이다. 그러나 이런 감각들은 외부의 사물들에 의해 희미해지고, 그 사물들과 교류하는 가운데 그것들에 의해 이끌려 다니게 된다. 반면에 "도덕적으로 의식하는 기능[識]"인 마음-정신의 기능은 전적으로 우리의 주도권에 달려 있기 때문에, 그 결과 또한 우리에 달려 있게 된다. 바로 그러한 이유에서, "대인"의 행위는 다른 소인배들의 행위, 다시 말하면, 가치 없는 행위에 "구애받지" 않게 되는 것이다. 그리하여 사람들 사이에서 나타나는 유일한 도덕적 차이점은 "대인들"은 자신들을 위대한 인물로 만들어줄 위대한 존재를 따르는 반면, 소인배들은 자신들을 하찮은 인물로 만들어줄 비천한 존재를 따른다는 사실이다. 정신과 감각의 결정적 차이 그리고 도덕적 의식에 따르는 행위와 물질적 욕구에 따르는 행동의 결정적 차이는 순전히 가치론적이다. 왜냐하면 두 종류의 행위 모두가 공통적으로 양자를 비교하는(서로가 자신만의 기준을 사용해 양자를 측정하는) "기능"을 사용하고 있기 때문이다.

감각과 도덕적 의식 사이의 통합이란 우리가 단순히 "신체"로부터 멀어지는 것이 아니라, 의식의 행위가 이러한 두 가지 본질적 통일성을 강화시킬 때 비로소 성립하는 것이다. 맹자는 다음과 같은 인상적인 경구를 이야기한다(Ⅶ, A, 38).

맹자는 말하기를, 우리의 [신체적] 형상은 하늘로부터 나오는 우리의 본성이다. 현자가 되어야만, 우리는 비로소 자신의 신체적 형상形을 온전히 지킬 수 있게 된다.

여기에서 내가 "지키다"로 번역한 동사 지踐는 여러 의미를 갖고 있다. 즉, 그것은 "발로 걷다"(우리가 "길을 걷다"라고 말할 때, "길"은 항상 중국인의 사유 속에서 통행 가능한 상태를 뜻한다), "무엇에 다다르다"("왕의 자리에 다다르다"라고 말하는 경우), "자신의 언약에 충실하다"(현자는 마치 우리가 약속을 지키는 것처럼, 자신의 신체를 충실히 지킨다, 주희朱熹) 등을 의미한다. 그것은 또한 다른 곳에서 언급된 것처럼(Ⅶ, A, 21), 도덕적 의식에 뿌리내리고 있는 덕들이 "성장하고 발현된다"거나 "생기 있게 발현된다" 또는 "만면에 조화롭게 나타난다"라고 말할 때도 쓰인다. 더 나아가 그것은 이러한 덕들이 "등줄기 전체를 흘러내려 사지를 통해 퍼짐으로써, 몸 전체에 체현된다"라고 말할 때도 쓰인다. 이러한 경지에 도달하면,

현자는 온몸이 완전히 투명하게 되어 신체의 어떠한 부분도 더 이상 그의 명령에 저항하지도 불투명함을 만들어내지도 않게 된다. 맹자는 여기에서 원칙에만 얽매인 금욕주의에 반대하는 입장을 명시적으로 취하고 있지는 않다. 그러나 도덕가인 그의 이러한 경구들은 암암리에 모든 가능한 이원주의에 대한 거부를 암시하고 있다(바로 그러한 이유에서, 그가 사용하는 표현들은 매우 함축적이게 된다). 그래서 맹자는 말하길, 현자만이 자신의 도덕적 의식을 완벽하게 펼침[盡心]을 통해, 자신의 신체를 완벽하게 **활용할** 수 있게 된다. 그러한 현자만이 자신의 전 존재를 가장 완벽한 상태로 끌어올림으로써, 자신의 현실화한 형상을 진정으로 "실현시키고" 그 "형상"을 지킬 수 있게 된다.

7

자신의 호흡
에너지에 대한 양생

1

　그렇다면 철학은 자기 자신을 대자적으로 바라볼 때, 무엇을 보지 못하게 될 것인가? 또는 철학은 어떤 환상을 길러내지 못하고 있는가? 사실 철학은 전통적으로 그 자신을 그려내는 자화상 속에서, 스스로를 만학의 여왕—모든 학문 영역과 대상 구축의 주춧돌이자 전 지식의 궁륭[穹窿](오늘날에는 철학 자체도 의심하고 있는 이미지)이라는 의미에서— 으로 자처할 뿐만 아니라, 더 나아가 모든 학문 중에서 유일하게 자기 자신에 대해 절대적 방식으로 반성하는 사유 활동이라고 간주해왔다. 왜냐하면 철학은 자기 자신에 대해 근본적으로 자문함을 통해 사유의 기원이 되는 지점까지 거슬러 올라가, 그 지점으로부터 모든 가능적인 것을 다시 열어보는 사유를 할 수 있다고 생각했기 때문이다. 그래서 미리 아무것도 전제하지 않음이야말로 철학의 고전적인 소망이 될 수밖에 없었다. 정말로 철학은 자신의 고유한 역사로부터 벗어나지 못하기 때문에 자신의 인류학적 뿌리내림 ―이 뿌리내림이야말로 철학의 뿌리내림이다― 을 탐구할 방법을 갖지 못하고, 어느 정도로 철학이 몇몇 기본 개념들 ―이 경우에, 발생적 의미뿐만 아니라 관념적 의미의 개념들― 을 명확히 하고 정리하며 반추하는 작업만을 통해 발전해왔었는지를 알지 못한다. 이러한 기본 개념들은 철학적 개념 이전의 형상을 띠고 있고, 풍요로운 사유를 가능케 해주는바, 철학은 이러한 개념들에 뿌리를 내리지 않았다면 전혀 발달할 수 없었을 것이다. 철학은 그 자신이 이런 개념들에 얼마나 의존하고 있는지에 대해 상상조차 못한다. 나는 이미 "영혼"과 "신체"의 개념이 이러한 차원의 전형 내지 원형임을 충분히 밝혔다고 생각한다. 이 두 개념은 심층적(모태적) 사유의 문화적 선택에 의한 산물인바, 그것의 기이함은 다른 개념들에 대한 선택과의 비교를 통해 선명히 나타나게 된다. 그런데 중국인의 사유는 인간에 대해 표상할 때, 어떠한 이유에서 서구인과 같이 영혼과 신체에 대한 이러한 구분을 하지 않았는가? 그 이유는 그들의 사유가 세계와 인간의 출현과 그 구성에 대해 단일한 개념, 즉 숨-에너지[氣]라는 더 포괄적인 개념에 근거해 형성되었기 때문이다. 중국어 기[氣]는 고대 상형문자 표기법에 따르면, 쌀[米] 위로 피어오르는 수증기 같은 요소가 그 쌀에 영양분을 가져다주는 기능을 형상화하고 있다. 아니면 그것은 불 위로 피어오르며 발산되고 확산되는 순환의 역량을 형상화하고 있다고 볼 수도 있다. 따라서 인간과 사물들의 형성은 이러한 원초적이고 지속적인 흐름의 응결 또는 응축으로서, 여기서는 특히 현상의 효율성과 시간성을 나타내는 이미지로서 해석될 수 있다. 불이 응축되어 결국에 "얼음으로 응고되는" 것과 마찬가지로, 기 또한 "인간으로 응축되는" 것이다(예를 들어, 왕충王充, 62장 『논형』). 그리고 얼음이 녹아 다시 물로 되는 것과 같이, 인간은 죽을 때 해체되면서 이러한 눈에 보이지 않고 천지사방에 퍼져 있는 에너지의 흐름 속으로 융합되는데, 그 이유는 이러한 에너지의 흐름이 인간의 몸속에서 불투명하게 구현된 상태로부터 벗어남을 통해, 끊임없이 세계를 관통하면서 활력을 불어넣기 때문이다.

사유[x](사유적인 것)의 유전적 성격은 무엇인가? 어떠한 중국 사상가도 서구와 대면하기 전에는, 이러한 관념적 틀로부터 벗어나지 않았고, 그 틀이 바로 이러한 선-관념적인 것을 함축하리라는 생각조차도 할 수 없었을 것이다. 이러한 점에서 보면, 『장자』는 새로운 것은 아무것도 창안하지 않고, 단지 이러한 풍요로운 우주적 호흡의 명증성에 매달리고 있는 셈이다. 인간의 삶은 숨-기氣의 집중이다. 이러한 기의 집중으로부터 삶이 나오고, 그 기가 소산消散되면 죽음이 다가온다. …… 이러한 사실에 근거해, 장자는 "세계 전체를 관통하며 그것을 교통하게 만드는 것은 모든 것을 단일하게 묶어주는 바로 이러한 기[理氣]이다"라고 말한다 (22장, 곽경번 판, p.733). 이 간결한 경구는 매우 중요한데, 그 이유는 그것이 무엇보다도 우선 서구인은 상상하기 어려울 만큼 급진적으로 관념론과 유물론의 대립을 해체시키고 있기 때문이다. 그러한 언명은 그것이 지닌 철저한 자연주의적 특징 ―현상계를 넘어서고, 그것과 단절된 다른 세계에 속하는 것은 아무것도 도입되지 않는다는 의미에서― 때문에, 쉽사리 유물론적이라고 규정될 수 있다. 그러나 그렇게 규정하는 것은 여기에서의 원인이 원자 상태로 환원되는 물질들(입자들)을 설명하는 "인과론적" ―총체적으로 결정론적인― 원인이 아니라, "정신적 차원"에 의해 자기 조절되는 "숨"(에너지)의 창발적 원인이라는 사실을 망각하는 것이다. 바로 이러한 숨(에너지)을 통해 근원적인 흐름과 연결되는바, 나는 이 관대하고 만물 생성적인 흐름으로부터 생명력을 직접적으로 그리고 항구적으로 받아들이게 된다. 마치 서구인이 [관념론적인 관점에서] 생명력을 신으로부터 받은 것으로 생각하듯이 말이다. 바로 그러한 이유에서, "지혜"("도덕적인 것", "영적인 것" 또는 "가치들") —이러한 용어들의 차이점은 목표의 이념으로부터 가장 완벽하게 벗어난 정점에서 사라진다— 는 "오직" —모든 형이상학적 구축의 한계로부터 벗어난 단계에서만 성립하는 이 "오직"에 대해서는 후에 설명하겠다— 원초적 흐름으로 되돌아갈 때만 성립하게 된다. 사실 나는 나라는 존재를 현실화하는 가운데 개별화하는 나 자신을 응집시키느라 생겨나게 된 불투명성을 뛰어넘어 바로 이 원초적 흐름으로 되돌아가게 되는바, 이 흐름은 총체적으로 끊임없는 실현과 그 실현의 해체를 통해, 바로 그 흐름 속에서 끊임없이 생명력을 유리한 방향으로 새롭게 활성화한다. 이와 같은 지혜는 나의 삶을 새롭게 자극한다. 좀 더 간결하게 말하자면, 지혜는 모든 내면적 장애물과 고착된 집중으로부터 스스로 벗어나 자기 세계에 둘러싸여 정체되지 않고 깨어 있음의 상태圈를 유지함으로써, 기氣와 소통할 수 있는 능력과 재결합하는 것이다. 장자는 이를 좀 더 고상하게 한마디로 "바로 이러한 이유에서, 현자는 [숨-에너지] 하나만을 중시한다"라고 표현하고 있다.

2

그럼에도 만약에 인간이 사용하는 개념들에 대한 이러한 인류학적 구별이 동서양인이 공통으로 겪었던 경험을 이해할 수 있는 결과를 낳지 못한다면, 우리가 지금 행하고 있는 이 힘든 작업은 그럴 만한 가치를 지니는가? 확실히 이 개념들은 단지 선험적으로만 미약하게 정초 지어져―처음부터 관념적 선입견들(내가 사유 안에 나타나는 근심을 부각시키기 위해, 그 윤곽을 그려내고자 하는)에 의해 사로잡혀 있다는 의미에서― 있기 때문에, 그것들은 나름대로 다양한 문화권의 사유들을 이해 가능하게 만들어줄 구조를 확립함으로써 나중에 와서야 충분히 정당화한다. 따라서 우리는 여기저기에 산재되어 있는 이해 가능성의 파편들을 동일한 직조 틀 위에서 하나로 모아 짜내야 할 것인바, 내가 보기에, 철학의 새로운 초-언어적·초-문화적 사명은 바로 이러한 작업 속에서 열리게 될 것이다. 그리하여 『장자』에서 샤먼의 놀라운 힘들, 즉 불 위를 걸으면서도 데지 않는다거나 또는 아무런 어려움 없이 물속으로 잠수하는 능력이 언급될 때, 그러한 힘들에 대해 숨-에너지를 운용하는 능력의 관점에서 설명함은 이런 오래된 신화적·종교적 유산을 "논리적" 요소들(로고스 logos로 해석되는)로 변형시키게 된다(19장, 곽경번 판, pp.633~634). 나는 이러한 논리가 고대인들이 지녔던 사유 방식의 흔적으로부터 출발할 때 비로소 그 유산의 실체를 명확히 밝힐 수 있으리라 믿는다. 사실 현자가 "지킬 수 있는 것"은 무엇이고, 그럼으로써 자신의 젊음을 무한히 연장시켜 현자를 지켜주고 보존해줄 수 있는 것은 도대체 무엇인가? 그것이 바로 이러한 생명력의 절대적 원천인 "숨-에너지"가 아니라면 무엇이겠는가? 바로 여기에 점진적 자기 포기 —이는 궁극의 단계에 가서야 선언된다— 를 통해 도달할 수 있는 정련과 고행의 목적이 있다. 아니 그것은 우리가 반드시 실현해야 할 목적이라기보다, 적어도 우리가 그 방향으로 정진해야만 할 자기 정련-자기 강화의 경지이다.

옛날에 한 목공은 마치 신이 빚어낸 것처럼 너무나 훌륭한 종 받침대를 만든 다음에 말하길, "세상사로부터의 초연함과 '잊어버림'(보상과 칭송에 대한 잊어버림, 심지어 궁정으로부터의 보상과 칭송에 대한 잊어버림 그리고 자기 자신의 존재에 대한 잊어버림[忘我])을 통해 내가 깨달은 진리는 나의 '호흡-에너지'를 낭비하지 않아야 한다는 것이다"(19장, 곽경번 판, p.658). 그런데 이러한 경험은 모든 사람이 가장 쉽게 공유할 수 있는 것이다. 내가 생각하건대, 피카소 Pablo Picasso는 목공의 이러한 고백에 가장 훌륭한 해석을 제공해주고 있다. "각각의 존재는 같은 양의 에너지를 갖고 있다. 평범한 사람은 이 에너지를 수만 갈래로 나누어 소모한다. 나는 모든 에너지를 단 하나의 방향, 즉 그림에 쏟아붓고, 그것을 위해 나머지 것들 —당신과 그 밖의 모든 사람들, 심지어 나 자신마저도— 은 모두 희생시킨다."[9] 내가 생각하건대, 최대의 걸작을 창조하기를 원하는 사람은 누구든지 이러한 피카소의 말 —걸작을 창조하려면, 우리는 자신의 호흡-에너지를 낭비하지 않아야 한다— 을 평생의 좌우명으로 삼아야 할 것이다. 그러한 목표를 달성하기 위해, 우리는 기꺼이(금욕적으로) 생명력을 분산시키는 모든 일상적 에너지 소비를 삼가고, 단 하나의 목표에 집중하기 위해 다른 모든 것들을 희생시켜야만 한다. 물론 보통 사람들은 이러한 희생을 비도덕적이고 이기적이라고 여길 수도 있다. 사실 자신이 성취하고자 하는 일이 실질적으로 가능하게 되고 자연스럽게 이루어지기 시작하는 것은 흔히 우리가 믿고 있듯이 자질, 재능, 영감의 단계 또는 인내와 노력의 단계(이 모든 것은 단지 부수적일 뿐이다)에서가 아니라, 생명력과 그 생명력을 경제적으로 활용하는 근본적 단계에서이다. 그 이유는 바로 이 단계에서만, 우리는 창조적 작업에 풍부한 에너지를 제공해주는 자신의 고유한 자산을 찾을 수 있기 때문이다. 중국인과 서구인이 지닌 두 관점은 여기 그 인류학적 뿌리에서는 서로가 서로에게 매우 낯설지만, 이 경험의 공통치 안에서 명확하게 다시 만나게 되는바, 우리는 그러한 사실을 쉽게 알아차릴 수 있다. 그렇지만 내가 보기에, 중국적 사유는 이 모든 것들의 정합성을 밝히려는 데 더 초점을 맞추고 있다. 왜냐하면 중국적 사유는 기氣의 관념으로부터 출발해, 어떻게 세계와 자아로부터의 초연함과 에너지에 대한 집중이 나의 생명력을 유기체적 방해물(어리석은 행동과 정신적 무감각)로부터 해방시키고 새로운 창조로 이끎을 통해, 항상 깨어 있고 다른 것과 소통하게 만드는 정련, 정체되지 않음을 창출시키는지 밝혀주고 있기 때문이다.

그러므로 우리는 일견 환상적으로 보이는 이러한 샤머니즘적 색채가 만연한 이야기들에 대해 심각하게 생각할 필요가 없다(19장, 곽경번 판, pp.633~634). 샤먼의 놀라운 힘을 설명하기 위해 언급된 이 호흡 에너지는 "순수한 상태", 즉 맑게 정련된 상태를 유지해야 하는데, 그 이유는 그러한 상태를 유지해야만 샤먼은 모든 내부의 장애물과 고착화함으로부터 해방되어 자기 고유의 존재를 발현시키고 유연함을 지속시켜 감각적인 것의 물질화와 불투명함에 더 이상 부딪치지 않게 되기 때문이다. 그렇게 되면, 샤먼은 아무런 어려움 없이 물질적 난관들을 극복할 수 (고대의 모티브에 따르면, 물을 극복해 익사하지 않고, 불을 극복해 데지 않는 것

등) 있게 된다. 그런데 우리는 "지식, 능숙함, 단호함, 대담함" 중 그 어떠한 것도 이런 상태에 도달하게 만들지 못한다 —모든 면에서 뛰어난 자도 어쩔 수가 없다— 는 사실에 주의할 필요가 있다. 왜냐하면 호흡-에너지가 뻣뻣해지고 무거워지는 마지막 단계에서는 더 이상 원초적이지도, 모든 것 속으로 스며들지도, 소통적이지도 않게 되기 때문이다. 장자가 예를 들어가며 설명하고 있듯이, 호흡-에너지가 모든 유순성을 상실할 만큼 밀집되어 형상들이 완전히 현실화했음에도 불구하고 경직되는 이런 조야한 단계에서는, 모든 존재들이 "동일한 수준의 현상"으로 머물게 되어 필연적으로 서로 충돌한다. 이러한 단계에서는 인간 또한 어쩔 수 없이 원소들의 충돌 대상이 될 뿐이다. 그러나 자신의 호흡-에너지를 맑게 하고 정제함을 통해 자신의 인격이 자각되는 영묘한 단계로 다시 올라갈 줄 아는 사람은 자신의 신체적 존재성의 불투명한 응고의 상태 속에 빠지는 것이 아니라, 자유롭게 그리고 "순수하게" 전개되는 자신의 역량을 되찾아 하늘의 끊임없는 창발성과 재결합하게 될 것이다(장자는 이를 "자신 안에 있는 하늘을 온전히 유지하는 것"이라 말한다). 그러한 상태로 되돌아오면, 그는 홀연히 "더 이상 시작도 끝도 없는" [하늘의] 무한히 작용하는 인과의 사슬로부터 자신이 "벗어나 있음"을 깨닫게 될 것이다. 그는 마치 안전한 곳에 있는 것처럼, 더 이상 사물들이 우리에게 행하는 단조롭고, 둔감하게 만드는 국지적 공격을 받지 않게 될 것이다. 사실 내가 "보살펴야[養] 할 것"은 나의 "영혼"이나 "신체"가 아니라, "나의 호흡-에너지"이다. 그다음 문구 —양기기養氣氣— 에서 명시적으로 언급되고 있듯이, 가장 근본적으로 중요한 보살핌은 바로 이 내면적 역동성인 것이다.

3

호흡-에너지에 활기와 양생의 힘을 주는 것은 그러므로 그것이 지닌 바로 이 모든 것을 순환시키고, 어떤 것으로도 스며드는 특성, 그리하여 에너지를 유통시켜 행위를 유발시키는 특성이다. 우리는 이미 이 에너지의 기운이 대지 위에서 다양한 형태의 바람을 타고, 풍경을 이루는 모든 것들 주변에서 그리고 심지어 산천의 가장 작은 틈 속에까지도 꿰뚫고 들어가 퍼져나가, 그 모든 것들을 조화롭게 물결치고 진동시키도록 만든다는 사실을 알고 있다(이것은 중국에서 가장 오래된 모티브이다. "풍경風景"이나 "풍경화"의 관념 참조). 우리는 또한 이 기운이 땅속에서는 대지의 굴곡선을 따라 끊임없이 흐르면서 어지러울 정도로 높은 산들을 만들고 깊은 계곡 속에 스며들어 그것들에 다산성을 부여해줌을 안다(궁전과 무덤을 세울 만한 명당을 찾는 지관地官은 그 자리가 이러한 다산성을 지니고 있는지 여부를 찾아낸다). 다른 한편, 명의는 사람의 신체 속에서 맥을 통해 끊임없이 흐르면서, 경락 —한의사는 특히 이 경락이 막히지 않도록 조심하면서 맥을 짚게 된다— 을 통해 맥박을 규칙적으로 유지하게 만드는 이 기운을 찾아낸다. 이 에너지를 전달하는 기운이 지닌 소통성疏通性은 인간을 세계의 진행과 변형의 원리뿐만 아니라, 인간 자신의 내부와도 연결시켜준다. 이런 시각은 총체적이고 단일적이며 놀랍도록 단순한 —그 지나친 단순성 때문에, 우리는 그 사실을 인식하기 힘들지만— 시각이다. 확실히 서구의 이원론은 두 영역을 명확하게 구분하느라 안달하고, 모든 것을 과장해 표현한다. 그러면서도 그것은 체계로서 확립되었다. 반면에 중국의 이 호흡-에너지의 통일적 기능은 모든 것을 소통시키고 동시에 생명력을 부여해준다. 그렇지만 우리는 그 기능을 단지 —시적으로만— 다양화할 수 있을 뿐이다.

자연의 리듬에 역행하는 소통은 어떠한 것이 되었든 모두 내적 무질서 및 외적 무질서를 낳게 된다. 그리하여 이러한 소통에서 일어나는 장애는 자연 세계의 재앙과 개개인의 질병을 야기시키게 된다. 사실 중국의 도덕가들에게, 악은 우리의 도덕적 반응이 차단된 상태인바, 이러한 상태는 우리의 인의지심仁義之心을 무디게 하고 마비시킨다(타인을 위협하는 도저히 참을 수 없는 것에도 무감각해지고, "측은지심惻隱之心"마저 느끼지 못할 정도로 말이다). 마찬가지로 중국의 한의사들에게 질병이란 생명력이 차단됨을 의미하는바, 그러한 상태에 처하면 기가 신체 곳곳에서 그 흐름이 막혀 몸이 허약해진다. 그러나 과연 도덕적 차원을 의학적 차원으로부터 구분하는 것이 옳은 일일까? 이러한 구분은 비록 각 차원을 명확하게 해주는 효력을 지녔음에도 불구하고, 부자연스러운 것은 아닌가? 『장자』에서, 환공桓公은 자신이 악령을 보았다고 생각해 갑자기 앓아눕게 된다. 조언가는 그에게 별 어려움 없이 병의 원인이 어떠한 저주와도 상관없고, 그가 스스로 행한 잘못 때문임을 증명해준다. 즉, 그의 병은 비록 온몸으로 절절하게 느껴지지만, 실은 그의 두려움이 단지 내면적 폐색을 일으켰기 때문에 발생한 것이다. 축적된 호흡-에너지가 "흩어져 되돌아오지 않으면", 그 "호흡-에너지는 더 이상 충분하지 않게 될 것이다". "만약 호흡-에너지가 위로 올라가서 다시 내려오지 않으면, 사람은 분노에 사로잡히게 될 것이다." 반대로 이것이 "아래로 내려간 후 다시 올라오지 않는다면, 사람은 건망증에 빠지기 쉽다". 결국 "기가 위로 올라가지도 아래로 내려오지도 않고" 심장 한가운데만 머물러 있으면, "질병이 생기기 마련이다"(19장, 곽경번 판, p.650). 병에 대한 진단법에 도달하고, 도덕적인 것과 물질적인 것 그리고 분노 또는 질병을 무분별하게 혼합시키는 이러한 유형론으로부터, 기는 산지사방으로 흩어지거나 한곳에 꽉 막혀 있어도 안 되고, 한 방향으로만 축적되거나 기울어져서도 안 된다는 사실이 밝혀진다. 그것은 언제나 서로 연결되고 소통되어야하는데, 그 이유는 우리의 기능이 [육체적으로나(건강) 정신적으로] "온전히 꽃핌"이 그것에 달려 있기 때문이다.

숨-에너지를 보양함의 기능이 자신 안에 있는 생명력의 순환을 유지하는 것이라는 사실은 호흡 속에서 그 실례가 나타난다(훗날 명명된 이호흡을 통한 숨은 원초적 흐름과는 구분될 필요가 있다). 호흡은 생명력의 흐름이 가장 실질적으로 구현된 것인데, 이러한 사실은 우리 인간을 지혜의 길로 접어들도록 한다. 호흡은 어떤 의미에서는 이미 지혜 자체가 아니겠는가? 중국의 어떠한 사상가도 스토아 학파 철학자의 예에서 볼 수 있듯이, 호흡의 들고 남을 부질없는 것이라고 비난하지 않는다. 사실 스토아 학파 철학자는 생명력을 전달하는 숨(신적 숨결인 프네우마pneuma)에 더 이상 주의를 기울이지 않는다. "숨은 일종의 바람처럼, 언제나 동일하지 않은 것"이기 때문에, 아우렐리우스Marcus Aurelius는 "너는 매 순간 새로운 다른 숨을 들이쉬기 위해 숨을 내뱉는다"라고 경멸하듯이 말하고 있다(『명상록』, II, 2). 그러한 모순적 운동은 사물의 덧없음을 충분하게 나타내고 있다. 그런데 호흡 운동 속에서 존재의 정체성이 지녀야 할 견고함이 결여되어 있음의 특징을 읽어내는 대신에, 중국의 사상가들은 공통적으로 이러한 호흡을 통한 거듭나기를, 집중과 소산을 반복하는 광대한 우주적 차원의 소통 운동에 우리를 참여하게 만드는 것으로서 인식하고 있다. 왜냐하면 그들은 바로 이러한 운동이야말로 우리의 생명력을 끊임없이 활성화해준다고 여기기 때문이다. 장자가 말하기를 (6장, 곽경번 판, p.228), 현자를 특징짓는 것은 "심호흡"을 할 수 있는 능력이다. 이러한 호흡은 들이쉼과 내쉼의 교대 운동을 통해 조화로운 규제 작용을 구현할 뿐만 아니라, 집중시킨 기를 신체의 모든 부분들을 관통해 신체의 말단에까지 도달하도록 해야만 한다. 그래서 "진인眞人은 발뒤꿈치에서부터 시작해 전신으로 기를 순환시켜 호흡한다". 그러한 호흡이야말로 가장 근원적인 호흡이다. 반면에 보통 사람들은 "목에서만 호흡할 뿐이다"(6장, 곽경번 판, p.228).

장생을 신봉하는 자들이 사용하는 다양한 호흡 기술들, 예를 들어 숨을 깊숙이 들이마시거나 촛불이 흔들리지 않을 정도로 미약하게 쉬는 기술, 그중에서도 특히 특정 기관을 이용해 호흡하는 기술들은 『장자』(15장, 곽경번 판, p.535 참조)를 통해 이미 잘 알려져 있다. 이런 호흡의 수행자들은 요가 체조와 같은 몸동작을 통해 호흡하는데, 이러한 몸동작은 우리의 몸을 "쭉 펴거나 움츠리는 기술"(곰처럼 나무에 매달리거나, 새처럼 쭉 펴기)에 의해, 우리의 신체에서 기의 소통이 어려운 부위들을 모두 뚫어주게 된다. 양생법을 익히는 도가의 전통 안에는, 이렇게 기가 막혀 있는 부위들을 뚫어주기 위해, 내 몸 안에 축적시켜 간직하고 있는 공기의 힘을 이용하는 방법과 처방을 상세하게 서술한 지침서가 무수히 개발되어 있다. 이 지침서는 또한 "마음의 눈內眼"을 통해, 숨의 흐름을 주의 깊게 따라가서 병이 발생한 부위를 찾아내고 그곳에 이 숨의 기를 보내 다시 활기를 찾도록 해주는 방법까지도 제시하고 있다.[10]

호흡의 숨은 이렇게 두 종류의 양생적 기능들을 동시에 수행하게 된다. 그 하나는 생명력을 소통시키는 기능(특히 호흡이 매 날숨·들숨 때마다 혈관을 통해 피를 공급해주는 기능)이고, 다른 하나는 신진대사의 기능이다("신선한 공기를 들이마시기 위해 탁해진 공기를 내뱉는 것"은 생명력을 갱신시키는 호흡의 주요한 요인이다). 『장자』에서 우리는 가끔 이러한 호흡의 양분이 우리가 일상적으로 섭취하는 거칠고, 불투명한 음식들을 대체시킬 수 있는 경지를 꿈꾸기도 한다. 그 이유는 이러한 양분이야말로 다른 어떠한 형태의 양분보다도 더 그 물질성이 제거되어 정련된 진정한 양분(비록 여전히 현상의 영역에 속해 있지만)이기 때문이다. 이러한 호흡의 양분은 단숨에 영적인 양분(영혼의 양식이 그러한 것처럼)이 될 수는 없지만, 그것은 좀 더 순수한 방법으로 작용하기 때문에 영화靈化에 도달하게 된다. 궁극에 가서 장자는 자문하길, "속세에서 멀리 떨어진 막고야 산 속에서 살고 있다는 전설 속의 현자들은 '바람을 들이쉬고, 이슬을 마시는 것'만으로도 충분하기 때문에, 다양한 곡식을 먹을 필요를 더 이상 못 느껴서, 그들의 순수 무구한 '정묘함'과 '신선함'을 간직하면서 그것이 지닌 이로운 영향력을 어떠한 얽매임이나 제한받음이 없이 전신에 퍼져나가도록 한다. 이러한 점에서 보았을 때, 그들은 허무맹랑한 허구 또는 신화적 상징 이상의 존재이지 않겠는가?" 물론 이러한 모든 것을 순전히 과장에 지나지 않는 것이라고 생각하는 사람들은 그 진위에 대해 의심을 품고 있지만 말이다(아니면 우리는 오늘날 이것을 뒤집어 부정적으로 또는 병리학적으로 해석해, 그러한 경지가 모든 식욕부진 환자들이 꿈꾸고 있는 이상의 가치를 지닌 것으로 인정할 수 있지는 않을까?).

4

나는 지금까지 에너지를 제공해주는 양생이 인격적 발달의 기본 요소
가 된다는 사실을 적어도 『장자』에 근거해 충분히 설명했다고 생각한
다. 왜냐하면 양생은 우리 본성의 가장 신체적 차원에 뿌리 내리고 있으
면서, 동시에 도덕적이고 정신적인 차원에서도 전개되고 있기 때문이
다. 사실 일상생활 속에서 우리가 섭취하는 양분은 한편으로 이미 세상
의 모든 다른 실재처럼, 에너지를 제공하는 숨이 구체화한 것 ─비록 더
둔중하고 더 밀집된 형태로 구체화한 것이지만─ 이다. 다른 한편, 즐거움이
나 분노의 감정은 이러한 내적 숨의 "균형"과 "올바른 상태"가 깨졌을 때
발생한다. 중국의 생리학에 따르면, 위 속에 들어온 음식물은 소화 과정
을 거치면서 우선 그 음식물이 지닌 맛이 숨으로 변형되고, 다섯 가지
맛으로부터 발생한 다섯 가지 숨은 다시 다섯 가지 감각기관에 스며든
다(얼마나 편리하게 분류된 유형론인가!). 그리고 이 다섯 감각기관 각각은
그 각각에 해당되는 음식물로부터 숨을 흡수하고, 그 숨으로부터 양분
을 섭취하게 되는 것이다. 이러한 다양한 숨은 더 나아가, 체내의 수분
과 섞여 비장의 작용에 의해 붉어져 피를 형성한다. 이런 "피-숨[血氣]"은
기질로서 나타나는바, 이 기질의 다양함은 나이가 들어갈수록 사려 깊
게 다루어져야만 한다. 왜냐하면 공자가 충고했듯이, 우리는 이런 다양
한 기질을 삶의 각 단계에 알맞은 윤리적 의무에 대한 판단과 잘 결합시
켜야 하기 때문이다(『논어』, XVI, 7). 양생에 대한 도교의 전문가들(이러
한 지식 또한 교조적이기 때문에)은 또 다른 관점에서 "정精"과 "기氣" 그리
고 "신神"을 인격의 형성과 발현을 이루는 "세 가지 보물" 또는 세 가지

단계로 본다. 숨을 통해 얻게 되는 기는 이러한 전이를 가능케 만드는 매개적 요소이다. 도교의 기본적 경구에 따르면, "정精은 기氣의 어머니이고, 신神은 기의 아들이다". 우리는 하나의 단계에서 다른 단계로 넘어감에 있어서의 비분리성을 이보다 더 명백하게 표현할 수는 없을 것이다. 각 단계의 연쇄성은 더 나아가 쌍방향으로 읽힐 수 있다. 즉, 우리가 태어날 때 태아 속으로 스며든 "신"은 "정"을 생성할 "기"를 낳게 된다. 그리고 우리가 늙게 되면, 우리는 반대 방향으로 자신의 신체 안에 있는 "정"을 정련해 그것을 "기"로 변형시켜야 한다. 그렇게 되어야만 기는 가장 활기 있고 가장 섬세한 단계의 에너지 ─장수의 능력을 타고난 사람神시은 이 단계를 유지하고 있다[11]─ 인 "신"이 될 수 있다.

그러나 중국에서, 숨-에너지를 통한 양생법은 장생을 신봉하는 자들에게만 고유한 것은 아니다. 도덕주의자인 맹자 또한 마찬가지로, 숨-에너지는 우리의 신체를 "채우는 것"이고, 심心-정精의 규제적 기능에 의해 조절된다고 믿었다(II, A, 2). 이러한 에너지로 가득 찬 숨은 근원적으로 그 자체상 신체적 본성을 띠고 있다. 이러한 사실은 예를 들어,우리가 비틀거리거나 뛰기 시작할 때 분명해진다. 왜냐하면 에너지로 가득 찬 숨은 그러한 순간에 갑자기 신神의 규제적 기능을 압도해, 신체가 뛰도록 만들어주기 때문이다. 맹자는 자신이 올바른 행위를 통해 "무한히 확장되는 에너지로 가득 찬 숨浩然之氣"을 기르고, 무르익게 할 수 있음을 자랑했는데, 바로 이 기운은 "하늘과 땅 사이에 있는 모든 것"을 가득 채우고 도덕성과 밀접하게 연결되어 있다. 따라서 이와 반대로, 도덕적 의식의 수준에서 불만족이 일어날 때마다, 모든 열망의 근원인 이 에너지로 가득 찬 숨은 결핍을 느끼며 쇠약해진다. 이러한 사실이야말로 인성의 완전한 발현 —우리 안에 들어 있는 숨의 풍부한 운동은 이러한 발현을 향해 있다— 이 불가분적으로 도덕적이자 동시에 물질적임을 증명해준다. 이에 비해, 서구의 "영혼"과 "신체"는 너무나 갑자기 놀라울 만큼 추상적인 범주로서 드러나게 되는 셈이다.

8

양생의 과정들

1

이제야 우리는 『장자』의 가장 유명한 대화 편들 중 하나를 읽을 준비가 된 셈이다(3장, 곽경번 판, p.117). "양생주養生主"라는 장에서, 장자는 다른 곳에서도 항상 그래 왔듯이, 군주와 장인匠人을 등장시킨다. 이 장인의 가르침은 타인으로부터 배운 것도, 교조적 성격을 띤 것도 아니다. 그것은 오직 장인의 개인적 경험 그리고 도구를 다루는 그의 기술로부터 나온 것이다. 그의 지식은 모든 이론적 앎보다 근원적인데, 그 이유는 그것이 사물들의 쓰임새를 습득함으로부터 나왔기 때문이다. 그는 자신 나름대로의 "이해" 또는 구별의 방식을 계발시켰는데, 이런 이해야말로 그의 "작업"(하이데거가 말하는 '일Hantieren'[12])을 인도해주는 시선의 역할을 하게 된다. 사실 망치에 대해 생각하는 것은 망치가 실제로 무엇인지에 대해 우리에게 아무것도 가르쳐주지 않을 것이다. 망치의 어떠한

"존재"도 그것이 사용될 때까지는 드러나지 않는 법이다. 우리는 망치를 손에 꽉 잡고 다룸으로써, 점진적으로 그것의 쓰임새와 그것을 다루는 기술을 완전히 터득한 다음에야 비로소 그것에 대한 지식을 갖게 될 터, 이 지식은 어떠한 묘사로도 대체될 수 없다. 그럼에도 망치는 여전히 약간은 조야한 도구가 아닌가? 그래서 장자는 칼에 대한 이야기를 전개시킨다.

백정인 포정庖丁은 문혜군을 위해 소를 잡은 일이 있다. 손을 대고, 어깨를 기울이고, 발로 짓누르고, 무릎을 구부리는 동작에 따라 (소의 뼈와 살이 갈라지면서) 서걱서걱, 빠극빠극 소리를 내고, 칼이 움직이는 대로 싹둑싹둑 울렸다. 그 소리는 모두 운율에 맞고, 상림桑林의 무악舞樂(은나라 탕왕湯王 때 명곡)에도 조화되며, 경수經首(요堯 임금 때 명곡)의 음절에도 맞았다.

문혜군은 [그것을 보고 아주 감탄하며] "아, 훌륭하구나. 기술도 어찌하면 이런 경지까지 이를 수가 있느냐?"라고 물었다.

포정은 칼을 놓고 답했다. "제가 반기는 것은 도입니다. [손끝의] 재주(기술) 따위보다야 우월한 것입죠. 제가 처음 소를 잡을 때는 눈에 보이는 것이란 모두 소뿐이었으나(소만 보여 손을 댈 수 없었으나), 3년이 지나자 이미 소의 온 모습은 눈에 안 띄게 되었습니다. 요즘 저는 소를 정신으로 대하고 있고, 눈으로 보지는 않습죠. 눈의 작용이 멎으니, 정신의 자연스러운 작용만 남습니다. 천리天理(자연스러운 본래의 줄기)를 따라 [소가죽과 고기, 살과 뼈 사이의] 커다란 틈새와 빈 곳에 칼을 놀리고 움직여 소의 몸이 생긴 그대로 따라갑니다. 그 기술의 미묘함은 아직 한 번도 [칼질의 실수로] 살이나 뼈를 다치게 한 일이 없습니다. 하물며 큰 뼈야 더 말할 나위가 있겠습니까?

솜씨 좋은 소잡이가 1년 만에 칼을 바꾸는 것은 살을 가르기[割] 때문입죠. 평범한 보통 소잡이는 매달 칼을 바꿉니다. [무리하게] 뼈를 자르니까 그렇습죠. 그렇지만 제 칼은 19년이나 되어 수천 마리의 소를 잡았지만, 칼날은 방금 숫돌에 간 것 같습니다. 저 뼈마디에는 틈새가 있고 칼날에는 두께가 없습니다. 두께 없는 것을 틈새에 넣으니, 널찍해 칼날을 움직이는 데도 여유가 있습니다. 그러니까 19년이 되었어도 칼날이 방금 숫돌에 간 것 같습죠.

하지만 근육과 뼈가 엉긴 곳에 이를 때마다, 저는 그 일의 어려움을 알아채고 두려움을 지닌 채, [충분히] 경계해 눈길을 거기 모으고 천천히 손을 움직여서 칼의 움직임을 아주 미묘하게 합니다. 살이 뼈에서 털썩하고 떨어지는 소리가 마치 흙덩이가 땅에 떨어지는 것 같습니다. 칼을 든 채 일어나서 둘레를 살펴보며 [떠나기가 싫어] 잠시 머뭇거리다 마음이 흐뭇해지면 칼을 씻어 챙겨넣습니다."

문혜군은 말했다. "훌륭하구나! 나는 포정의 말을 듣고 양생의 도(참된 삶을 누리는 방법)를 터득했다."

이 번역은 여러 자세한 설명을 필요로 한다. 백정이 기교 또는 기술이 아니라, 도에 사로잡혀 있다고 말할 때, 나는 그의 도에 다음의 두 의미가 결합되어 있다고 생각한다. 그 하나는 빌레테르Jean-François Billeter가 번역한 것과 같이,[13] 가장 일반적 방식으로 일어나는 "사물들의 작용"을 의미하고, 다른 하나는 특수한 방식의 작용을 의미한다. 바로 이러한 점 때문에 내가 보기에는, 이 도라는 관념은 매우 흥미롭다. 우리는 사물들의 거대한 운행 과정과 그것이 만물에 내재하게 됨의 원천을 지칭하고자 할 때는, 하늘의 도[天道] 또는 절대적 의미에서 단순히 도라 말한다. 반면에 내 고유한 방식으로 일을 처리해 성공하게 될 때는, "나의 도[我道]"라 말한다. 개별적이고 미미한 아도[我道]의 작용은 천도의 작용에 기초한다. 사실 두 작용은 동일한 역량에 의존해 있다. 그래서 나는 여기에서 이 관념에 대응하는 작용적이고 과정적인 차원을 유지시키기 위해, "과정" 이라는 용어를 선택해 번역하고자 한다. 그 이유는 도가 여기에서 기교 또는 기술에 대립되는 운행 과정의 자연적 결과라는 의미를 지니고 있기 때문이다. 사실 이 기교 또는 기술은 장자에게 "구속"시키고 강제성을 부과시키는 것, 그리하여 이것이 일상화하는 경우 예속시키는 것을 의미한다(7장, 곽경번 판, p.295; 12장, p.427 참조, 이와는 반대로, 자연적 도를 따르는 백정은 긴장함이 없이 편안하게 일을 성취한다).

그런데 처음에 백정이 소를 잡을 때는 눈에 보이는 것이 모두 소뿐이었는데, 그 후에는 더 이상 그렇게 보이지 않았다는 것은 무엇을 의미할까? 내가 이해하기에 이것은 그가 도축술을 익히던 초기에는, 그의 눈에 단순히 덩어리 전체로서의 소만 주어졌음을 의미한다. 소는 백정의 전 지각 영역을 꽉 채워, 그의 좀 더 내적이고 강렬하며 섬세한 이해를 방해하는 살덩어리로서 단순히 그의 앞에 주어진 어떤 것일 뿐이었다. 그러나 세월이 흘러 그의 지각 능력이 점차 날카로워지자, 그는 소 몸의 불투명한 덩어리를 관통해 소 내부의 관절들까지도 지각할 수 있게 된다(이는 또한 예술가에게도 일어나는 일이 아닌가? 쌩트 빅투아르Sainte-Victoire 산 앞에 선 세잔Paul Cézanne처럼 말이다). 그러므로 나는 빌레테르와는 다르게 번역할 것이다. 그는 "3년 후에, 저는 단지 소의 부분들만 볼 수 있었습니다"라고 번역했다. 그러나 이 문장에서, "부분들"이라는 용어는 나타나지 않는다. 게다가 부분-전체의 관계는 전적으로 그리스적인 것이다. 사실 그것은 고대 그리스적 사유의 핵심을 이루지만, 중국적 사유의 핵심은 아니다(잘 알려져 있다시피, 그리스인이나 인도인과는 달리, 중국인은 해부학에 별로 흥미를 느끼지 못했다). 백정이 몇 년이 흐른 뒤 점차 기술이 나아졌을 때 볼 수 있게 된 것은, 소의 "부분"(그의 지각 영역이 선택적으로 축소되었음을 의미한다)도 아니고, 그렇다고 소의 전체도 아니다. 단지 그는 자신의 심화된 지각력을 통해, 모든 불투명성(그에게 "온통 소만" 보이도록 만들었던)이 제거된 상태의 소를 보게 되고, 소는 마치 정신의 엑스레이에 의해 투사된 모습처럼 그에게 나타나게 된 것이다.

그러나 우리는 여기에서 "정신"이 무엇을 의미하는지에 대해 고찰할 필요가 있다. 나는 "나(백정)의 정신"으로 번역하기보다는 "[명정한] 정신적 이해"로 번역하는 것을 선호한다. 왜냐하면 이 경우 소를 볼 수 있는 기관이나 기능으로서의 정신이 문제되는 것이 아니라(그렇지 않다면, 장자는 "마음-정신[心]"이라고 말했을 것이다), 정확히 말하자면, 숨-에너지의 변화-순화를 통해 발현하게 되는 정묘하고 감각적 족쇄에서 해방된 이해가 문제가 되기 때문이다. 이러한 이해력은 조야하고 만져서 알 수 있는 것들의 차원을 뛰어넘어 "정묘함"의 세계에 도달하게 하며, 보이지 않는 세계 속으로 들어가게 만든다. 물론 백정은 응시하는 작업을 포기하지 않는다. 그의 시선은 반대로, 후반부에 상세히 설명되듯이, 자신의 어려움으로 향하고 있다[바로 이러한 이유에서, 나는 "나(백정)의 감각이 더 이상 개입하지 않을 때"라고 번역하는 대신에, 원문에 더 가깝게, "감각에 의한 앎이 멈춰 섰을 때"라고 번역했다. 왜냐하면 그때야 비로소 백정의 정련되어 정신적이 된 이해력은 두 차원에서 서로 연결될 수 있기 때문이다. 이러한 시선과 함께, 처음에는 지각된 대상 또는 단순히 평범한 현전의 차원에 있던 소의 몸은 백정의 내면적 지각과 짝을 이루어 서로가 조화되는(마치 나무의 목재가 목수와 짝을 이루어 종대鐘臺로 쓰이게 되었던 것과 같이) 차원으로 고양된다. 바로 그러한 이유에서, 여기에서 소를 보는 것이 아니라, 소를 "이해(포착)하는" 것이라고 일컬어지고 있는 것이다. 일반적으로 사물과 멀리 떨어져 있으면서도 그 사물과 접촉하고 동시에 그것과 조화를 이루는 것이야말로 지각이 지닌 이러한 초월적 이해력의 특성이다[神與物遊].

결국 나는 소의 몸을 자르는 이러한 작업을 문혜군이 내린 결론 —나는 이제야 비로소 백정의 말을 듣고, "양생"이 무엇을 의미하는지를 깨닫게 되었다— 으로부터 단 한순간이라도 분리시킬 수 없게 된다. 백정의 작업에 대해 여기에서 묘사되고 있는 유형의 행위는 생명력에 관한 논의와의 연관 속에서만 이해될 수 있다. 그러나 우리는 이 모든 이야기를, 중국의 주석가들이 전통적으로 행했던 것처럼, 무조건 은유적으로만 읽어내는 것이 올바른 것인가? 전통적 주석가들은 다음과 같이 설명한다. 백정이 처음에는 소의 몸 안에 있는 관절의 구조를 보지 못하는 것처럼, 양생을 배우려는 자도 이와 "똑같이" 처음 단계에서는 "진정한 세계를 관조할 줄 모를 것이다". 아니면 백정이 근육과 뼈를 관절 부위에서 저절로 분리되도록 만드는 것처럼, 도를 수련하는 자들도 이와 "똑같이" 삶과 죽음이 연결되는 지점에서 자신의 정신을 관조함을 통해 "삶과 죽음을 훌륭하게 분리시킨다[成玄英]". 훨씬 더 후대의 주석가인 왕부지王夫之에 의하면, "큰 뼈들"은 인생에서 닥치는 커다란 위험들이자 지난한 어려움들이다. 접합 부분 속에 있는 빈틈들을 알아차리면, 우리는 그것들을 이용해 이러한 위험들로부터 빠져나갈 수 있다. 즉, 가장 복잡하게 얽혀 있는 부위에서 칼을 정교하게 다룸은 우리가 항상 평정지심을 갖고 주의력을 집중시킴을 통해, 바깥세상과의 모든 충돌을 피할 수 있는 가능성에 대한 구체적 이미지를 보여준다. 반면에 (보통 백정의) 칼의 "무딤"은 쇠고기의 형태를 전혀 고려하지 않고(해결책이 저절로 무르익을 때까지 기다리지 않고) 억지로 고기를 자르려고 함으로써 우리의 에너지를 헛되이 남용하는 우리의 "정서"나 "재능" 또는 "앎"의 무딤과 같다. 이러한 해석은 전적으로 주지주의적이어서 단지 표상적 차원에서만 작동하기 때문에, 도구를 다루는 과정 속에서 오직 내면적으로만 터득할 수 있는 것에 대해, 내가 생각건대, 지나치게 경직화하고 있다. 따라서 나는 백정의 소 잡는 방법에 대한 이러한 비교가 비유적이라기보다는 암시적인 것이라고 생각한다. 이러한 비교는 양생에 도달하는 방법을 예를 들어 설명하는 것이 아니라, 양생으로 인도하는 것 ―고유한 의미에서 입문시키는 것― 이다. 그것은 항목별로 하나하나 해독해내라는 것이 아니라, 자신의 잠재력을 어떻게 단계적으로 개발시켜야 하는지를 보여주는 것이다. 바로 그러한 이유에서, 매우 간결한 문혜군의 주석은 설명적 방식보다는 지시하는 방식을 취하고 있는 것이다. 그것은 우리를 고무시키면서 동시에 그러한 목표로 나아가도록 유도해준다. 그래서 이런 말들을 듣고 나서, 문혜군은 "나는 양생의 도를 터득했다[得養生焉]"라고 말하고 있는 것이다.

만약에 이 이야기의 교훈이 각각의 개별적 장면에 대한 상세한 설명으로부터보다는 그 이야기의 흐름 속에서 산출되는 자극(마치 발레에서

처럼 이야기의 도입부에서 묘사된 몸짓이 이끌어내는 효과)을 통한 전체적 파악으로부터 더 잘 도출된다면, 그것은 물론 이러한 가르침이 단순히 이론적인 것만은 아니기 때문이다. 진정한 이해는 내가 점차적으로 변화에 유연하게 대처할 수 있는 능력 —이 능력의 필요성은 처음부터 대두되었고, 여기에서 매우 훌륭하게 구현되어 있다— 을 내 자신의 것으로 만들 때만 얻을 수 있다. 오늘날도 여전히 연마되고 있는 중국 무술(예를 들어, 태극권)에서처럼 동작을 부단히 연속시킴은 우리의 의식이 백정의 칼날처럼 날카롭게 되고 무뎌지지 않기 위해서 반드시 충족시켜야만 할 조건이다. 그의 칼날은 여러 해(여기에서 구체적으로 언급된 "19년"의 의미를 생각할 필요는 없다. 왜냐하면 그것은 음의 숫자에 덧붙여진 양의 숫자에 지나지 않기 때문이다)를 거듭해 사용한 후에도, 방금 숫돌에서 갈아낸 것처럼 항상 날카롭다. 이러한 백정의 칼과 같이, 우리는 끊임없이 자신만의 얽매이지 않음의 길을 계속 탐구하면서, 자신의 잠재력을 "가꾸어 나아가야만" 한다. 사실 이러한 마모되지 않음 —우리가 처음부터 터득했듯이, 중국적 사유가 자신들만의 위대한 직관이라고 앞다투어 반복적으로 말해왔던(호흡법 또한 이러한 점을 드러내고 있다)— 은 어떠한 장애물과 마주치지도 교착 상태에 빠지지도 않으면서(사물들이 매우 심하게 얽혀 있는 어려운 지점들에서조차도), 구체화한 형태(여기에서는 소의 몸)를 가로질러, 순환시키고 소통하게 만드는 능력이 아니라면 무엇이겠는가? 사실 우리는 장자가 계속해서 우리에게 가르치고 있듯이, 서구인처럼 어떠한 외적인 도움이나 은총의 획득 또는 계시를 기다림을 통해서가 아니라, 자신 안에 있는 능력을 자각시키고 날카롭게 만들면서 정련시킴을 통해서만 이러한 역량에 도달할 수 있다.

포정의 칼이 두께가 없는 것(무디지 않은 것)은 그 칼의 날이 궁극적으로 칼의 질량적이고 불투명하며 구체적인 성질의 차원을 넘어섰기 때문이다. 그러나 이러한 "두께가 없는 칼날"은 여전히 현상계에 속해 있다. 칼을 어떠한 것에 의해서도 방해받지 않고 잘 들게 만드는 것은, 칼이 지닌 현상적 특성을 극단적으로 줄이는 것이다. 마찬가지로 소에 대한 지각 능력도 결국에는 소의 내부적 구조 안에 있는 가장 섬세한 통과 지점들을 볼 수 있을 정도로 맑게 걸러져야만 한다. 이러한 정묘한 지각력을 지닐 때, 나의 호흡 에너지를 어떠한 곳 ―내 신체의 두꺼움 속이든, 내 인생의 단계에서이든(이 두 차원 중에서 어느 하나를 선택할 필요는 없고, 그 하나가 다른 하나의 이미지를 따라 생성된 것도 아니다)― 으로든 보내, 그것이 차단되거나 소산되지 않고 계속해 흐르게 만드는 능력이 생긴다. 이 가르침은 가장 포괄적이고, 생명적인 동시에 도덕적이다. 가장 복잡한 부위에서는 칼을 다룸(잠재적인 것에 대한)이 매우 섬세해 "단순히 칼 놀림[騞]"만으로도 장애물은 "저절로 해결된다". 그래서 무엇을 추구하거나 억지로 강요할 필요도 없다. 평화로운 해결책은 그 상황 자체 속에 함축되어 있고, 우리의 신중한 통찰력에 의해 개척될 수 있는 한없이 미세한 탈주로로부터 나온다. 더 이상의 노력 없이도 소기의 성과를 얻을 수 있는 이러한 대가의 경지에 도달하기 위해서는 극단적인 집중이 필요하다. 그러한 집중은 경련이 일어날 만큼 심한 강박관념과는 반대가 된다. 칼 다루는 솜씨를 배울 때 따라야 할 이러한 과정은 어떻게 내재화의 진행이 사물 자체의 자연적 모습과 결합함으로써, 에너지를 낭비하지도 않고 대상의 저항을 받음도 없이 자신의 "길", 즉 도를 끊임없이 찾게 되는지를 밝혀준다. 바로 이러한 이유에서, 도의 경지에서는 어떠한 가르침도 있을 수가 없으나(내재화는 설명될 수 없는데, 그 이유는 그것에 대한 사유가 구축되지도 이론화하지도 않았기 때문이다), 그와 동시에 역설적으로 배움(파격적 방식으로지만) —스스로 오는 것을 그렇게 스스로 오도록 내버려 두는 것을 배우는— 은 있을 수가 있다. 그중에서도 가장 어려운 것은 분명히 생명력이 자신 안에서 끊임없이 오고 가도록 하는 법을 배우는 일일 것이다.

2

일반적으로 나는 여러 이질적 문화들 사이에 차용 또는 혼합과 같이, 서로 영향을 주고받은 역사적 관계가 일어나지 않았을 경우, 서로가 낯선 문화에 속해 있는 텍스트들을 비교하려는 시도를 망설이게 된다. 서로 다른 문화들 사이에서 하나의 문화가 다른 문화의 관심사를 자각하게 만드는 공통적 문제들을 설정하는 개괄적 뼈대의 틀(몽타주)이 없으면, 그러한 비교들은 사실상 내가 선-개념적이라고 명명했던 것들 안에서 문화적으로 그리고 원형적으로 함축되어 있는 것이 도대체 무엇인지를 전혀 파악하지 못하게 된다. 그러한 비교들은 단순히 조급하게 —그리고 자의적으로— 서로를 대비시키는 고정된 표상들만 산출해낼 위험성을 안고 있다. 그러나 여기에서 비교의 효과는 우리가 단순히 지나칠 수 없을 정도로 분명한데, 이는 그러한 비교가 대비되는 점을 집중적으로 부각시키고 있기 때문이다. 이 백정의 이야기에 대한 해석을 좀 더 깊이 진행시키고자 할 때, 이러한 비교는 우리를 안내할 지팡이의 역할을 하지는 않을까? 사실 비교는 문화적 뿌리를 상실시키는 것이 아니라, 오히려 문화들 사이의 차이점이 얼마나 뿌리 깊은 것인지를 밝혀준다. 『파이드로스』에서 변증법적 작업을 설명하는 구절이 플라톤의 전 작품을 이해하는 데 결정적인 것처럼, 백정에 대한 이야기는 『장자』 전체에서 전개되고 있는 논의의 흐름을 이해하는 데 결정적인 것이다. 플라톤의 대화 편에 등장하는 인물 또한 사물을 분류하는 작업을 행할 때 "자연스러운 관절에 따라" 자를 수 있어야만 하고, "서투른 백정"이 하는 것과 달리 어떤 부분도 상하지 않게 해야만 한다(265a~266c 그리고 273e, 277b). 그러나 플라톤에서는 첫 단계로 흩어져 있는 여러 사물들多로부터 단 하나의 형상 아래 그것들을 모아서 이데아로 "올라가는 작업"이 먼저 수행되고, 그다음 단계로 첫 번째와는 반대 방향으로 향하는 작업이 수행된다. 두 번째 작업은 이데아에서 아래로 "내려가면서" 유類를 종種으로 나누고, 그 종을 다시 개별자로 나눔을 계속해 최종적으로 내적인 차이가 더 이상 없는 불가분의 원자와 같은 종에 이르게 된다. 이 최후의 종이야말로 고찰하려는 사물의 고유한 형상이 된다. 플라톤은 이러한 방법론의 예를 서구에서 논의된 가장 큰 주제 중 하나였던 사랑에 대한 정의를 통해 제시한다. "인간과 신들에 공통적인 광기"라는 단일한 유類 개념 안에서, 우리는 우선 이분법적으로 왼쪽 항(비난받는 사랑)과 오른쪽 항(칭송받는 사랑)으로 나누고, 그다음 단계로 각 항을 적절한 규정에 이를 때까지 "끊임없이" 계속해 나누게 될 것이다.

이러한 이데아 전체의 단일성은 생물의 단일성에 비교될 수 있기 때문에, 그러한 분할은 아무렇게나 행해지는 것이 아니라 부분들의 완전성과 연대성을 존중하도록 사물들의 자연스러운 분절에 따라 행해져야만 한다. 왜냐하면 이러한 분할에서만 진정한 "부분"을 얻을 수 있기 때문이다. 반면에 『장자』에서는, (칼을) 다루는 내적인 앎과 리듬에 맞추어 행해지는 몸짓이 중요하다. 도구는 단지 수단일 뿐만 아니라, 효율성의 매체이다(백정의 칼 또는 화가의 붓, 고대 중국의 회화繪畵는 이 백정의 일화로부터 강한 영감을 받았었다). 이는 소의 "관절에 따라서" 자르는 것이 아니라, 그 관절들 사이에서 자르는 것을 의미한다. 고려해야 할 것은 구조를 구성하는 요소들이 아니라, 그 요소들 사이에 있는 빈틈이다. 그 이유는 바로 이 빈틈에서 기의 소통이 이루어지기 때문이다(이 같은 소통으로부터 호흡-활기가 나온다). 결과적으로 여기서 대두되는 논리는 우리가 기하학에서 하나의 형상을 조합 또는 분해시키는 것과 같은 그러한 구성의 논리가 아니다. 그것은 발현 과정을 끝없이 전개시키는 지속의 논리다. 목표로 삼는 점은 서구에서는 정의定義의 엄격함이고, 중국에서는 막히지 않는 것이다. 우리는 다시 한 번 이론을 추구하는 인식 작용("분석"의 방법)과 자신의 삶을 유지하고 양생함을 목적으로 하는 작용을 갈라 놓는 간격을 가늠할 수 있게 된다. 존재와 사유를 한 쌍으로 묶는 ―이러한 작업이 서양철학의 기초가 된다― 대신에, 여기에서는 기능, 그중에서도 유일하게 통로 ―"그것을 통해 모든 것이 지나가는" 도道― 의 기능, 즉 지나갈 수 있음의 기능에 관심이 집중된다.

3

기의 내재성은 설명될 수 없는 성질을 지녔기 때문에, 우리는 그것이

연속적 단계에 따라 어떻게 우리 안에 들어오게 되는지만을 소개할 수밖에 없다. 사실 이 단계들은 각각의 경우에 용이함과 역량으로 표출되는 것이 어떻게 점진적으로 통합되는지를 나타내준다. 이것이 『장자』 외편 19장 달생達生에서 연속적으로 논의되고 있는 일화들의 목적인데, 이 일화에 대해서는 이미 내가 길게 설명했었다. 이러한 일화들은 백정의 이야기를 여러 편으로 나눈 것인바, 우리는 그 속에서 도를 파악함이 점차 내면화해 궁극에 가서는 도의 존재 자체마저도 부인하는 경지에까지 이르게 됨을 본다. 도의 발현 과정에 대한 사유는 사실상 그 과정 자체를 더 이상 의식하지 못하는 경지에 이르렀을 때 그 정점에 다다르게 된다.

첫 번째 일화는 우리가 원하는 결과를 저절로 그리고 더 이상의 위험이나 노력 없이도 확실하게 얻을 수 있는 단계에 이르는 정신적 집중에 관한 이야기이다(19장, 곽경번 판, p.639). 공자는 초나라를 가면서 숲 속을 나오다가, 가늘고 긴 막대기로 매미들을 잡고 있는 노인을 만나게 된다. 그는 마치 땅 위에 있는 매미들을 줍듯이 쉽게 매미를 잡고 있었다. 공자는 문혜군이 백정의 기술에 경탄해 마지않았던 것처럼, 그의 능란한 솜씨에 감탄하면서 자연스럽게 그의 도에 대해 묻게 된다. 노인은 대답하기를, "대여섯 달 긴 장대 끝에 공 두 개를 겹쳐놓는 연습을 하고 그 공이 떨어지지 않게 되면, 매미를 못 잡는 일이 적어지지. 공 세 개를 겹쳐놓고 떨어지지 않게 되면, 실수는 열 번에 한 번 정도라네. 다시 공 다섯 개를 겹쳐놓고 떨어지지 않게 되면, 마치 줍듯이 잡게 된다네". 이러한 경지에 도달했기 때문에, 그 노인은 말뚝처럼 꼼짝하지 않을 수 없는 몸가짐과 마른 나뭇가지와 같이 움직이지 않는 팔의 동작 법을 알게 될 것이다. "나는 천지의 드넓음도 만물의 다양함도 아랑곳없이, 다만 매미의 날개만을 [지켜보며] 알고 있을 뿐이라네! 몸과 팔을 꼼짝 않은 채 매미 날개 외에는 어떤 것에도 마음을 돌리지 않는다네! 그러니 어찌 매미들을 잡지 못할 리가 있겠나?" 이렇게 집중은 우리의 감각 능력들을 첨예화함으로써 체력이 전혀 소모되지도 않고 시행착오를 겪지 않으면서도 능력의 효율성이 저절로 펼쳐지도록 만들어준다. 그러나 이러한 효율성이 앞에서처럼 "정신적[神]"인 것으로서 규정된다는 사실은 기관으로서의 정신이 "신체"와 구분되는 것임을 의미하지는 않는다. 왜냐하면 이 일화의 모든 것은 앞서 이야기와 같이 몸동작의 문제이고 손기술을 다루고 있는 것이어서, 단지 칼이 막대기로 대체되었을 뿐이기 때문이다. 그러나 물론 이러한 몸동작 안에서 도달하게 된 경지는 "하늘"의 경지, 즉 모든 저항들과 불투명함들을 구체적 사물들의 좀 더 조야한 단계로 환원시켜버리는 자연적 운행의 경지인 것이다. 자신에 고유한 완벽성 덕분에, 그 자연적 운행은 모든 근사치로부터 벗어날 수 있게 된다. 다시 말해, "정신적인 것"은 분석적 용어가 아니라, 의미를 강화시키는 용어인 것이다(집중은 정신적인 것에 "도달하는 것"이라고 번역해야 적절할 것이다).

두 번째 일화는 상심觴深이라는 깊은 호수를 건너는 뱃사공의 신기에 가까운 배 젓는 솜씨에 관한 이야기이다. 공자의 제자 안연은 뱃사공에게 어떻게 배를 그렇게 쉽게, 아무런 저항에 부딪힘도 없이 마음대로 저을 수 있는지를 묻는데, 이는 이전의 백정과 매미를 잡는 노인의 경우와 같이, 어떻게 사물을 "정신"처럼 다루는지를 묻고 있는 것이다(19장, 곽경번 판, p.641). 이 뱃사공도 마찬가지로 배를 젓는 기술 습득의 단계들에 대해 이야기한다. "헤엄을 잘 치는 자라면 몇 번이고 되풀이하는 동안에 잘 젓게 된다오. 헤엄을 잘 치는 자가 몇 번이고 되풀이하는 동안에 잘 젓게 된다는 건 물에 익숙해져서 물을 잊기 때문이라오. 자맥질을 잘하는 자가 배를 본 일이 없어도 곧 젓게 된다는 건 그가 못을 (육지의) 언덕처럼 여기며, 배가 뒤집혀도 수레가 언덕에서 뒷걸음치는 정도로밖에 생각하지 않기 때문이라오." 여기서 암암리에 제시되고 있는 가르침—배를 젓는 기술은 배를 젓는 연습을 통해 얻어지는 것이 아니다— 은 그 깊은 뜻을 헤아려볼 필요가 있다. 사실 도구를 통해 획득된 앎은 기술적인 앎이 아니다. 그러한 앎은 대상과 동일한 수준에 속해 있지 않다(바로 그러한 이유에서, 그 앎은 더 이상 "대상"이 아니다). 그래서 결과는 그 결과가 도래하기 이전에 이미, 즉 상황을 처리하는 가운데 또는 사물의 성향을 인식하는 가운데 탐구되어야만 한다. 왜냐하면 그렇게 해야만 우리는 원하는 결과가 자연스럽게 도출되도록 만들 수 있기 때문이다. 사실 헤엄을 잘 치는 자가 몇 번이고 되풀이하는 동안에 배를 잘 젓게 된다는 것은 그가 물{에 익숙해져서 물을 잊을 수가 있는 경지에 도달했기 때문이다. 자맥질을 잘하는 자가 배를 본 일이 없이도 곧장 배를 젓게 된다는 것은 그가 호수를 육지의 언덕처럼 여기며 배가 뒤집혀도 수레가 언덕에서 뒷걸음치는 정도로밖에 생각하지 않기 때문이다. 배라는 도구보다 물이라는 요소와 더 친밀한 관계를 맺고 있고, 물속으로 깊이 잠수하면 잠수할수록 물의 내적인 논리 또는 외형을 더 잘 파악하고 있기 때문에, 뱃사공은 자신의 도구를 사용할 때 훨씬 더 편안함을 느끼는 것이다. 여기에서 배는 앞선 이야기에서의 칼과 같다. 배를 다루는 자는 언제나 물의 성질에 순응하면서, 어느 지점을 통해 배를 저어야 하는지를 찾아낸다.

호수를 건너며 뱃사공은 한쪽에서는 소용돌이치는 심연과 마주치고, 다른 쪽에서는 현기증이 날 정도로 높은 폭포와도 마주친다. 이것은 백정의 칼날이 매우 어지럽게 얽혀 있는 소의 부위들과 마주쳤을 때와 같은, 극복하기 힘들어 보이는 [외견상] 것에 대한 또 다른 비유이다. 공자가 여량呂梁이라는 곳에 여행을 했다. [거기에는] 삼십 길의 폭포수와 사십 리까지 뻗친 급류가 있어서, 어떠한 물고기도 자라도 헤엄칠 수 없는 곳이었다(19장, 곽경번 판, p.656). [그런데 그런 급류에서] 한 사나이가 헤엄치고 있는 것을 보고, [공자는] 뭔가 괴로움이 있어 죽으려고 뛰어든 것이라 생각하고 제자를 시켜 물길을 따라가 그를 건져주라고 했다. 몇백 걸음을 [따라가 보니 [사나이는 물에서 나와] 머리를 풀어 헤친 채 노래를 부르며 둑 밑에 쉬고 있었다. 공자는 따라가서 물었다. "나는 당신이 귀신인가 했는데, 잘 살펴보니 사람이었소. 한마디 묻겠는데, 물에서 헤엄치는 데도 도가 있는 것입니까?" [사나이가] "없소. 내게 도란 없고, 평소에 늘 익히는 것으로 시작해 본성에 따라 나아지게 하고 천명天命에 따라 이루어지게 한 것입니다"라고 대답했다. "나는 물의 도를 따를 뿐, 나 자신만의 헤엄침의 도를 갖고 있지 않습니다. 내가 나 자신만의 도를 소유하고 있지 않다면, 그것은 내가 물의 흐름에 순응하면서 물의 도와 혼연일체가 되었기 때문입니다. 나는 소용돌이와 함께 물속으로 들어가고, 솟는 물과 더불어 물위로 나오며 물길을 따라갑니다. 그러니 나는 물결을 타기 위해, 좁은 판때기조차 필요로 하지 않지요." 그 사나이는 물살의 흐름을 통해 숨을 들이마시고 내뱉고 있는 것이다. 물살의 노약에 몸을 내맡겼기 때문에 그는 아무런 저항을 받지 않고 피해도 입지 않는 것이다. 이러한 경우에 헤엄침의 방법 또는 도에 대해 말한다는 것은 그가 아직 도와 완전히 일치한 경지에 도달한 것이 아님을 의미한다. 왜냐하면 그것은 대상과 자신을 분리시키고 대상에 대해 조작하는 개인, 그럼으로써 자신에게만 멈춰 있는 개인의 단계를 나타낼 뿐이기 때문이다. 사실 여기에서는 자신의 "대상"에 대해 대좌하고 있는 주체(자율적이고 주도권을 지닌 주체)가 형성될 수 있는 어떠한 틈도 나타나지 않는다. 배로부터 물의 흐름에 이르기까지, 도구는 요소가 된다. 뱃사공은 배를 다루고 조종해야 하는 것이 아니라, 그저 배를 흘러가게만 하면 된다. 내가 대상의 운행 방식과 완전히 하나가 되는 이러한 궁극의 단계에서는, "그것이 어떻게 그렇게 되는지에 대해 나는 전혀 깨닫지 못하는 가운데, 그렇게 되는 것이다". 그것은 필연적으로 그렇게 된다. 즉, 그것은 "자연스럽게" 될 뿐만 아니라, "명[天命]"이 되는 것이다. 우리가 물 안에 있는 이 헤엄치는 자를 따라가듯이, 우리는 땅 위에 있는 무용수를 따라가 볼 수 있다. 무용수는 완벽하게 춤을 추는데, 그 이유는 그의 모든 동작들이 마치 "명"에 따라 행해지듯 —장자에서 매우 적절하게 언급되고 있는 것처럼— 부지불식간에 이루어지기 때문이다. 무용수는 그를 이끄는 이러한 춤의 운행성에 내재해 있는 순수 논리가 자신의 온몸을 관통해 스며들어 있음을 알아차린다. 그래서 그는 몸과 정신 사이에서 어떠한 분리나 분열도 더 이상 느끼지 않게 된다.

　오직 이러한 점진적 귀납을 통해, 즉 행위가 더 이상 의도적으로 행해지지 않고 과정 자체가 망각될 정도로 기술과의 동화가 이루어짐을 통해 완전성을 실현할 수 있는 길은 에너지를 소모하지 않는 길이다. "도공 공수工倕가 [도면을 그리며] 줄을 그으면 그림쇠나 곱자보다도 뛰어났다.

[그의] 손이 그림쇠와 곱자와 함께 변화하므로(움직이므로) 마음에 생각 따위가 깃들지 않는다. 그래서 마음은 하나가 되어 막히지 않는다"(19장, 곽경번 판, p.662). 여기에서 물질적인 것을 초월해 얻고자 하는 결과를 자연스럽게(완벽하게) 실현시키는 이 정신세계의 경지가 "마음-정신"을 온통 쏟아붓는 행위로부터 구별되고, 더 나아가 대립된다는 사실의 증거가 다시금 주어진다. "발을 잊는 것은 신이 꼭 맞기 때문이고, 허리를 잊는 것은 띠가 꼭 맞기 때문이다. 시비를 잊는 것은 마음이 [자연스러움에] 알맞기 때문이다. 마음이 변동하지 않고 외물을 따르지 않는 것은 스스로의 처지에 편히 있으며, 거기에 알맞기 때문이다"(19장, 곽경번 판, p.662). 알맞음이 과정 그 자체로부터 나오고 의도된 것이 아니듯이, 이러한 알맞음은 완벽하게 되어, 그 알맞음 자체도 잊은 참된 자적自適의 경지에 이르고 그 결과 아무런 노력을 기울일 필요가 없게 된다. 반면에 이런 알맞음이 외적인 것에 의해 강요될 때 ─이 "외적인 것"이 다른 사람의 명령이든지 자기 스스로가 정한 명령이든지 간에─ 그리고 이것을 닮아야 할 모델로 설정하거나 실천의 목표로 놓았을 때, 이러한 알맞음에 도달하기 위해서는 엄청난 노력을 기울여야만 한다. 같은 장(여러 갈래로 나뉘고 서로 연결 또는 대조되는 이야기들의 조합을 통해 구성된)의 앞선 일화 속에서, 장공井公은 "나아가고 물러감이 먹줄을 친 듯이 곧고, 좌우로 돌면 그림쇠로 그린 듯이 둥글게 말과 마차를 모는 동야직東野稷의 신기神技를 목도하게 된다(19장, 곽경번 판, p.660). 그러나 말을 천의 무늬만큼이나 반듯하게 논두렁길로 선회시키는 것을 보고, [장공의 신하인] 안합顔闔은 말이 곧 쓰러지리라는 사실을 쉽게 예견한다. 결국 문제(유일한 문제)가 되는 것은 언제나 생명력의 보존이다. 그런데 일정한 목표의 추구와

궁극적 목적 —그것이 행복일지라도— 에 대한 탐구, 이 모든 것들은 생명력을 소진시키게 된다.

9

행복의 굴레를 넘어서

1

내가 철학하는 동료들과 토론하면서 가장 다루기 어려웠던 주제는 행복에 관한 것이었다. 그들은 말에 의하며, 행복은 분명히 모든 인간들의 관심사이다. 이 점에 관해서는 이견이 있을 수 없다. 서양 철학에 따르면, 우리는 행복 속에서 모든 인간성의 근원에 도달한다. 우리는 서양 철학에서 요구하는 진리가 먼 조상 때부터 대대로 존재에 대한 사유와 연결되어 있고, 계시에 대한 기다림에 종속되어 있음을 잘 안다. 우리는 바로 그러한 진리가 궁극적으로 정신의 출현과 형성 속에서, 당당하면서도 독특한 모습을 취하기를 바란다. 우리는 또한 이성이 논증적 기능 —수학과 철학이 인접된 영역 안에서 배양된— 속에서, 서구 지성사의 특징을 나타내고 있음을 인정할 것이다. 그럼에도 행복은 모든 사람들이 도달하기를 원하는 보편적 목적으로서 주어진다. 사실 "행복을 원하지 않는 사람이 어디 있겠는가?" 물론 많은 사람들이 행복의 내용에 대해서는 서로 견해가 다르다는 것은 아리스토텔레스 이후 늘 반복적으로 언급되어왔다. 그러나 그러한 사실이 행복이 지닌 규범적 이념의 위상을 축소시키는 것은 아니다. 그리하여 어디에선가 행복의 관념이 적어도 암시적으로나마 발달하지 않은 곳이 있다고 상정하는 것은 그 문제에 대해 진지하게 다루지 않는 문화주의적 허구인바, 나는 독자들이 이러한 허구에 대해 진지하게 생각해볼 것을 권하지 않는다. 따라서 독자들은 내가 이러한 점에 대해 말하는 바를 소홀히 할 수도 있다.

그런데 내가 보기에, 행복에 대한 사유는 생각을 고정화하는 현상(분석적 의미에서, 우리는 행복에 대한 사유에 멈춰 서서, 더 이상 논의를 진행시키지 않는다)으로부터 발생한 것이다. 행복에 대해 사유한다는 것은 하나의 개념을 형성하는 것인바, 이 개념은 둘 중 어느 하나를 선택하는 것이 아니고, 적어도 그 무엇에 반대되는(불행에 반대되는 행복) 것이다. 그것은 하나의 단절, 아니면 어떠한 경우든 하나의 분리(추구와 만족 사이)를 암시하고 있다. 그리고 그것은 특히 결정적으로 궁극적 목적성에 대한 사유의 바탕 위에서 성립한다(행복은 우리가 항상 말해왔듯이 최상의 목적이다). 중국적 사유는 우리를 행복에 대한 요구 자체로부터 해방시킬 정도로 이러한 응고된 관념들을 완전히 용해시킨다. 그리고 중국적 사유는 또한, 내가 고백컨대, 우리 자신의 정신 안에서 우리가 그 중국적 사유와 더 친근해지도록 만들어준다. "양생"은 행복의 가능성과는 다른 가능성을 열어주는데, 그 이유는 기른다는 것이 무엇인가를 추구하고 포착하려는 논리와 거리를 두었을 때 비로소 발달되는 정련-변형의 논리에 달려 있기 때문이다. 앞서 살펴보았듯이, 우리는 백정의 칼과 같이 날카롭게 단련된 능력을 통해 "가장 훌륭한 상태"에 도달한다고 해서, "행복해지는" 것은 아니다. 여기에서 우리는 두 가지 관점과 마주치게 되는데, 그 두 관점이 지닌 의미들은 서로 교차되지 않는다. 예를 들어, "요즈음 어떻게 지내?"라고 친근하게 묻는 친구의 질문에, 왜 그러한지 아무런 설명을 할 필요도 없이 그저 단순히 "그럭저럭 지내지 뭐!"라고 답할 때, 우리는 그 대화에서 두 사람 사이에 암묵적인 동의가 작용하고 있음을 알 수 있다. 여기에는 지나가는 길에 관례로 안부를 물음의 논리 또는 "서로 편하게 삶"의 논리가 대화의 바탕에 깔려 있어서, 우리는 굳이 그 이유를 명시할 필요가 없다. 왜냐하면 우리는 사람들 사이에 그러한 안부를 묻는 의미가 무엇인지를 이미 서로 알고 있기 때문이다. 이러한 은밀한 확인은 삶의 세계로 슬며시 들어가게 해주는 패스워드처럼 일상생활 속에서 우리의 살아 있음을 표시해주고 느끼게 해준다. 그러한 대화는 그 의도를 흡수하고 있기 때문에, 그 자체만으로도 충분히 뜻을 전달해준다. 따라서 군더더기를 덧붙이는 것은 오히려 그 인사말의 본래 의도를 깨뜨리는 것이 될 것이다. 마찬가지로 "행복"에 대해서 왈가왈부하는 것은 오히려 행복을 파멸시키는 것이 될 것이다. 그러한 왈가왈부는 우리의 귀에 거슬리게 들리고 심지어 조야한 것으로 느껴질 수도 있다.

장자는 지나가는 길에 이러한 점에 대해서 단도직입적으로 언급한다 (지나가는 길에 언급한다 함은, 장자가 이 문제를 논쟁의 대상으로 삼고 있지 않기 때문이다). "행복을 추구하는 자가 되지도 말고, 불행을 끌어들이는 자가 되지도 말자"(15장, 곽경번 판, p.539). 달리 말하면, 지혜의 시초는 행복과 불행 사이의 간극을 흡수해, 그 둘이 나누어지기 이전의 상태로 되돌아가 모든 것을 포용하는 하나의 전체성 안에서 그 둘을 용해시킴으로 성립하게 될 것이다. 바로 이러한 조건하에서만, 장자는 주장하길(노자와 마찬가지로), 우리는 내재성의 사유("도" 또는 발현 과정에 대한 사유) 안으로 들어갈 수 있게 될 것이다(『노자』, 18절). 사실 그 둘을 나누고 그중 하나(행복)를 중시하는 것은 동시에 다른 하나 —즉, 불행— 도 또한 강조하고, 연루시키게 된다. 마찬가지로 질서를 유지시켰다고 스스로 뽐내는 것은 이미 무질서의 가능성을 알아차리고, 그 무질서에 여지를 마련해주는 것이 된다. 이러한 의미에서, "질서"는 어떤 관점에서는 "무질서를 촉진하는 요인"이 된다(12장, 곽경번 판, p.416). 물론 그것은 질서가 그 결과로서 무질서를 끌어들이고 있기 때문이 아니다. 질서는 처음부터 [관념적으로] 무질서와 구분됨을 통해 그 의미를 부여받기 때문에, 무질서를 필요로 한다.

2

목적과 행복, 이 두 개념에 대한 결합은 서구인의 사유에 깊숙이 닻을 내리고 있어서, 그들 사유의 오랜 전통이 되었다. 이러한 결합은 그들 사유의 토양과 초석, 그리고 환경을 이루었다. 바로 이러한 결합 위에서 시작되고 끝나는 아리스토텔레스의 『니코마코스 윤리학』(I, X)은 이러한 결합을 전제할 필요가 없이 자명한 것으로 놓고 나가기 때문에, 그것의 시원으로 거슬러 올라가 보려고 하지도 않고 물음을 던지지도 않는다. 그런데 프로이트는 이러한 점에서는 아리스토텔레스를 그대로 따라가고 있기 때문에, 그러한 주제에 대해서 자신만의 독창적인 생각을 제시할 수 없음을 기꺼이 고백하고 있다. 행복에 대한 사유에 어떠한 진전도 없었다는 사실이 그러한 것을 밝혀주는 명백한 증거가 된다. 아리스토텔레스는 행복을 인간의 고유한 기능에 따라, 다시 말해, 인간의 가장 고귀한 능력인 이성의 입장에서 고찰한다(바로 그러한 이유에서, 그에게 있어 행복은 곧 관조이다). 프로이트는 이와는 반대로 쾌락의 원리에 따라 생각하기 때문에, 성적 향락을 하나의 "모델"로 삼는다(왜냐하면 우리에게 가장 생생한 만족의 경험을 제공하는 것은 바로 이 성적 향락이기 때문이다). 그럼에도 이 둘은 처음부터 본질적인 점에 대해서는 서로 일치한다. 따라서 우리는 이러한 합의의 궤도로부터 이탈하는 것 또는 이러한 과잉성(본질적 의미가 규정되었는데도 중언부언해 설명한다는 의미에서)으로부터 벗어나는 것을 상상할 수 없게 된다. 모든 기술과 노력 그리고 모든 행위와 선택은, 아리스토텔레스는 가장 일반적 의미에서 말하길, 하나의 목적을 지향하는바 그 목적은 좋음(선)이다. 그런데 이러한 목적들은 단 하나의 목적을 정점으로 하는 위계를 형성하는데, 그 정점에 있는 목적은 다른 어떠한 목적에도 종속되지 않고 그 자체로 타당하며, 자족적이고 궁극적이며 유일하다. 최상의 선은 이러한 궁극적 목적 그 자체인바, 그것의 본성에 대해서는 모든 사람이 동의 ─동의하지 않을 수 없기 때문에─ 한다. 바로 그러한 것이 "행복"이다. "이러한 행복은 가장 높은 단계에 있는 완벽한 목적처럼 보인다." 그리고 이 행복만이 자기 자신 외의 다른 것을 목적으로 삼지 않는다. 그런데 프로이트도 문화 안에서의 불편에서 이와 비슷한 전제에서 출발하며, 다른 가능한 전제로부터의 출발을 전혀 생각하지 않는다. 그러므로 우리도 인생의 목적에 대한 한결같은 질문에서부터 출발해보자. 비록 우리가 이 물음에 대해 종교적 방식으로밖에는 가장 일반적으로 대답할 수 없더라도, 적어도 우리 인생의 목적에 대해 의견의 일치를 보게 될 것이다. "이 물음에 대한 답에서 실수하는 일은 거의 없을 것이다." 사실 사람들은 "행복을 열망하기" 때문에, 행복해지기를 바라고, 행복한 상태를 계속해 유지하기를 원한다.[14] 이에 대해서는 어떠한 이의도 제기되지 않는다. 그래서 우리는 그 뜻을 자세히 음미할 수밖에 없다.[15] 단지 그 사실에 대한 수사적 표현들만이 다양해질 수 있을 것이다.

아리스토텔레스는 곧장 두 가지 형태의 목적, 즉 노작勞作의 목적과 행위의 목적을 구분한다. 첫 번째 목적은 추이적推移的이어서, 생산물(예를 들어 집)과 그 생산물을 산출해내는 작업(예를 들어 집짓기)을 구별한다. 반면에 두 번째 목적은 내재적이어서, 자기 자신 이외의 어떠한 다른 목적(시각이 지닌 목적은 단지 보는 것이다)도 갖지 않는다. 그가 이러한 구별을 했었다는 사실은 변한 적이 없다. 프로이트가 적극적 목표와 소극적 목표를 구분했고, 고통을 피함과 즐거움을 획득함(엄격한 의미에서의 행복은 이것에만 관계한다)을 구분했던 사실 또한 변한 적이 없다. 이러한 구분을 한 다음에, 아리스토텔레스와 프로이트는 모두 행복은 실현 불가능한 것임에도 불구하고, 행복에 대한 추구는 결코 포기될 수도 없고 포기되어서도 안 된다고 주장한다. 확실히 바로 이 지점에 그 둘이 공유하고 있는 부동의 공통성이 있다. 그런데 철학은 일반적으로 그러한 진부함으로부터 벗어나기 위해 많은 노력을 기울였지만, 결국은 이러한 진부함에 예외 없이 복종해왔다. 여기에서 철학은 갑자기 창의적이지 않게 된다. 사실 관조적 삶으로서 행복한 삶은 인간이 실천하기에는 지나치게 높은 곳에 있다. 왜냐하면 행복한 삶은 신들에게만 허용된 것이어서, 아리스토텔레스가 말한 유명한 표현에 따르면, 사람들 중에서는 오직 자신의 능력이 신의 경지에 오른 자에게만 가능한 것이다. 더구나 프로이트는 더 비관주의자여서, 문화적 신경쇠약증이 많이 진행된 단계 속에 있다. 그는 문명이야말로 우리의 본능을 억제함을 통해, 행복을 만들어주는 만족을 좌절시킨다고 주장한다. 그래서 우리는 행복이 지속되기를 바라지만, 우리는 우리에게만 고유한 심리적 기제들 때문에, 그 무엇과의 대비를 통해서만 그리고 부수적으로만 쾌락을 누릴 수 있을 뿐이다. 우리가 꿈꾸는 조화로운 상태와는 반대로, 즐거움은 비연속적으로만 실현될 수 있고, 심지어 더 기본적 단계에서는 오히려 그러한 비연속적으로 나타나는 부정적인 것 속에서 완성된다. 우리가 잘 알다시피, "쾌락의 원리에 따라 욕망되는 모든 상황의 지속은 단지 밋밋한 편안한 느낌만 줄 뿐이다". 어떠한 정숙함의 흔적(인간만이 지닌?)에 의해 또는 불같은 열정에 지나치게 다가가지 않기 위해, 프로이트는 그러한 열정을 끝까지 밀고 가는 것을 피하고자 했는가? 사실 프로이트는 바로 그러한 생각에서 괴테Johann Wolfgang von Goethe가 한 말 ㅡ"세상의 모든 것은 감내하게 되어 있다. 한순간의 좋았던 날들은 제외하고 말이다!"ㅡ 이 "과장된 것일 수 있음"을 환기시킨다. 그러나 프로이트는 자신이 밝혔던 것을 회피할 필요가 없었다. 왜냐하면 세상과 문명은 인간의 행복에 대립될 ㅡ사람들은 이러한 사실에 대해 한탄한다!ㅡ 뿐만 아니라, 인간은 자신이 열망하는 행복을 갈망하지도 않고, 심지어 그러한 사실을 인정하려고조차 하지 않기 때문이다.

서구의 사유가 행복의 관념을 발현 과정의 흐름으로부터 따로 떼어내어, 그 관념을 전형적인 욕망의 대상으로 상정하면서도 동시에 그 대상을 도달할 수 없는 것 또는 ―더 심하게는― 본질적으로 유지 불가능한 것으로 간주하는 순간(삶은 흘러가는 것이고 행복은 영원한 것이다, 이 두 논리는 서로 대립된다), 서구의 사유는 모순적 개념 체계 속에 갇히게 되었고, 바로 그러한 체계 속에서 쉽사리 "존재"를 다양하게 극화醜化시킬 수 있었음이 분명하다. 사실 이러한 서구적 사유는 더 이상 끊임없이 흐르는 일상생활 속에 부지불식간에 스며들어 있는 삶, 즉 가장 간결하고 친밀하게 주고받는 인사말 ―그 의미를 파악하기 위해 주의를 기울일 필요가 없는― 속에서 나타나는 "삶"을 반영하지 못하고 있다. 반면에 서구적 사유는 삶의 장면 연출과 이론적 도식화(끊임없이 철학을 갱신시켜온)를 증식시키는 데 주력해, 각 시대의 이념적 요소들과 관련시킴을 통해 이러한 난점으로부터 빠져나오는 길을 구축하게 되었다. 이러한 길은 동시에 힘을 얻는 길이기도 한데, 그 이유는 그러한 긴장이 서구의 역사와 사유를 추동시켜왔기 때문이다. 서구에서, 각각의 새로운 세대는 끊임없이 일종의 "혁명"을 통해 행복을 새롭게 ―진솔하게 또는 관대하게― 정복하고자 노력해왔다. 서구의 문학에 끊임없이 영감을 불어넣어 준 것도 바로 이러한 행복의 관념이다. 그중에서도 특히 소설은 이러한 모순에서 가장 심오한 의미를 천착해내고, 그 모순으로부터 부단히 비장감을 창출해내는 작업을 통해 발달되지 않았던가?

　그런데 나는 이상하게도 서구의 사유가 행복과 관련된 좀 더 넓은 층위의 궁극적 목적성으로부터 유리될 수 있음을 발견하게 된다. 예를 들어, 자연철학은 이러한 사유로부터 거리를 두고 유리되었기 때문에 발달할 수 있었다. 르네상스기에 기계론적 물리학이, 더 최근에 와서는 역사철학(낙원에 대한 기대, 천국과 지상 세계의 법열적 화해에 대한 기대를 포기하고)이 발달할 수 있었던 것도 바로 이러한 이유 때문이다. 그러나 좀 더 친밀하고 근본적인 것에 대한 분석은 목적 탐구의 사명감에 고착되어 있는바, 그러한 사명감은 심리학적 설명 속에서 끊임없이 반복된다. 예를 들어, 우리는 프로이트가 영혼과 신체 사이의 경계 개념인 충동 내지 본능을 무엇보다도 우선적으로 "목적"과 관련지어 이해했던 사실에 대해 무엇을 생각할 수 있을까? 만족은 자극의 내부적 원천이 겨냥하고 있는 목적에 상응해 일어난 변형을 통해서만 얻을 수 있다. 마찬가지 이유에서, "자극을 회피하는 것이 근육운동의 목적이다".[16] 충동의 "부추기는" 특성과 신체의 자극으로부터 오는 충동의 "원천"은 별도로 치더라도, "충동"은 아리스토텔레스의 도식 안에서 논의되는 기술이나 행위처럼 여기에서 전적으로 충동이 지향하고 있는 목적에 의해 규정된다. 충동의 대상 그 자체는 "그 속에서 그리고 그것에 의해서만 충동이 자신의 목적을 달성할 수 있는 바"일 뿐이다. 아리스토텔레스에게 있어서와 마찬가지로, 여기에서 우리는 충동의 궁극적 목적 —불변적이라고 언급될 수 있는 목적— 에 이르는, 근접 목적과 매개적 목적으로 이루어진 위계를 발견하게 된다. 이렇게 목적의 관념이 이러한 충동의 개념(생명적인 것 안에 가장 깊게 뿌리박혀 있는 심리적 관념)과 이상적 목적으로 상정된 행복에 대한 숭배 사이에 논리적 연쇄 작용과 연결 고리가 존재함을 확보시켜준다고 해도, 나는 여기에서 목표에 대한 가정과 그 총체적 구조물이 놀라울 정도로 추상적임을 발견하게 된다. 거기에는 "어떤 것을 겨냥하고" "갈망하는" 아리스토텔레스적인 본성과 놀랄 만한 유사성이 존재한다. 왜냐하면 아리스토텔레스적인 본성은 심리적 수준에서의 신체적 자극에 대한 "표상"으로서의 충동과 이원론적 개념 쌍을 이루고 있기 때문이다.

사실 나는 창발적 운행 과정의 관념이 철학사 안에서 진정으로 하나의 획을 그을 수 있게 만든 것은 목적의 관념을 요구하지 않았다는 사실에 있다고 생각한다. 그러한 과정은 어떠한 것도 겨냥하지 않고, 그 과정의 전개를 이끌어갈 어떠한 목적을 향해 나아가지도 않는다(이러한 점에서, 그것은 아리스토텔레스의 가능태적 존재와 근본적으로 구분된다). 그것은 단지 자신에 대한 조절을 통해 유지될 뿐이다. 창발적 운행 과정은 계속되고, 지속될 뿐이다. 이것은 어떤 사람이 죽었을 때, 우리가 흔히 상주에게 어떠한 위로의 말도 더 이상 필요가 없다고 느끼게 되면, 단지 "돌아가신 분은 돌아가신 거고, 남은 사람이라도 살아야지요. 그래도 삶은 여전히 계속되는 것이니까요"라고 말하는 것과 같다. 그러나 그 과정은 다른 한편으로 제어되지 않고, 장애물에 부딪치며 궤도를 벗어나 사라질 수도 있다. 달리 말하면, 그 과정은 어떠한 목표를 향해 나 자신을 이끌어가는 것이 아니라, 도달할 뿐이고, 그 결과에 따라 평가될 뿐이다. 바로 이러한 이유에서, 헤겔Georg Wilhelm Friedrich Hegel은 삶에 대해 사유하기 위해서는 과정으로서의 삶이라는 범주로 되돌아갈 수밖에 없다고 말했던 것이다.[17] 서구의 사상가들이 궁극적 목적성을 다시 끌어들인 것(과정에 대한 사유를 발전시킨 것도 이들이다. 헤겔이나 프로이트도 이러한 점에서는 그들과 동일하다고 할 수 있다)도 이와 똑같은 이유에서이다. 그래서 이들은 역사나 심리적 삶에 대한 분석에 성공했음에도 불구하고, 그러한 분석으로부터 빠져나와 건축물과 같이 체계적이고 그 체계를 정당화하는 형이상학적 도식 속으로 다시 정착하게 된 것이다.

3

　따라서 중국적 사유가 왜 궁극적 목적에 대한 관념을 거의 발전시키지 않았고, 그 결과로 행복에 대한 관념도 명확하게 밝히지 않았는지 그이유를 이해하는 것은 우리에게 많은 점을 가르쳐줄 것으로 생각된다. 도대체 중국적 사유는 어떠한 이유에서 이러한 행복의 관념에 별로 관심을 기울이지 않았을까? 하나의 관념이 발달하지 못함은 아마도 지성사 속에서 중요한 사건으로 간주될 수 있다. 물론 나는 그러한 이유를 밝혀낸다는 것이 지성적 초점을 맞추어야(눈의 초점을 대상에 맞추어 조절하는 것과 같은) 하는 가장 어려운 작업들 가운데 하나임을 잘 알고 있다. 왜냐하면 그러한 작업은, 궁극적 목적의 관념이 서구의 맥락 속에서 투사시키고 있는 기대로부터 벗어날 것을 요구하기 때문이다. 그러한 작업은 인내와 반추를[지성의 노력이 아닌] —우리의 관념적 건축물 전체를받치고 있는 주춧돌을 빼내서 재구축할 때까지— 계속해야만 한다. 그렇게할 때만이, 우리는 중국적 지혜 —특히 전략으로서의 지혜— 의 정합성 안으로 들어갈 수 있게 될 것이다. 왜냐하면 중국에서는 전략조차도 목적에 의해 인도되지 않기 때문이다. 고대 중국의 장군이 하나의 확정된 전투 목표만을 고집하지 않는 이유가 적군의 사정을 끊임없이 염탐함으로써 가능한 한 최대로 아군에 "유리한利" 상황을 만들기 위함임을 이해하게 될 때에만, 여러분은 고대 중국의 **병법술**에 대한 사유 속으로 들어갈수 있을 것이다. 사실 이 병법의 핵심은 상황에 따라 유연하게 작전을변경해 적의 잠재력을 전복시키는 데 있다. 적의 잠재력을 전복시키는것은 만약 적이 "안정된 상태"에 있을 때는 적을 "불안한 상태에 처하도록" 만들고, 적이 "단결심으로 뭉쳐 있을" 경우에는 적의 "단결심을 교란시키는" 작전을 펼치는 것을 의미한다. 또한 만약에 적들이 식량이 충분해 "배부른" 상태에 있으면, 보급로를 차단해 "적들이 배고프도록" 만드는 작전을 펼쳐야 함을 의미한다. 요약하자면, 상황에 따라 그때그때 알맞은 작전을 유연하게 사용해 적이 괴멸 직전 또는 전열 와해의 상태에 처하도록 만들어, 마침내 전투를 개시할 때쯤에는 이미 패배의 상태에 있도록 해야 한다. 사실 승리는 목적이 아니라, 마치 익은 과일이 떨어지는 것처럼, 결과의 성질을 가진 것이다. 통사론적 관점에서 볼 때, 중국적 사유가 중시하는 관계는 일반적으로 연관 관계이다[즉則("따라서"), 이而("그리하여") 등]. 중국어는 그리스어와 달리, 명사의 격格과 전치사들을 연결해 목적성의 폭을 넓혀주는 통사론적 용법을 갖고 있지 않다. 마찬가지로 관념적 관점에서 볼 때, 중국적 사유는 과녁과 그 중심을 맞춤[中]의 관념에 친숙하다. 중국적 사유는 또한 도식과 지도[圖][18]의 관념에도 친숙하다. 그래서 중국적 사유는 때로는 행위의 목표물의 관념(특히 법가 사상의 "적的"이라는 관념)에 호소하기도 한다. 그럼에도 중국적 사유는 이러한 관념들을 하나의 정합성 속에서 체계화해줄 설명적 개념들로 발전시키지는 못했다.[19]

이에 대한 증거는 서구적 의미의 "목적"을 현대 중국어로는 목적目的 또는 목표目標로 번역할 수밖에 없다는 사실 속에서 발견된다. 그리하여 그리스인이 전념했던 궁극적 목적telos 대신에, 중국적 사유는 **조화를 이룰** 것을 강조했다. 그 이유는 그러한 조화가 특정한 목적을 실현하기 위해 그것에 매달리는 것이 아니라, 의도한 목표 자체는 잊어버리더라도 좋은 결과를 도출해낼 수 있는 능력에 의해 비로소 얻을 수 있는 것이기 때문이다. "우리가 발에 대해 잊게 만들 정도로 편한 신발의 능력은 신발의 적합함이고, 우리가 허리를 잊게 만들 정도로 편한 허리띠의 능력은 허리띠의 적합함이다. …… 적합함만 느껴지고, 더 이상 부적합함이 느껴지지 않게 되면, 우리는 적합함 자체마저 잊는 경지에 다다르게 된다"(19장, 곽경번 판, p.662). 목적지의 관념 대신에, 장자는 "자유로운 떠돌기[遊]"의 관념을 주장하는바, 이 관념은 어느 항구로 가야 할지조차 정하지 않고 그곳에 반드시 도달하기 위해 안달함 없이 편안한 마음으로 그저 자기가 원하는 대로 배를 저어감을 의미한다. 그렇지만 우리 인간에게는 혹시 그 무엇을 향해 도달하려는 열망 내지는 의지가 있지 않을까? 『장자』에서 우리는 공자의 다음과 같은 말을 들을 수 있다. "물고기들은 물속에서 그들끼리 헤엄치고[향하고], 인간들은 도道의 한가운데에서 그들끼리 살아간다[향한다]. 물고기들은 물속에서 그들끼리 헤엄치며 살기에 연못만 파주면 충분하다. 연못만 있으면 먹을 것은 충분하니까 말이다. 인간들 또한 도 안에서 그들끼리 잘 살아가기 때문에 분주하게 살 필요가 없다. 모든 것은 삶 자체가 결정해주니까 말이다"(6장, 곽경번 판, p.272). 여기에서 우리는 "~을 지향하다"(또는 하려고 한다)라는 관념이 우리 안에 흡수되어, 그 행선지 자체를 잊어버리게 됨을 본다. 어디를 향해 감은 "사이 속으로 감"을 의미한다(고정된 방향으로 가는 향向은 근심 걱정 없이 거닐음으로 대체된다). 비록 도道가 어떠한 특정한 곳(진리, 지혜 등)으로 이끌어주는 길로서 간주되지 않는다고 하더라도, 인간들은 이러한 계속되는 길 한가운데에서 헤엄치고, 그 속에서 "물 안의 물고기들"처럼 편히 노닐게 된다. 이미지의 진부성은 서구어에서와 마찬가지로 중국어에서도 특정의 고정적으로 인식함의 틀에서 벗어나게 하는 힘을 강하게 지니고 있다. 이 진부성은 여기에서 우리가 더 이상 어떤 목적을 실현하기 위해 애쓰지 않고, 그러한 목적들로부터 자유로운 삶을 영위하게 되면, 우리의 삶 그 자체가 저절로 충분히 흘러가는 것임을 나타내주고 있다. 삶은 장애물의 구속에서 벗어나게 되는 순간부터, 그 자체 안에 생명력을 끌어들이고 고무시킬 수 있는 능력이 충분해져 소정의 결과가 끊임없이 그리고 지속적으로 풍부하게 나타나게 된다. 그렇게 되면, 우리는 결과를 먼 미래에 투사시키거나(이러한 일에는 부단한 노력이 필요하다), 그것을 목적 속에 고정시킬 필요가 없게 된다.

궁극적 목적성을 결과의 논리 속에 흡수시켜버림은 행복의 관념을 축소시키게 된다. 사실 우리는 중국의 가장 오래된 사유 속에서 하늘 또는 조상들로부터 오는 은혜의 형태로서 복福의 관념을 발견할 수 있다. 그러나 아무리 복이 "무한할 수" 있고 고관대작의 직위와 함께 가야 하는 것이라 할지라도, 그것은 본래 물질적인 성격을 띠고 있고, 사회적 지위와 명예 또는 번성 속에서 그 가치가 드러난다(『시경』의 복福과 녹祿, 휴休의 관념). 사람들이 새해 설날 다른 이들에게 축하해주는 인사도 또한 바로 이러한 복에 관한 것이다. "돈 많이 버시고, 자식 많이 낳으세요!"라는 인사말에서 볼 수 있듯이 말이다. 이런 의미에서의 복은 그리스어 에우다이모니아eudaimonia의 본래적 의미 ―신이 하사해준 "좋은 몫" 또는 "좋은 수호신"― 와 매우 비슷하다. 여기에서 우리는 서로 다른 문명들 간의 차이가 그 희미한 기원에 있어서뿐만 아니라, 이론적 갈라짐 ―사유가 자기 자신에 대해 성찰해보고, 구축해낸 이론을 통해 그 갈라짐은 정당화한다― 속에서도 발견되지 않는다는 사실을 또다시 목도하게 된다. 사실 그리스에서는 행복에 대한 사유가 외부의 초월적 힘들에 의해 주어지는 복의 개념으로부터 벗어나는 방향으로 나아갔기 때문에, 복을 얻을 수 있는 디딤돌을 "영혼"에 대한 심층적 탐구 속에서 찾게 되었다. 헤라클레이토스Heraclitus에 따르면, 모든 사람에게는 자신을 행복하게 또는 불행하게 만드는 자신만의 "정령"이 있는데, 이 정령이야말로 그 사람의 고유한 성품이자 에토스이다.[20] 데모크리토스Democritos에 따르면, 행복은 "가축 떼나 금 안에 있는 것"이 아니다. 영혼이야말로 행복이 거처하는 "숙소"[21]이다. 반면 플라톤에게, 행복이란 관념은 영혼의 여러 부분들의 조합과 궁극적 목적의 반석 위에서 관조theoria와의 동화를 통해 형성된다. 그 이후 그리스인은 이 행복이야말로 보편적 목적이라는 믿음을 고수해왔는데, 그 이유는 인간이 궁극적으로 행복하게 되는 것 이외의 것을 지향할 수 없는 존재이기 때문이다. 사실 인간은 "그 무엇을 지향할 수"밖에 없는 존재이다(『니코마코스 윤리학』도 소유격의 지배를 받는 그리스어 ephiesthai로부터 시작된다). 그런데 서구인은 그러한 사유를 따랐었는가? 그리스인은 이러한 자명한 이치를 서구인들의 정신에 철저하게 불어넣었다. 바로 이 같은 이유 때문에, 서구인들은 이러한 행복의 관념에 대한 **실존론적 구축**이 얼마나 특수한 통사론에 연결되어 있는지를 자각하지 못하고 있는 것이다. 행복의 관념을 어떠한 행위에 할당하고, 어떠한 목적에 종속시켜야 될지를 결정하는 통사론은 여기에서 그러한 관념의 원천이 된다. 고대 중국어의 구조는 경구적 표현(사자성어와 같은)을 선호하고 통사적 성향이 약하지만, 극성(음과 양)에 기초한 병행 관계의 효과를 풍부히 활용할 수 있기 때문에, 그 양 극항을 서로 연관시키고 번갈아 나타나도록 함으로써 창발적 과정의 끊임없는 다양함을 그리고 단 하나뿐인 생명력의 전개 과정을 표현하기에 용이하다.

4

그럼에도 문제는 단순히 행복과 연관되는 관념들을 두루 탐구해보는 것만으로 해결될 수는 없다. 그 물음은 여러 갈래로 나누어지고, 사유의 심연 속으로 깊게 뻗어 있는 틈들을 만들어낸다. 우리는 궁극적 목적이라는 버팀목 없이도 인간적 이상들을 구축할 수 있을까? 『장자』는 세상을 등진 금욕주의자로부터 장생술을 연마하는 도사에 이르기까지, 여러 다양한 이상들을 검토하고 있다. 어떤 사람들은 "자신의 행위를 고양시키기 위해 정신을 수양한다". 이들은 세상으로부터 멀리 떨어진 곳에서 기이한 습관에 따라 살며, 원칙을 고수한다는 미명 아래 세상을 한탄하고 비난한다. 이 산천의 도사들이 전념하는 것은 "고행을 정진하는 것" 또는 "무릉도원 속에 침잠하는 것"이다. 반면에 어떤 사람들은 "인성"이나 "공정성" 그리고 모든 도덕적인 덕들에 대해 다루면서, 자신들의 인격 완성에 정진한다. 이들이 전념하고자 한 것은 천하의 태평성대를 위해 "방문한 각 나라의 궁정에서 또는 자신들이 세운 학교에서 가르치는 일"이다. 또한 어떤 사람들은 "위대한 업적에 대해 말하고, 자신들의 명성을 얻기"를 원한다. 이러한 사람들은 군신지간에 지켜야 할 예법을 명시하고, 양반과 천민을 막론하고 사람이라면 누구라도 실천해야 할 올바른 행위가 무엇인지를 제시해준다. 궁중 출입이 잦은 이 사람들이 중요하게 생각한 일은 "세상에 질서가 군림하도록 하는 것"이고, "군왕의 명예를 드높이고 그의 나라를 굳건하게 만들어주는 것"이다. 어떤 사람들은 "산천과 호수를 드나들며" 낚시로 소일하는 무위자연의 삶 속에서 고독을 즐긴다. 이 "산천과 호수를 드나드는 사람들"이 중요하게 여기는 것은 바로 "한가함을 즐기는 것"이다. 마지막으로 어떤 사람들은 장수하기 위해, 복식호흡에 전념하고 다양한 기공들을 연마한다. 이들이 중시하는 일은 "자신의 신체적 외형을 보살피고", "팽조彭祖와 같이 젊음을 유지하며 늙어가는 것"이다(15장, 곽경번 판, p.535).

  이상적 삶들에 대한 이러한 검토 속에서, 우리는 우선 위대한 두 이상형 ─철학자와 종교인─ 이 결여되어 있음을 알아차리게 된다. 여기에서는 앎에 대한 욕망도 신비적 소명도 고려되지 않고 있다. 따라서 관조나 관조적 삶은 전혀 언급되지 않고 있는 것이다. 그다음으로 우리는 이러한 이상적 삶들이 위계화하지 않고, 어떠한 열망도 다른 열망을 능가하거나 지배함 없이, 서로 대등하게 제시되고 있음을 알게 된다. 우리는 특히 마지막에 제시된 두 형태의 삶들 ─일반적으로 도가적 전통이 권장하는 아무런 근심 없는 무위자연의 삶과 불로장생의 삶─ 도 우선시되지 않고 있음을 눈치채게 된다. 이상적 삶은 다른 종류의 삶으로부터 벗어나거나 초월하는 것이 아니다. 그러한 삶은 우리가 평생 동안 지향해야 할 유일한 궁극으로서의 좀 더 높은 목적을 향해 가는 삶이 아니다. 하나의 궁극적 목적에 도달하기 위해 우리가 향해야 할 여러 세부적 목적들에 대한 구축이 없는 것이다. 그렇다면 이러한 일련의 이상형들 속에서 현자가 차지할 자리는 어디에 있는가? 현자는 그를 다른 이상형들과 구별시켜줄 특징을 부여하는 어떠한 특수한 자리도 차지하고 있지 않다. 게다가 현자는 또한 여기에서 언급된 여러 이상형의 외부에 있는 다른 어떠한 자리도 차지하고 있지 않다. 『장자』는 이 일련의 이상형들을 다시 취해 각각의 이상형에서 얻을 수 있는 이점들을 체계적으로 정리하면서도, 그 어떠한 이상형도 목적으로 삼아서는 안 된다고 설파한다. 그렇게 함으로써 『장자』는 목적성의 논리로부터 결과의 논리로 넘어간다. 현자에 대해서는 다음과 같이 말한다. "정신을 수양하지 않아도, 현자의 삶은 고양된다. 도덕에 대해 연마하지 않아도, 그는 완벽하게 된다. 위대한 업적을 수행하지 않아도, 그는 세상에 질서가 군림하게 만든다. 강가 또는 바닷가에 살지 않아도, 그는 한가로움을 즐길 수 있다. 애써서 호흡법을 연마하지 않아도, 그는 불로장생의 삶을 누리게 된다"(15장, 곽경번 판, p.535). 그는 이 모든 가능성들의 혜택을 동시에 누리며, 얻고자 하는 결과를 열망하지 않고도 그 결과를 누릴 수 있다. 그는 어떠한 결과도 목표로 하지 않기 때문에, 그 결과의 불완전성에 의해 제약을 받지 않는다. 문제 해결은 노력의 종합에 의해서가 아니라, 단념에 의해서 이루어진다. 그리하여 그는 노력을 기울이지 않아도, 소기의 목적을 달성할 수 있게 된다. "이 모든 것들 중에서 그가 포기하지 않은 것은 하나도 없다. 그렇지만 그가 이것들 중에서 취하지 않은 것도 하나도 없다."

사실 "훌륭한 덕을 지닌 사람"은 덕을 지니려고 노력하지 않는데, 그 이유는 그러한 사람은 이미 충분한 덕을 지니고 있기 때문이다(반면에 덕을 지니지 못한 사람은 끊임없이 덕을 지니려고 노력하는데, 그 이유는 그러한 사람은 언제나 덕을 지니지 못하고 있기 때문이다, 『노자』, 38절; 이 책의 3장 참조). 마찬가지로 여기에서 현자가 덕인이 되겠다는 목표를 세우지 않는 것은 그가 이미 충분한 덕을 갖춘 결과를 얻었기 때문이다. "그는 담백하고 초월해 있기 때문에, 어느 한쪽으로 치우치거나 빠져들지 않는다. 바로 그러한 이유에서 그의 길은 끝이 없고, 모든 선들이 그를 따르게 되는 것이다." 반면에 다른 모든 사람들이 똑같이 저지르는 잘못은 "그 무엇에 집착하는 것"이다. 그들은 처음부터 우선적인 것을 선택함으로써 가능성의 영역을 축소시킨다. 게다가 이러한 집착은, 특히 결과가 저절로 발생할 수 있도록 만드는 능력을 감소시키는 위축과 고착을 유발시킨다. 결과를 목표로 삼지 않음만이 그 결과를 풍부히 흘러나오게 할 수 있다. 즉, 결과가 저절로 산출되도록 만들 수 있게 말이다. 행복한 근심 없는 상태를 즐기기 위해 근심을 없애려 하고, 한가로움을 얻으려고 집착해서는 안 된다. 불로장생의 상태에 자연스럽게 도달하기 위해, 불로장생의 삶을 억지로 실천하려고 노력하는 것(정신의 휴식을 취하기 위해 그러한 휴식의 기회를 학수고대하는 것처럼)이 소용없듯이 말이다. 사실 근심 없는 행복한 상태 자체를 추구 대상으로 삼아(삶의 모든 것으로부터 그것을 하나의 "대상"으로 따로 떼어내어) 목표로 설정하는 순간부터, 우리는 그 목표에 사로잡혀 대가를 지불해야 할 뿐만 아니라, 자신의 한계 때문에 항상 좌절하게 되는 것이다. 그렇게 되면 행복은 항상 좀 더 높은 단계 속에서 찾아지기 때문에, 결국 도달할 수 없는 것이 된다. 또는 그렇지 않으면 행복은 붙잡을 수 없는 것이 될 텐데, 그 이유는 행복을 붙잡음 자체가 아직 더 욕망을 부추길 수 있는 능력으로서의 목적이 지닌 가치를 파괴해버리기 때문이다.

5

"부유浮游하다"라는 동사는 우리가 어떠한 목표에 집중하지 않고도 끊임없이 소기의 성과를 얻을 수 있는 역량을 훌륭하게 표현하고 있다. "그의 삶은 부유하는 것과 같고, 그의 죽음은 휴식을 취하는 것과 같다"(15장, 곽경번 판, p.539). "부유하다"는 여기에서 일시적인 것이나 비항존성의 위협을 나타내는 것이 아니고, 변덕스러움을 나타내는 것은 더욱 아니다. 이러한 의미에서의 부유하는 세계는, 인간 존재가 겪는 덧없고 흩어져버리는 고통의 매력을 포착한 우키요에(일본 판화)의 "부유하는 세계"와는 확연히 다르다. 왜냐하면 "부유하다"는 어떠한 방향으로도 향하지 않을 수 있고, 동시에 어떠한 위치 속에도 고정되지 않을 수 있는 역량을 의미하기 때문이다. 들숨과 날숨을 규칙적으로 교대시키는 호흡법의 단련을 통해 끊임없이 운동할 수 있는 상태를 유지할 수 있는 것은 그러한 움직임에 에너지를 소비하지 않고, 저항할 수 있기 때문이다. "부유하다"는 목적 지향의 사유를 박탈하고, 그리하여 궁극적 목적성에 대한 관념을 흡수해버림으로써, 행복을 향한 열망과 긴장에 거역함을 가장 잘 드러내는 동사이다. 그것은 또한 생명력을 유지하고 보살핌을 가장 잘 표현하는 동사이다. 왜냐하면 "부유하다"는 어떠한 도착지(항구)도 고정시키지 않고 어떠한 목표도 부여하지 않음으로써, 언제나 불시에 떠오르는 상태 —민활하고 가벼운 상태— 를 유지할 수 있기 때문이다. 그것은 망설임(부유함은 우유부단이 아니다)도 흔들림도 표류함(랭보 Jean-Nicolas-Arthur Rimbaud가 표현한, 안내자 없이 오지로 떠나는 모험과 같은 취기에 자신을 내맡기는 상태)도 아니다. 작은 만에 닻을 내린 채, 파도의 물결에 따라 가볍게 떠도는 배들은 풍경 전체에 활기를 불어넣는다. "부유함"이란 이렇게 가변성을 함축함으로써, 바다를 건너는 파란만장(그렇다면 죽음을 맞게 될지도 모를 위험에 맞서는 이러한 여행은 어떠한 의미를 지닐까?)에, 그리고 고착성(본질 세계의 병적인 영원성)의 마비 상태에 대립한다. "부유함"은 어디를 향해 전진하는 것도, 그렇다고 응고되어버리는 것도 아니다. 그것은 세상의 내적인 자극에 따라 저절로 움직이고, 새로이 거듭나는 것이다.

물의 본성은 물이 휘저어지지만 않으면, 맑게 되는 것이고,

물이 움직여지지만 않으면, 잔잔한 상태를 유지하는 것이다.

그러나 물이 억류되어 더 이상 흐르지 않게 되면, 그 물은 더 이상 맑을

수가 없게 된다(15장, 곽경번 판, p.544).

부유함의 의미를 확장해보면, "맑음"은 소용돌이침과 새로워지지 못함 그리고 혼란과 부패의 상태를 피함을 의미한다. 거기에는 다급함도 정체됨도 없다. 어디로 향해 감도 억류됨도 없다. 맑음은 물속에서이든 삶의 영역에서이든, 고요한 흐름과 통행의 용이함 —이러한 흐름과 통행이 강요되지도 방해받지도 않을 때— 으로부터 나오는 것이다. "움직임이 있으나, 그 움직임은 자연적(천상적) 흐름의 움직임이다. 자신의 정신적 차원을 길러주는 길은 바로 그러한 움직임과 같은 것이다[養生]". 여기에서 "정신"은 물론 신체에 대립되는 실체를 의미하지 않고, 단지 정련을 통해 자신의 역량을 끝없이 전개시킴을 지칭한다. 우리가 이미 살펴보았듯이, 이러한 표현은 일반적으로 더 이상 소용돌이를 일으키지 않게 된 물이 새롭게 순탄하고 맑게 흐르는 것처럼, 고요함 속에서 긴장을 풀고 이완되면 자신의 기능을 온전히 되찾게 됨을 의미한다. 사실 긴장을 발생시키는 것은 바로 목표이다. 그래서 이런 목표로부터 물러나 그러한 목표를 달성시키기 위한 긴장 상태로부터 완전히 벗어나면, 우리는 장애물을 제거하고 정신을 맑게 함을 통해 삶을 지속적으로 활기차게

만들고 새로이 거듭나게 하는 생명력의 흐름에 합류할 수 있게 된다.

생명력을 양생시켜줄 내적 차원의 이완과 만족을 얻으려면, 반드시 적합점이 있어야 한다. 그렇지만 우리는 하나의 지향되는 목표와 더 이상 관계를 맺지 않게 될 이러한 적합점을 어떻게 이해할 수 있는가? 달리 말해, 부유함 속에는 어떤 종류의 적합점이 있을 수 있는가? 『장자』에 나오는 다음의 경구는 우리가 예상한 의미를 부정함으로써, 우리를 새로운 탐구의 길로 안내하게 된다. "도인은 지나친 행동을 했더라도, 후회하지 않고 적합한 행동을 했더라도, 자신이 그렇게 행동했다고 여기지 않는다"(6장, 곽경번 판, p.226). 우리는 이와 반대가 되는 답을 기대했었다. 즉, 우리는 만약에 현자가 중용을 지나치거나 목표점에 도달하지 못하면, "후회"할 것이라고 예상했었다. 이리하여 우리는 이 경구가 "중국의 현자는 모든 상황 속에서도 적합성을 유지해야 됨"을 의미하는 것이라고 잘못 해석하고 있었던 것이다. 그러나 다른 주석가들은 다음과 같이 더 강하게 해석하기도 한다. 만약에 현자가 도를 지나친 행동을 했음에도 불구하고, 후회를 하지 않는다면(또는 도에 적합한 행동을 했어도, 기뻐하지 않는다면), 그것은 바로 현자 스스로가 특정의 목표를 갖고 있지 않아서, 목표를 쟁취할 기회를 노릴 필요도 없고 따라서 실패할 위험도 없기 때문이다. 즉, 그가 적기適期라는 개념에 대한 구상 자체를 하지 않고 있기 때문에, 적합함/부적합함에 대한 구분이 더 이상 의미가 없는 것이다. 그 이유는 그가 이러한 구분을 초월했기 때문이 아니라, 그러한 구분 자체가 해체되었기 때문이다. 그는 "부유하고" 있기 때문에, 자신이 목표에 도달했는지 여부에 대해 어떠한 책임감도 느끼지 않고, 따라서 결과에 대해 비난을 받지도 칭찬을 받지도 않는다. 왜냐하면 그는 언제나 그를 움직이게 만드는 내적 자극에 응하기만 하면 되기 때문이다. 사실 이러한 내적 자극은 실질적으로 세계의 **흐름**으로부터 나오는 것이고, 현자의 새로이 거듭남에 관여하는 것이기 때문에, 그 자극이 정당한 것인지 여부에 대해 생각할 필요가 없다. [모든 자율성이 소멸된] 이러한 단계에서는, 어떠한 잘못도 어떠한 상실도 더 이상 일어나지 않는다.

> 골짜기에 일엽편주가 떠 있고, 계곡 안에 산이 있다고 상상해보자. 그러면 우리는 이 배와 산이 안전한 장소에 있다고 말할 수 있으리라. 그럼에도 어떤 힘센 자가 한밤중에, 자고 있는 사람들이 전혀 알아차리지 못한 사이에, 이 배를 자신의 등에 짊어지고 가져갔다 치자. 작은 것이 큰 것 [큰 것뿐만 아니라 작은 것도] 안에 들어가면, 이것들은 서로 잘 맞추어진 것이리라! 그럼에도 이것들은 안 맞을 수도 있다. 그러나 세계 전체를 세계 전체 안에 꼭 맞게 넣을 수 있다면, 이는 이 세계의 실재에 항존성을 보장해주는 충분조건이 되리라(6장, 곽경번 판, p.243)!

사실 이러한 경지에 도달하면, "현자는 더 이상 아무것도 벗어날 수 없고, 모든 것이 존재하는 단계에서 삶을 전개하게 된다". 바로 이러한 경지에서, 현자는 사람이 "늙어서 죽는 것"에 대해서나, "어린 나이에 일찍 죽는 것"에 대해서나 마찬가지로 슬퍼하지 않는다. 그는 끝이나 처음을 똑같이 소중하게 여기기 때문에, 더 이상 어떠한 결핍 또는 실패의 감정을 느끼지 않는다. 현자의 지혜란 모든 적합함과 부적합함의 대립 그리고 행복과 불행의 대립이 사라지는 광대무변의 단계에까지 올라가

전 세계를 "끝없는 무수한 변화들을 포괄하는 창발적 과정"으로서 바라볼 수 있는 능력이다(6장, 곽경번 판, p.243). 이 경지에 도달해 느끼게 될 "헤아릴 수 없는 기쁨"은 만약에 그것이 신비주의적 사명감에서 나온 것이어서 그 충만감을 확인하기 위해 신을 필요로 한다면, 너무나 진부한 것이 될 것이다. 그러나 여기에서는, 다른 세계에 관한 어떤 언급도 없고, 모든 우주적 윤회들 배후에 존재하는 또 다른 세계 ―스토아 학파가 추구하는― 의 흔적 또한 전혀 없다. 그래서 "세계 안에 세계를 위치시키는 것"(또는 더 정확하게 말하자면, "하늘 아래의 것"을 "하늘 아래의 것" 안에 "위치시키는 것")으로 충분하게 된다. 왜냐하면 이곳에는 부재不在의 영역에 속하는 것, 따라서 그 없는 것을 탐구함을 위한 자리가 더 이상 없기 때문이다. 그리하여 실현하고픈 모든 목적도 사라지게 된다. 달리 말하면, 현자는 실재들을 그것의 쓰임새 안에 "위치시키고", "거주하게" 함으로써, 즉 실재들을 "상호 소통시키고, 서로에게로 흘러가는" 공통적 소명을 수행하도록 만들어줌으로써, "시의적절한 상태에 머물도록" 해준다(2장, 곽경번 판, p.70). 현자가 실재들을 그 안에 거주시킴은 마치 자기를 찾아온 손님을 여관에 거주시켰을 때, 그 일시적 거주가 현자와 손님의 불변적 관계에 아무런 영향을 끼치지 않는 것과 같다. 그는 실재들이 그 거주지를 옮길 때마다 그 실재들과 동행하는바, 이때의 실재들은 일시적인 것이 아니라 창발적 운행성의 특성을 띠게 된다. 따라서 이런 거주지의 옮김은 비영속적인 것이 아니라, 사물들의 광대무변한 "기능道"에 유익한 요소로 쓰이게 된다.

　이 "～에 쓰이게 되다"라는 동사는 지나치게 목적성의 지배를 받고 있고, 스토아 학파의 특색이 강해서, 자연스럽게 전개됨의 가변성을 놓치게 된다. 현상들로부터 벗어나는 본질들의 안정적 영속성이 아니라, 무한한 변화들의 "항구성"을 표현하기 위해서는, 시작도 끝도 ―세계 창조의 수수께끼도 세계 종말의 비극도― 없는 전이의 운동을 본떠 대비시키고 있는 특정의 병렬적 표현에 호소하는 것이 낫다. "마주치더라도, 그것에 맞서지 아니하고 스쳐 지나가면서도, 그것에 매달리지 않는다"(22장, 곽경번 판, p.745). 현자는 반겨 맞이하지만, 그렇다고 그것에 매달리지 않는다. 이러한 구절들은 두 개의 극단 ―포화 또는 고갈― 을 피할 것을 훌륭하게 표현하고 있다. 그 이유는 하나의 극단이 다른 극단을 필연적으로 끌어들이면, 비극적 사태가 발생하게 되기 때문이다. 한쪽 끝에서 다른 쪽 끝으로 전이가 지속되는 한, 삶은 끊임없는 흐름 속에서 영속된다. "현자는 자신 안에 생명력을 채우지만 넘칠 정도로 가득 채우지는 않고, 생명력을 자신 안으로부터 퍼내지만 그것을 고갈시키지 않을 정도로만 퍼낸다"(12장, 곽경번 판, p.440).

6

만약에 종교의 영역 안에 하나의 공통적인 주제가 있다면, 그것은 분명히 영혼의 거울에 관한 주제일 것이다. 이 주제는 순수하고 평정 상태에 있는 인간의 영혼이 어떻게 "신에 의해 현현된 덕의 이미지와 형상들"(니사의 그레고리우스Gregorius)을 그 영혼 안에 각인시킴으로써 반영시킬 수 있는가의 문제를 다룬다. 플라톤과 플로티노스Plotinos에서 처음 등장해 교부철학에서 이상화하기까지, 영혼의 거울은 진리를 충실하게(수

동적으로) 표상할 수 있고, 동시에 신성한 것에도 참여할 수 있는 역량을 지닌 것으로서 찬양되었다. 드미에빌Paul Demiéville은 그의 유명한 연구에서,[22] 이 영혼의 거울이 수행하는 기능을 두 가지로 구분할 수 있다고까지 믿었다. 그에 따르면, 영혼의 거울은 현상적 세계의 비실재성을 예시하는 데 쓰이기도 하고, 또는 그와 반대로 절대자의 모습을 나타내는 것으로 찬양받기도 한다. 그는 더 나아가 광범위한 비교 연구를 통해, 인도의 사상가, 참선 수행자, 아랍 세계와 기독교 세계의 사상가들이 이 동일한 주제를 어떻게 다루고 있는지를 밝히고 있다. 그런데 장자에게, 거울은 이러한 신비주의적 용법으로 쓰이지 않고, 전혀 다르게 이해되고 있다. 도인은 자신의 정신을 거울로서 사용한다. 그는 사물들을 뒤따라가며 배웅하지도, 앞서 가지도 않는다. 그는 그것들을 자신의 것으로 축적시키지도 않고, 단지 그것들에 반응만 한다. 바로 이러한 이유에서, 그는 사물들로 인해 상처받음 없이, 그 사물들을(자신에게 투영된) 끝까지 활용할 수 있는 것이다(7장, 곽경번 판, p.307). 거울의 덕은 무엇인가를 받아들이지만, 그것을 붙잡아 두지 않음에 있다. 거울은 그 앞에 나타나는 모든 것을 비쳐주지만, 그것을 잡아두지 않고 지나쳐가게 내버려 둔다. 거울은 밀쳐내지도 그렇다고 잡아두지도 않고, 자신 안에 결코 고정화함 없이, 나타나고 사라지게 내버려 둔다. 바로 그러한 이유에서, 거울의 기능은 결코 손상받지 않고, 한없이 수행될 수 있는 것이다. 진실로 거울은 지나쳐가는 통로의 장소 역할을 하면서, 자신의 능력을 결코 소진됨 없이 보존시키는 이러한 방식의 상징으로서 쓰이게 된다.

10

건강법 또는 견디어내려는
강렬한 욕망에 관해

1

오랜 격변의 세월이 흘러 중국 제국의 사회적·정치적 구조들이 한나라 말기(2세기 후반)에 걷잡을 수 없이 붕괴되었을 때, 그리하여 각 개인은 끊임없이 빈발하는 폭력과 독재자들의 발호에 직면해 개인적 삶과 자신의 마음속 깊은 곳으로 향하는 가운데 피난처를 구하는 방법밖에 없었을 때, "양생養生"은 선비들이 가장 선호하는 명상의 주제가 되었다. 3세기경 가장 덕망이 높고 총명하며 학식을 겸비한 선비들 중 한 사람이었던 혜강은 자신의 주요 저서의 제목을 양생이라 명명했다.[23] 장자가 출현한 후 몇 세기가 지나, 그는 장자의 가르침으로 되돌아와, 장생에 대한 사유를 계속하게 된다. 홀츠먼Donald Holzman은 혜강의 철학을 소개하는 도입부에서, 다음과 같은 견해를 피력하고 있다. "혜강이야말로 '양생'이란 용어를 가장 풍부하고 다양한 의미 ─육체를 보살피는 것, 정신을 보살피는 것, 영혼을 보살피는 것— 로 이해하고 있다. 궁극적으로 혜강은 종교의 본질적 문제를 다루고 있는바, 그의 목적은 자신만의 구원, 장생, 영생에 있다."[24]

만약에 우리가 양생이야말로 혜강의 관심사 중에서 가장 주요한 것임을 기꺼이 인정한다면, 우리는 내가 여기에서 하나의 모범적 예로 인용한 홀츠먼의 이 구절만으로도 어떻게 이 양생의 주제가 서구 사상가들에 의해 그 고유한 의미를 상실하고 희석되어, 심지어 변질되기까지에 이르렀는지를 목도하게 될 것이다. 왜냐하면 이 인용문에서는 일련의 서구적 관념들—신체, 정신, 영혼, 종교적인 것(물론 "문제"로서 상정된), 그리고 또한 목적, 구원, 영생— 이 아무런 문제의식도 없이 자명한 것으로서 도입되고 있기 때문이다. 나는 이 일례가 매우 교훈적이어서, 오히려 우리가 동서양 철학을 비교할 때 주의해야 할 점으로 가치가 있다고 생각한다. 왜냐하면 이 인용문은 한 구절 속에서, 서구의 모든 이론적 치장을 단숨에 드러내어 펼쳐 보이고 있어서, 독자들로 하여금 더 잘 이해할 수 있도록 만들어주고 있기 때문이다. 그러나 서구의 중국 연구자들은 곧장 이 인용문에 나오는 관념적 사슬에 묶여 끌려다니게 되어, 결국은 스스로 제어하지 못하는 상황에 처하게 되었다. 이런 상황은 서구의 중국 연구자들이 중국인의 본래적 사유—그들은 이것에 대해 제대로 해석했다고 생각하고 있지만— 로부터 더욱더 멀어지게 만들었다. 사실 우리가 "신체"와 "영혼"을 서로 대립되는 것으로 상정하는 순간, 우리는 이 두 관념을 연결시키기 위해 필연적으로 "종교적" 차원을 끌어들일 수밖에 없게 된다. "문제"와 "목적"은 우리의 사유를 양 극항으로 확장시킴 속에서, 서로 대립하게 된다(왜냐하면 우리가 목적을 설정하게 되는 것은 바로 존재를 하나의 문제로서 간주할 때부터이기 때문이다). 그리하여 우리는 궁극적으로 유일한 [논리적] 해결책을 "구원" 속에서 찾을 수밖에 없게 된다. 사실 어떻게 "영생"이 최후의 단계에서 당연히 요청되는 모든 희망의 절정이 아니겠는가? 그런데 고대의 중국인은 [최고 존재와 연결되는] 영원성이 아니라, 지속의 "끝없음"에 대해 사유하고 있다. 그리하여 중국의 사상가는, 주석가 홀츠먼 자신이 언급했듯이, 오직 "장생"에 대해서만 말하게 된다. 그런데 우리는 여기에서 이 서구의 주석가가 서구의 정합성 관념을 이러한 중국인의 사유에 대해 포개 얹어놓으면서도 정작 자기 자신은 그러한 사실을 알아차리지도 못하고 있음을 알 수 있다. 사실 우리의 예상을 투사했었고, 서구인의 이념적·지적 모태를 재구축했던 정합성의 관념은 서구인의 사유 체계 또는 그 심층 구성의 주요 인자 역할을 해왔다. 이러한 사유 체계야말로 지금까지 나의 모든 논의가 와해시키고자 시도했었고, 더 나아가 그것에 맞서 새로운 사유의 길을 열어보려고 노력했던 것이다. 우리가 지금까지 사용해왔던 가장 일반적인 관념들로부터 벗어나거나 —지엽적으로— 새로운 관념을 재구축하려는 시도를 하지 않는다면, 우리는 여행을 했다고 생각하지만 실제로는 안락의자에 머물러 있었던 것과 같다. 이를 달리 비유하면, 우리가 그물을 건져 올렸을 때 새로운 종의 물고기는 하나도 건지지 못하고, 단지 우리가 이미 알고 있는 종의 물고기들만 —우리에게 친숙한 "존재자들"— 잡게 되는 것과 같다.

반면에 중국의 사상가들은 이와는 다른 사유 체계를 발달시켰다. 어떤 사상가들은 현세에서 공부를 통해 불멸적 존재가 될 수 있음을, 다시 말해 죽지 않는 상태에 도달 수 있다고 주장했다. 다른 사상들은 이와 정반대로 인간이 가장 오래 살 수 있는 나이는 120세까지이고, 이것은 예전이나 지금이나 마찬가지라고 주장한다. 그래서 그들은 이 나이보다 오래 살 수 있다고 생각하는 것은 단지 우화이거나 미친 생각이라고 말한다. "그런데 이 두 입장은 현실과는 동떨어진 것이다." 왜냐하면 한편으로는 우리가 결코 그러한 경우를 실제로 보지 못했다고 하더라도, 그 사례를 직접 보았다고 전하는 말을 믿으면서 죽지 않는 사람들의 존재를 믿을 수 있을지는 모른다. 그러나 분명한 것은 그러한 사람들은 우리의 호흡과 전혀 다른 우주의 에너지를 흡수할 수 있는 호흡법의 소유자들이어서, 그와 같은 결과를 자연스럽게 획득하는 것이지, 공부나 연마를 통해서 획득하는 것이 아니라는 사실이다. 그러므로 불멸성은 우리의 논의와 상관이 없으므로, 이에 대한 탐구는 제외시키기로 하자. 그러나 다른 한편, 자신 안에 에너지 넘치는 호흡을 끌어들이고 그 기氣로 자신을 보양한다면, 우리는 생명의 논리에 부합할 수 있는 능력을 획득해 우리 각각에게 부여된 이 생명력의 몫을 온전히 펼칠 수 있게 된다. 그리하여 우리는 "최대한 몇천 년의 삶, 최소한 몇백 년의 삶"에 도달할 수 있을지도 모른다. 그러면 문제는 자신의 **생명을 연장하는 것**이 될 터인데, 그 이유는 이런 가능성이 전적으로 우리가 삶을 어떻게 사느냐에 달려 있게 될 것이기 때문이다. 물론 대부분의 보통 사람들은 이러한 장생의 삶을 성공시키지 못한다. 그것은 우선 이들이 그러한 열망으로부터 벗어날 수 있는 매우 섬세한 방법에 충분한 주의를 기울이지 않고 있기 때문이다. 이들은 농업이나 상업에서 수확물을 얻듯이, 우리의 생명력이 노력 여하에 따라 다소간 더 높은 수확을 얻을 수 있다는 사실을 이해하지 못하고 있기 때문이다. 기름진 밭은 한 무畝당 10곡斛*의 수익을

낼 것으로 간주되는데, 만약에 밭에 고랑을 더 파서 물을 더 잘 대줄 수 있다면, 수확물은 10배로 증가할 것이다. 마찬가지로 장사도 제대로 하면, 이익이 몇 배로 증가할 수 있을 것이다. 이러한 결과들은 비록 놀라운 것이기는 해도 허무맹랑한 바람이 아니라, 오직 경영의 기술에 관한 것이라 할 수 있다. 그렇다면 우리는 왜 우리의 생명력을 다른 형태의 자산들처럼 운영하지 못할까? 우리는 자산이란 것이 그것을 값진 것으로 만드는 방법을 알지 못하는 한, 곧장 고갈되어버릴 것임을 알면서도 말이다.

오늘날 서구의 전통적 관념인 "위생학"은 중국어로 양생법이라 번역되는데, 이 번역이야말로 바로 이러한 경영의 기술을 지칭한다. 그러나 "위생학"이란 용어가 최근에 전염병을 다루는 과학에 기초한 공중위생과 예방 의학을 지칭하는 의미로 발전되기 전에는, 개인의 건강을 유지시키고 증진시키는 것을 지칭하는 일차적 의미만을 지니고 있었다. 그런데 이러한 일차적 의미의 위생법, 즉 건강법은 서구에서는 중국에 비해 상대적으로 빈약한 개념으로 머물러 있었던 것처럼 보인다. 어떠한 경우가 되었든, 이러한 건강법에 대한 언급은 고대의 위대한 의학 서적들 안에서 나타나긴 하지만, 그다지 중요하게 다루어지지 않고 있다. 철학자들도 이 문제에 대해 별 관심을 기울이지 않았음은 마찬가지이다. 그리스의 사상가들은(특히 플라톤) 건강에 대해 규정했지만, 건강을 보존하고 생명을 연장시키는 기술을 그들 철학의 중심 문제로 간주하지는 않았다. 서양 의학의 주된 관심사는 물론 질병들에 대한 설명과 치료법

---

*   무畝는 600m 길이의 밭이랑에 해당하고, 곡斛은 10말 분량에 이른다.

에 있었다. 서양 의학의 기초는 해부학이고, 해부학의 실행은 외과 수술에서 그 절정에 이른다. 그런데 수술은 극단적으로 개입하는 성격을 띠고 있다. 우리는 외과의들이 평소에 사용하는 어휘들만 들어도 그것이 얼마나 환자에게 정신적 상처를 일으킬 정도로 노골적인지를 알 수 있다. 외과의는 환자를 "수술하면서", 환자에게 지나가는 말로 간단한 "수술"(개입)이니 견디어내라고 말한다. 반면에 중국 의학은 한약 제조에 최우선적으로 근거해 있다. 그래서 중국의 한의사들은 음식물과 한약을 거의 구분하지 않고 건강 유지법과 노인병 치료법을 동일선상에서 생각하며, 처방을 내릴 때도 무엇보다 우선적으로 수명을 늘이고 생명력을 보완시킴에 주력하며, 마지막 단계에 가서만 치료 목적의 시술을 한다. 중국 의학은 흔히 서양 의학에 대비해, "부드러운" 의학이라고 일컬어진다. 이 감정적 톤이 담긴 단순한 형용사는 두 종류의 의학을 대별해주는 가치를 지니고 있다. 체조 운동과 마사지, 식이요법, 규칙적 생활, 호흡 훈련, 심상법(신체를 통해 "정신"을 각성시키는 법)의 실천을 한 후에야 비로소 수술은 최후의 방편으로서 개입되는 것이다.

혜강 또한 "양생"을 중심적으로 다루었다. 그는 이 주제에 대해 두 가지 방식으로 성찰하고 있다. 그는 한약 제조를 다루면서, 가장 높은 범주로서 "환자가 본래 갖고 태어난 생명력을 보양하는 법"을 언급하고, 그다음 단계의 범주로서 "환자의 체질적 본성을 보양하는 법"을 언급하기만 한다(전통적으로 병을 치료하는 방법인 침술은 그 아래 단계의 처방일 뿐이다). 다른 한편, 혜강은 마치 중국의 병법에서 적을 공격하기 전에 이미 적이 패한 상태에 있도록 만드는 것(그러면 적을 공격할 필요도 없게 된다)이 최선책이듯이, 의학에서도 또한 병이 발생하고 몸이 허약해지기 전 단계에 미리 대비하는 것("개입할" 필요가 없도록)이 최선책임을 강조한다. 이는 달리 말하면, 우리가 아직 건강한 상태에 있을 때, 즉 쇠약해짐의 첫 번째 증상들이 나타나기 전에, 미리 대비해야 함을 의미한다. 왜냐하면 일단 허약해지기 시작하면, 혜강은 언급하길, 그 허약함의 증상은 점점 더 악화되기 때문이다. 즉, 처음에 쇠약해지면 그다음에 "창백해지고", "노쇠해졌다가" 마침내 "죽음"에 다다르게 되기 때문이다. 우리는 모든 이러한 진행이 언제부터 시작되었는지조차 깨닫지 못하기 때문에, 이러한 진행에는 "시작" 자체도 없었던 것처럼 느끼게 된다.

우리는 그러한 진행이 "자연스러운" 것이라 생각할 수도 있다. 그렇지 않으면, 우리는 첫 증상이 나타나기 전에 이미 "위험들이 축적되고 있었던" 사실을 알아차리지 못한 채, 질병이 우리를 강타한 첫 순간에 대해 불평을 할 수도 있다. 만약에 우리가 이렇게 "아픔을 느끼기 시작한 첫 번째 날"을 "질병의 시작"으로 간주하는 것이 주요한 잘못이라면, "양생술" ─최고의 경지에 다다랐을 경우─ 은 당연히 우리를 이러한 치료를 받을 필요가 없도록 만들어줄 것이다. 만약에 어떠한 신체 기관에 발생한 질병이 단지 최후의 단계라면, 우리는 결코 수술하는 방법에 호소해서는 안 될 것이다. 의사가 마땅히 해야 할 일은 병을 치료하는 것보다는 건강을 증진시키는 것이다. 이는 마치, 맹자가 말했듯이, 농부가 밭에서 기르는 채소의 새싹들을 더 잘 자라라고 [인공적으로] 잡아당기는 것이 아니라(그렇다고 새싹들이 자라는 것을 바라보는 데 만족하며, 밭 옆에서 아무 일도 안 하고 수동적으로 서 있어도 안 된다), 그 새싹들이 땅에 제대로 뿌리 내리도록 한 번 더 김을 매주는 것, 다시 말해, 새싹들의 성장 과정(자연적)을 도와주는 것과 같다(『맹자』, II, A, 2, 16절). 우리는 그리스인이 자연phusis과 기술techné을 대립시켰던 것처럼(물론 아리스토텔레스처럼, 자연을 기술의 모델에 따라 이해하는 경우도 있지만), 기술과 자연을 대립시킬 필요는 없다. 노자의 표현을 빌리자면(왜냐하면 이러한 운행성에 대한 사유는 중국에서 가장 일반적이기 때문에), 필요한 것은 "어떠한 작용을 가하려는 것"이 아니라, "저절로 그렇게 되도록 도와주는 것"이다("그 자신만의 힘으로", 『노자』, 64절). 달리 말하면, 우리는 마치 식물이 스스로 성장할 수 있도록 도와주듯이, 우리의 생명력이 저절로 그 능력을 발현시킬 수 있도록 도와야만 하는 것이다.

2

위생학의 위상과 의미에 대한 물음은 만약에 위생학이 사유의 심층에 전제되어 있는 선입견들을 인식론적 차원에서 밝혀주지 못한다면, 철학자의 눈에는 부차적인 것으로 보이거나 또는 그다지 중요하지 않은 것으로 여겨질 수도 있다. 왜냐하면 이러한 선입견들은 이 경우에, 경험적으로는 가장 직접적으로 보이지만 이론적으로는 가장 덜 체계화한 문제들을 대상으로 삼고 있기 때문이다. 즉, 어떠한 삶을 선택해야 하는지의 문제가 아니라, 자신의 삶을 어떻게 준비하고 "운영해나가야" 하는지에 대한 문제를 다루고 있기 때문이다. 삶의 선택에 관한 물음은 이미 매우 추상적인데, 그 이유는 철학이 플라톤 이후 이러한 문제에 대해 검토하는 역할을 기꺼이 떠맡아 왔기 때문이다. 이러한 생명적인 것에 대한 운영의 관점에서 보면, 삶에 대한 사유는 윤리나 종교에 투사된 것보다는 훨씬 더 원초적이고 더 깊게 뿌리내린 방식으로 접근하고 있다. 그래서 위생학에 대한 이런 물음은 한번 던져지고 나면, 강력한 이론적 도구의 역할을 하게 된다. 왜냐하면 이러한 물음은 중국에서는 어떠한 유형의 개념과 관념이 그러한 의미의 발전을 북돋우고, 서구에서는 어떠한 다른 유형의 개념과 관념이 그와 같은 의미의 발전을 저해하게 되는지를 드러나게 하기 때문이다. 즉, 그러한 사유는 어떠한 복합적이면서도 논리적으로 서로 연관된 분류에 의해 중국적 사유의 심층에 함축되어 있는 전제를 통해서, 혜강과 같은 선비의 사상 속에서 중심을 차지하는 지점에까지 도달하게 되었는지를 밝혀준다. 반면에 그리스에서 나타난 다른 종류의 이론적 정립은 중국인이 생각하는 사유의 길로 나아감을 저지시키고, 철학을 그러한 길로부터 벗어나게 만들었다. 만약에 "자아에 대한 다스림"이라는 공통적 주제가 서구에서는 단지 위생에 관한 전통적 사유의 기초로서만 쓰인 반면에 중국에서는 매우 광범위하게 발전되었다는 사실을 관찰하게 되면, 우리는 두 문화 사이의 분기점이 어디에서 나타나게 되는지를 볼 수 있다. 사실 중국어에서는 동일한 용어 치治가 "돌보다"와 "다스리다"를 모두 의미하는데, 이는 중국인이 개인의 신체와 국가의 정체 사이 그리고 정신의 권위와 군주의 권력 사이 또는 생명력을 낭비하지 않음과 왕국의 부를 낭비하지 않음 사이에 언제나 비유적 대응 관계가 존재한다고 생각하면서 이 용어를 사용하기 때문이다. 이 분기점은 개념들 자체에 기인한다기보다는, 더 근본적인 것, 즉 이러한 개념들을 파생시킨 관점들과 질서 부여의 기능들에 기인하는 것이다. 그런데 하나의 관점은 다른 관점에 비추어 보았을 때만 관찰될 수 있기 때문에, 나는 여기에서 위생에 관한 사유를 그 관점의 차이점을 드러내주는 도구로서 언급하고 있는 것이다.

그리스인은 건강에 관해 여러 다른 영역들 안에서, 특히 도시국가의 개념 안에서 정의 내리는 문제에 대해 사유했었다. 그들은 건강에 관해 우선 적정함의 관점에서 정의를 내리고 있다. 그 적정함이란 적절한 혼합, 정확한 척도(아리스토텔레스) 또는 갈레누스$^{Claudius\ Galenus}$가 명시했듯이, 신체의 등질적 요소들의 적절한 배합 그리고 그 등질적 부분들과 이질적 부분들의 적절한 대칭을 의미한다. 사실 모든 그리스 사유에 전형의 역할을 하는 것은 바로 이러한 "부분과 전체의 구성적 관계"인바, 이러한 전형은 각각의 분과들이 서로 맺고 있는 상동 관계 속에서 발견된다(문법과 수사학에서 단어는 철자들의 합으로, 구절은 단어들의 합으로, 하나의 총합문은 구절들의 합으로 이루어진다. 이와 마찬가지로 기하학에서 선은 점들의 합으로 이루어지고, 물리학에서 물체는 원자들의 합으로 이루어진다). 건강과 도시국가 또한 이와 동일하게 "부분-전체"의 구조 관계를 지니고 있다. 이러한 관점에서 볼 때, 고대와 르네상스의 이론들을 지배하고 있는 주요 관념들은 복합성-구성성-단일성이라 할 수 있다. 복합성과 형태, 크기, 양에서 정확한 구성성과 단일성은 대등한 관념이다. 모든 질병은 이러한 세 차원의 하나 또는 그 이상이 깨어졌을 때 발생하는 것이다. 따라서 그리스인은 건강을 마치 조각가와 화가가 나체상(나체상 제작술은 본질적으로 부분들을 전체에 통합시키는 관계에 근거하고 있다) 속에 구현되어 있는 절대적 아름다움에 대해 꿈꾸는 것처럼, 생각하고 있다. 갈레누스 자신도 폴리클리투스^{Polyclitus}를 따라, 단순한 것과 복합된 것 사이에 공통적인 원리를 발견하고자 했다. 그리하여 그는 아름다움에 대한 창조와 같은 이상적 모델에 의거해 생명체를 만들어내는 생각을 하게 되었다. 따라서 그의 사유는 결국 한계에 부딪치고, 형태가 없는 것 —「태아의 형성에 관해」[25]에서 발견된— 의 논리적 난점에 빠져 함몰하게 되었다. 여기에서 우리는 다시 한 번 더, 그리스에서 우세했던 것이 바로 이러한 모델을 만드는 사유였음을 확인하게 된다. 이러한 사유는 서구적 이론의 힘이 솟아나는 원천이 되고, 수학(모델들의 모델을 다루는 학문) 속에서 그 확고한 위상을 차지하게 되었다. 그리하여 우리는 생명체 자체에 관해, 모델적 건강과 실질적 건강 또는 절대적 건강과 상대적 건강을 구분하는 경지에까지 이르게 된다. 이러한 구분만이 유일하게 철학자들에 의해 사유되는(모델에 따라) 건강과, 의사 내지 "자연과학자"들에 의해 다루어지는(실제적으로) 건강 사이에 넓은 폭을 허용해준다. 그런데 이러한 구분은 중요한 결과를 낳게 된다. 사실 절대적 건강이란 경험할 수 있는 것일까? 아니면 갈레누스가 이미 인지했었던 것처럼, 절대적 건강은 필연적으로 도달할 수 없는 것이기 때문에 우리에게 "영원한 고통"(이러한 면에서, 절대적 건강은 이상적인 궁극 목적으로서 간주되는 "행복"과 유사하다)만을 안겨주는 건 아닐까?

켈수스Aulus Cornelius Celsus의 서두로 되돌아가 보자. 우리는 히포크라테스Hippocrates의 가르침을 따라, 건강한 인간에 대해 연구한 그의 첫 의학 서적의 논지가 일관성을 지니지 못하고 있음을 목도하게 된다. 왜냐하면 이 책에는 그의 논지를 논리적으로 연결시키고 정리하며, 정당화할 수 있는 전체적 통찰의 개념이 결여되어 있기 때문이다. 켈수스는 자신의 방법론을 주로 수사학으로부터 도입하고 있다. 사실 수사학은 다양성에 대해 칭송하는 방법을 애용한다("어떤 때는 시골에 있고, 어떤 때는 도시에 있는 것", "어떤 때는 향연에 참석하기도 하고, 어떤 때는 참석하지 않기도 하는 것” 등). 그러나 이러한 다양성의 양태는, 중국에서처럼 번갈아 나타남을 통한 갱생의 논리에 근거하고 있지는 않다. 구조화하는 논증들은 적합한 척도이고(성관계는 “추구해나가야 될 것도, 지나치게 피해야 될 것도 아니다” 등), 관심은 원칙의 일반성에 마주해 있는 개별적인 것에 대해 주어진다(삶의 방식은 나이와 기질 그리고 계절 등에 따라 변할 수 있다). 이런 예들 외에도, 텍스트는 단순히 자명한 것들에 대해 장황하게 늘어놓고 있다(“우리는 소화를 잘 시켰을 때, 아무런 위험 없이 식탁에서 일어날 수 있다”, “우리는 때로는 좀 더 많이, 때로는 좀 덜 일해야 한다” 등). 이같이 사소한 것들의 예로 가득 차 있기 때문에, 이 같은 담론은 그것이 던지는 질문(흥미롭지 않은 것에 대한 질문)을 통해서만 흥미롭게 될 뿐이다. 그렇다면 서구에서 구성되지 않은 담론이란 무엇인가? 추상화 작업을 통해 건강에 대해 정의를 내리는 데 실패했고, 건강을 체계적 설명 ―우리는 이 두 주요한 이론적인 설명 방법을 그리스인으로부터 터득했다― 안에서 포착할 수 없었기 때문에, 여기서 이러한 논의는 불확실한 지침들의 규정을 연속적으로 늘어놓을 수밖에 없게 되었고, 거기에서 제시된 지루한 예들의 일람표는 더 이상 그다음 단계로 진전할 수 없게 되었던 것이다.

3

이와는 대조적으로, 혜강의 작품 속에서 나타나는 어떠한 관념이 그의 모든 성찰을 풍요롭게 만들어주고, 중국적 사유 일반에 그 특징을 남기게 되었는가? 나는 이 관념을 “생명력의 전개”에 “내재적인 정합성” 또는 "구조[生理]"라고 번역할 것이다. 그 이유는 건강이나 장생의 관점에서 보면, 모든 것이 삶 속에서 유지되고 있는 정합성으로부터 조금이라도 벗어나지 않을 수 있는 능력에 달려 있기 때문이다. 근대에 들어서면서, 과학적이고 제한된 의미를 지닌 서구의 생리학이라는 용어가 사용되기 전까지, 이 관념은 의학과 건강학 그리고 철학을 하나의 전체 속에서 결합시키는 역할을 했었다. 사실 중국인도 마찬가지로 건강을 균형 잡힌 상태로 생각했었다. 그러나 그들은 이 균형 잡힌 상태를 항상 운행성의 전개라는 관점(수학적 계산과 비율에 따르지 않는)에서 이해하고 있었다. 즉, 그들은 그것을 원형의 가치를 지닌 적합함의 척도로서가 아니라, 세계 또는 삶의 흐름을 하늘의 흐름에 따라 전개되는 번갈아 나타남과 보상받음 속에서, 유지 내지 보전시키는 것으로서 간주하고 있었다. 생명력의 전개에 내재적인 이 정합성의 원리는 절대적 규칙의 원리가 아니라, 조절 작용의 원리이다. 혜강은 건강에 대해 단 한 번도 원리와 이론적 차원에서 정의를 내리지 않았는데, 이론적 차원의 건강에 비해보면 일상적 건강은 그러한 건강의 쇠퇴이거나 아니면 기껏 해보았자 근사치일 뿐이다. 실로 그는 그러한 건강의 상태에 대해서는 관심이 없었다. 왜냐하면 그는 그러한 건강의 상태라는 것은 고정되어 있어서 언제나 다소간 추상적(그리스인이 이상적 구성 상태와의 연관 속에서 생각했던)이라고 간주했기 때문이다. 그 대신에 그의 관심을 끈 것은 생명력의 자산이었다. 왜냐하면 건강이 창조해내는 이 생명력의 자산이야말로 그것의 양극으로부터 발생하는 다양한 관계 맺음(음과 양처럼, 대립되면서도 동시에 상보적인 요인으로서 표현된)에 의해 유지되고 배양되기 때문이다.

그러므로 나는 중국인의 상호 관계적 논리를 그리스인의 구성적 논리에 대립시킬 것이고, 또한 그리스인의 **종합적** 조화(부분-전체의 관계로부터 파생하는)에 중국인의 **조절적** 조화(과정의 끝없는 지속을 가능케 하는)를 대립시킬 것이다. 사실 중국인은 실재를 "존재"의 관점에서가 아니라, 투여된 "능력[德]"과 잠재력[道](내재성) 내지는 자원의 관점에서 접근하고 있다. 그들은 또한 궁극적 목적성에 거의 관심을 두지 않고, 오직 기능성[用](세계의 "발생 원인"이 아니라, 사물들의 은밀하고 지속적인 진행 과정)에 대해서만 전념하고 있다. 따라서 "삶" 그 자체는 중국인의 눈에 생명력으로서만 이해될 수밖에 없게 된다. 이러한 이유에서 중국어 동사인 생[生]마저도 "살다"와 "태어나다" 그리고 "낳다"를 모두 의미하게 된다. "살다"라는 동사는 언제나 이러한 생성을 지칭하는 두 의미들과 밀착되어 있기 때문에, 그것이 지닌 앞으로 전개될 과정으로부터 분리되지 않는다. 그러나 그것은 "실존"으로 발전하게 되지는 않는다(최초의 어원사전에 따르면, 생이라는 용어는 마치 땅을 뚫고 나와, 위로 치솟으며, 앞으로 나아가고 전진함을 의미한다). 그래서 이러한 생명의 잠재력은 그것에 하나의 모델(접근해가야 할 목표로서 정해진)을 고정시킴에 의해서가 아니라, 마치 우리가 밭을 **경작하는** 것처럼 (농업은 농부들의 나라인 중국에서 모든 지식의 근본적인 동기가 된다) 경작되어야만 한다. 밭을 개간하고 비옥하게 만드는 지식은 밭의 잠재력을 결코 고갈시키지 않으면서도, 최대한의 수확물을 생산해내도록 만들어야만 한다.

4

　"생명력 배양"이 지니는 고유성은 삶을 향상시키고 연장시키는 것이 동일한 운동에 속하는 것임을 사유해보도록 함에 있다. 건강과 장생은 본래 분리되는 것이 아니기 때문에, 우리는 이 둘 사이에서 하나를 선택할 필요가 없다. 그런데 베이컨Francis Bacon은 서구 근대사상의 여명기에 정확히 이것에 상반되는 경고를 우리에게 던졌었다. 사실 그는 이 두 가지가 동일한 운동에 속한다는 것은 불가능하다는 믿음에서, 두 개의 차원을 구분할 것을 역설했었다. "우리는 사람들에게 수명을 연장시키는 것과 삶을 건강하게 만드는 것을 분명하게 구별하고, 주의 깊게 분리시키도록 경고할 필요가 있다."[26] 왜냐하면 한편으로 정신의 활동과 기능의 활력을 증진시키고, 질병을 물리치게 만드는 것은 "생명력 전체로부터 에너지를 끊임없이 빼내고, 노화를 일으키는 쇠약을 가속화하기 때문이다". 이와 반대되는 입장에서 보았을 때, 수명을 연장시키고 노화의 쇠약해짐을 피하는 것 또한 건강에는 위험이 되지 않을 수 없다. 서구인은 영웅적 존재의 삶의 근거를 충전적 삶(충전적 삶을 영위함으로써, 나는 소진하게 된다)과 오래 사는 삶 사이에서 펼쳐지는 이러한 냉혹한 충돌 —비극의 원천— 속에서 찾고 있다. 완전성과 지속성 사이에서 펼쳐지는 이러한 충돌은 수명이 긴 삶을 포기하면서 이상적 상태로서의 건강에 특권을 부여하게 되는데, 이러한 건강 중시의 삶은 모델이 될 수는 없다. 그래서 어떻게 하면 오래 살 수 있을지를 연구하는 것은 베이컨에 따르면, "의심할 여지없이 의학의 가장 고귀한 분야이고 전적으로 새로운 분야이지만, 우리에게는 절대적으로 결여되어 있는 분야이다".[27] 바로 이런 점에서, 의학에 대한 새로운 이해, 즉 더 이상 단지 소극적으로 치료만 하는 기술이 아니라, 궁극적으로 자신의 진정한 목적을 발견해 내는 학문으로서 이해하려는 태도가 발생하게 된다. 그리하여 의학은 마침내 사변 일변도의 지식으로부터 벗어나, 그 실질적 응용에서 강력하게 효율적이고 결정적인 지식이 되었다. 그것은 본질적인 것에 영향을 끼침으로써, 인간의 조건에 대혁신을 가져오기 시작했다. 과학의 경이적 성공 덕분에 새로운 힘을 발견하고 승리감에 도취되어 새로 태어나게 된 인간은 자연의 힘에 맞서 그것을 "역행시킬"(베이컨의 표현을 빌리자면, 늙음으로부터 젊음으로 되돌아가는 것remorari et retrovertere) 만큼 완벽하게 자연을 정복할 수 있다는 야망에 불타게 되었다. 자신의 삶을 자신의 고유한 자산으로서, 즉 자신의 유일한 자산으로서 소유하기로 결심하고, 자신의 삶을 대서사시 ―그의 삶을 소외시켰던― 로부터 분리시키기 시작한 그는 삶을 인위적으로 보존시켜줄 수 있는 새로운 지식에 대해 신뢰하게 되었다. 물론 진정한 기독교인들은 "헛되지만 끊임없이 약속의 땅을 갈구하며, 이 세계를 사막으로 간주할 수도 있다". 그럼에도 이 사막의 여행자들은 "자신의 옷과 신발을 덜 닳게 만들고자 할 것이다"(여기에서 옷과 신발이란, 베이컨이 분명하게 밝히고 있듯이, 영혼이 입는 옷과 신발로서의 신체를 의미한다).

이런 진부한 비유의 밑바탕에는, 자연을 지배하려는 야망의 새로움에 대한 자각이 깔려 있다. 사실 한 번도 행해지지 않았던 것(삶을 연장하는 것)은 "지금까지 결코 시도된 적이 없었던 방법을 사용하지 않고서는 새롭게 행해질 수가 없다". 근세의 서구인들은 인과율에 근거한 이 새로운 지식이 기계론적 물리학을 구축하는 데 이바지함을 통해, 과학을 무한히 발전시킬 수 있다고 믿었었다. 그러나 이 새로운 지식은 과연 그 당시의 사람들이 믿었던 만큼 그렇게 성공적으로 생명을 "연장시킴"에도 적용될 수 있을까? 자신의 저서『삶과 죽음에 대한 역사』에서, 베이컨은 한편으로는 상식에 근거한 사려 깊은 충고와 식이요법 사이에서, 그리고 다른 한편으로는 "매우 방법론적인 접근을 통해 연역되었으나 우리의 경험에 의해 아직 검증되지 않은" 지식에 대한 구축 사이에서 왔다 갔다 할 수밖에 없었다. 서구의 지식은 "방법론"을 통해 합리성을 실험에 연결시켰기 때문에, 놀랄 만한 비약을 할 수 있었다. 그러나 그 지식은 신체에 대한 것이 아니라 생명에 대한 것이었기 때문에, 이런 문제를 해결하려는 시도는 단지 시작 단계에만 머물 수밖에 없었다. 비록 데카르트 또한『방법론 서설』에서 "노화의 쇠약해짐"으로부터 벗어날 수 있는 가능성을 언급했지만[28] 그 가능성이란 것이 단지 원인들의 발견에만 근거한 것이기 때문에, 우리는 그가 연구를 진척시킬수록 점차 인간의 삶을 그 실질적 한계를 넘어서까지 연장시켜보려는 야망을 포기하게 되었음을 안다. 결과적으로, 데카르트는 의학보다는 도덕으로부터 더 큰 만족을 얻게 되었는데, 그 이유는 그가 도덕으로부터는 죽음을 두려워하지 않는 법을 터득할 수 있는 반면에 의학으로부터는 생명을 보존하는 방법을 발견할 수가 없다고 생각했기 때문이다.

너무 성급하게 기대했던 모든 희망들이 궁극적으로 붕괴됨에 따라, 고전기에 도덕의 영역과 의학의 영역 사이에 간극이 생기게 되었고, 건강법은 그와 같은 간극 속에서 중심적 위치를 차지하게 되었다. 디드로 Denis Didero의『백과사전』에 수록되어 있는 "건강법"에 관한 항목은 건강을 지키기 위해 정신의 평정심과 쾌활함이 지닌 장점을 찬양한 후, 처방전을 수시로 사용할 것을 권하는 이들을 멀리하라고 결론짓고 있다. 이에 대한 증거를 더 보충하기 위해, 우리는 칸트의 마지막 작품 『기능들의 갈등』을 참조할 필요가 있다. 후펠란트Christoph Wilhelm Hufeland의 저서 『생명을 연장시키는 기술』에 대응해 쓴 이 작품은 이상하리만큼 그 내용 면에서 과격한 성격을 띠고 있다. 왜냐하면 칸트의 이 작품은 식이요법을 개인적 삶의 체제로서 옹호하고, 기능들의 규제 작용과 규칙을 공격하고 있기 때문이다.[29] 더욱 이상한 것은 칸트가 궁극적으로 이러한 것을 갈등의 논리 안에 통합시켜, 건강에 관한 의료 제도에 반대해 이성과 의지의 자율성을 옹호하고 있다는 점이다. 이는 그가 이전에 종교의 권위(영혼의 구원과 관련해, 성경을 문자 그대로 해석함의 독재)에 맞서서, 그리고 나중에는 사법적 권위(사회적 선과 관련해, 코드화한 실정법)에 맞서서, 이성과 의지의 자율성을 옹호했던 것과 같다. 칸트에 대한 최초의 주석가들은 분명히 이러한 사실에 당황스러워했으나, 이 텍스트 안에서 노화로부터 벗어나고자 함을 노년의 첫 징조로 읽어내는 데는 실패하지 않았다. 아니면 그들은 그러한 주장을 단순히 칸트에 대한 자서전적 흥미에서 용인했다고 볼 수도 있는데, 사실 칸트는 이 책에서 자신의 인생에 관해 토로함을 통해, 우리를 자신만의 고유한 은밀함의 세계로 인도하고 있다. 니체가 모든 위대한 철학 안에서 발견할 수 있다고 믿었던 이러한 종류의 "개인적 고백"을 칸트 자신은 자기 자신에 대해, 자기만의 방식으로 기술했다고 볼 수 있다.

그런데 "양생"의 관점에서 칸트의 이 책을 다시 읽어보았을 때, 나는 이 책이 전혀 다른 이유에서 매우 주목할 만하다고 생각하게 되었다. 왜냐하면 이 책은 가장 추상적인 사유를 하기로 명성이 높은 이 철학자에게서 또 다른 사유의 길이 가능함을 보여주고 있기 때문이다. 생의 말년에 이르러, 칸트는 젊었을 때와는 다른 사유의 길로 접어들게 되는데, 그 길은 중국적 사유가 이미 여러 각도에서 밝혀주었던 길이다. 사실 칸트는 노년에 접어들면서 운동의 결핍으로 인한 "생명력"의 점진적 소멸에 대해 다루게 된다. 그는 "생명력"의 약화에 맞서고 그것의 고갈로부터 회복하기 위해, 어떻게 하면 그 힘을 고무시킬 수 있을지에 대해 숙고했다. 그는 또한 "힘을 낭비하지" 않고, 되찾을 수 있는 방법에 대해 그리고 "자신의 나이"에 알맞은 행위는 어떠한 것인지에 대해 사유했다. 그리하여 그는 잠과 영양 섭취의 적정 기준에 대해 성찰하고, 가장 적합한 호흡 기술은 어떠한 것인지에 대해 서술하게 된다. 그는 휴식이 지닌 건강의 기능에 대해 말하는데, 그것은 예를 들어 산책과 같은 휴식이 정신 앞에 주어지는 대상들을 기분 좋게 바꾸어주기 때문이다. 따라서 칸트는 마침내 장자가 이미 던졌던 물음 —왜 철학적 사유의 작업은 감각적 직관이 결여된 표상들을 결합시키느라 생명력을 약화시키게 되는가?— 을 던지게 된다. 여기에서 그는 몽테뉴^{Michel De Montaigne}가 그랬던 것처럼, 개별적 경험의 관찰자인 그리고 단지 우회적으로밖에는 그 경험을 소통시키지 못하는 "나"를 무대에 등장시키기 위해, 윤리적 보편성의 "우리"를 포기하게 된다. 각 개인이 그러한 경험을 우회적으로밖에 소통시키지 못하는 이유는 자신에게 고유한 이러한 자산을 관리하는 데 가장 적합한 과정을 매번 타인들에게 알리기 위해서, 각 개인은 이번에는 타인들의 경험에 관해 물어보아야 하기 때문이다. 모든 사람은 각자가 늙어가면서 자신 안에 아직 남아 있는 생명의 자원과 에너지를 가능한 한 가장 잘 운영해나가기 위한 길을 모색해야만 한다. 여기에서 칸트는 자신이 개발한 전략에 대해 서술하고 있는데, 한 예를 들어보면, 저녁에 잠을 잘 자기 위해 우리는 우리와 무관한 대상(키케로^{Marcus Tullius Cicero})에 주의력을 집중해야 한다고 이야기하고 있다.

그러나 칸트는 의학적 치료약들과 처방전들의 타율성에 대립되는 것으로서의 이러한 개인적 건강법의 적합성을 증명하기 위해, 어떠한 전체에 대한 개념 ─혜강의 그것과 비교될 만한─ 위에 근거하고 있는가? 칸트가 세운 본질적으로 도덕적인 이 원칙은 스토아 학파의 성격을 띤 단적이고 단호한 "결정"의 원칙으로서, "편리성"(너무 많이 먹거나 지나치게 많이 자거나 또는 나태한 비활동성 등의 편리성)에 의식적 차원에서 대립된다. 사유의 조절 요법이 지닌 힘은 정신에 휴식을 주기 위해, 사유와 휴식을 번갈아가며 실행함 ─일시적으로 사유의 중단을 결심하는 철학자─ 을 통해 사유 자체를 즐길 수 있는 방법을 우리에게 가르쳐주는 데 있다. 내가 휴식을 취하기를 원한다면, 나는 단지 더 이상 사유하지 않기를 원하는 것만으로도 충분할 것이다. 그럼에도 우리는 윤리적 영역에서 우월한 자리를 차지하고 있는 이러한 유일한 의지의 자기 결정이 우리의 건강-자산을 운영하기에 얼마나 불충분한지를, 그리고 이러한 결정이 오히려 우리의 건강에 해가 되어 되돌아올 수 있는지를 어떻게 생각해보지 않을 수 있겠는가? 그리하여 칸트 또한 이러한 시도를 포기하게 된다. 그의 결론에 따르면, "생명을 연장하는 기술"은 특히 철학자의 경우에, 시들어가는 삶의 "무능력" ─우리는 불행하게도 이것을 "견디어낼 수밖에 없다"─ 으로 인도될 수밖에 없게 된다.

5

우리가 칸트의 이러한 생각을 도가 학자의 사상과 비교해보면, 우리는 엄밀하게 의학만을 또는 도덕적인 것만을 내세우지 않고(신체만을 또는 영혼만을 내세우지도 않는), 양자 사이에 중간의 차원을 열은 중국에서 왜 건강법에 대한 사유가 발달하게 되었는지를 더 잘 이해할 수 있게 된다. 그리고 그러한 비교는 오늘날 이러한 사유를 발달시킴에 있어, 이론적 가능 조건들을 따져보는 데 도움을 줄 것이다. 번갈아 나타남의 사유 —활동/휴식, "조여주기"/"풀어주기", 긴장/이완— 는 칸트에 있어서와 같이 스토아적인 결정에 의거하지 않고, 단숨에 거대한 운행 조절의 논리 속으로 들어간다. 이 논리에 따르면 각 대립자는 상대 대립자를 이어받기 위해 그것을 불러들이게 되는바, 중국 사상가들은 바로 이러한 점을 끊임없이 밝히고자 했던 것이다. 중국적 전통은 하늘과 인간에 관해, 가장 일반적인 방식으로 "지속적인 변형[變通]"("변형"은 "지속됨"을 가능케 한다)을 통한 "고갈되지 않음[無盡]"을 최우선적으로 생각하고 있다. 마찬가지로 중국에서 호흡에 부여된 중요성은 생명이란 변화가 지속되는 한, 방해물을 제거함을 통해 그리고 기와 "소통[通]"함으로써 유지될 수 있다는 좀 더 공통적인 관념 속으로 통합된다.

나는 건강법에 대한 중국적 사유의 성향을 명확히 설명함에 있어, 다음 세 가지만을 밝히는 것으로 만족할 것이다. ① 만약에 영양분(물질적)이 "신체"를 보살핌에 쓰일 뿐만 아니라, 우리 에너지의 역량과 정신을 직접적으로 자극하거나 완화시키기도 한다면(이 에너지와 정신은 분리될 수 없다), 이는 모든 영양분 자체가 우리가 이미 알고 있다시피, 기-에너지가 집중된 것이기 때문이다. 이리하여 혜강은 중국의 한약재에 대한 자세한 지식을 참고하면서, 다양한 약초들이 "변형-정련[精]"을 통해 우리의 생명력을 강화시키고 장생에도 영향을 끼치는 효력에 주의를 기울이게 된다. ② 의학을 포함한 서구의 "물리적" 지식과 구별되는 중국의 이러한 건강법에 대한 사유를 특징짓는 것은, 그것이 인과율에 대한 사유가 아니라 영향에 대한 사유(영양분, 활동, 기후, 계절 등이 끼치는 영향)에 근거하고 있다는 점이다. 그런데 중국적 사유는 사물의 일반적 본질과 특수한 본질(인과성의 관계를 끌어들이는 개념)에 대한 사유가 아니기 때문에, 발산-침투 또는 내적 자극-반응의 관점에서 사유했고, 거리가 떨어졌음에도 불구하고 끝없이 서로 반응하는 결과들에 주의를 기울이게 된다(바로 이러한 이유에서, 중국적 사유는 정치적 차원을 포함해서, 대기와 환경 그리고 주변의 관념들에도 중요성을 부여한다). 혜강은 아무도 이의를 제기할 수 없을 정도로 가장 명료한 것들로부터 아주 사소하지만 적잖이 중요한 것들에 이르기까지, 이러한 효력을 지닌 것들을 총망라하는 목록을 작성했다. ③ 이러한 건강법은 궁극적으로는 미묘한 것과의 관계 속에서만 이해될 수 있는데, 그 이유는 그러한 미묘한 것이 언제나 시간의 흐름 속에서 퍼져나가고 전개되기 때문이다. 처음에 자각되지 않는 요인이나 현상은 나중에 증상이 크게 나타날 때야 비로소 자각되는데, 그 이유는 그러한 요인이 그 과정을 끌어들였기 때문이다. 건강법의 논리는 성향의 논리라 할 수 있다. 그런데 중국적 사유는 그 대상이 건강법에 관한 것이든 윤리에 관한 것이든 전략에 관한 것이든 간에, 언제나이러한 미묘한 것[微]에 대해 탐구하고자 한다. 이 미묘한 것은 모든 발전의 근원이 되는바, 그 발전의 궁극적 범위는 그 자체가 저절로 전개되는 것이기 때문에 무한하게 된다. 이와 똑같은 이유에서, 혜강은 언급하길, 단 한 번의 물 뿌림이 가뭄을 늦출 수 있고, 단 한 번의 화냄이 나에게로 되돌아와 나의 본성을 공격할 수 있고, 그 본성을 타락시킴의 단초가 될 수 있다. 우리가 일상생활 속에서 이러한 양생의 건강법을 소홀히 한다면, 그것은 우리가 그러한 소홀함이 야기시키는 병이 은밀히 무르익고 있음을 알아차리지 못하기 때문이다. 그러면 우리는 증상이 갑자기 나타남으로써 ("병"에 걸리게 되어) 결과가 분명하게 될 때까지 기다렸다가, 회복하려고 하는 셈이 된다. 다시 말해, 우리는 병에 대한 치료를 시작하기 전에, 증상들을 경험할 때까지 기다리는 셈이 된다. 반면에 중국적 사유는 실재를 역량의 저장고의 관점에서 그리고 그곳으로부터 흘러나오는 과정의 관점에서 접근하기 때문에, 아주 사소한 일탈이라도 어느 날 위기가 피할 수 없이 닥치기 전에 미리 조심할 것을 끊임없이 권고한다. 만약에 우리가 그런 대비를 한다면, 혜강은 말하길, 위기는 "시작"되지도 않을 것이다. 그러한 대비를 하지 않으면 우리는 질병이 너무나 갑작스럽게 발생함에 놀라게 될 것인데, 그 이유는 우리가 질병을 논리적으로 진행시켜온 은밀한 변화를 알아차리지 못하게 되기 때문이다.

6

베이컨은 대담하게도 과학을 통해 자연에 저항하고, 자연으로 하여금 물러서도록 만듦으로써 생명을 연장시키기를 원했었다. 칸트는 이러한 야망을 포기하고, 우리에게 남아 있는 유일한 힘, 즉 의지의 결심이 지닌 힘을 신뢰했었다. 이와는 대조적으로, 도가 사상가들은 정련-명정에 의한 변형의 창발적 논리를 자연 속 도처에서 나타나는 영향과 반응의 논리에 결합시킴을 통해, 수명을 연장시킬 것을 제안하고 있다. 바로 이러한 이유에서, 수명을 연장시키는 것은 혜강에게, 삶의 지평에 대해서 기술할 수 있고, 종교뿐만 아니라 도덕도 대체할 수 있게 된다. "근본적인 것"으로 되돌아감을 통해, 그는 이러한 생명을 지속시키려는 강렬한 욕망 안에 갇히게 된다. 그렇지만 만약에 내가 살아남음을 내 삶의 주요 관심사로 삼는다면, 나는 나 자신을 정당화해주는 가치들과의 갈등에 맞닥뜨리게 된다. 그것은 물론 내가 살아남음을 "목표"로서 설정하지 않기 때문이고, 그렇다고 해서 기본적 욕망과 본능(혜강의 텍스트는 이러한 자기 보존의 본능에 대해 심리학적 정당화를 할 필요가 없는데, 나는 바로 이것이 그의 더 큰 장점이라 생각한다)으로 되돌아가지도 않기 때문이다. 그것은 오히려 단순히 내가 살아 있는 존재이기 때문이고, 모든 과정의 고유성이, 만약에 이 과정이 조절되는 경우, 무한히 계속되기 때문이며, 또한 내가 더 이상 그것이 지닌 가치들의 갈등 −이 가치들에 대해 정당화해야만 하는 갈등− 에 부딪치지 않을 것이기 때문이다. 비록 나는 나 자신을 생명적인 것의 영역 −모든 것에 걸쳐 있고, 누가 어떠한 행위를 하든, 가장 기본적인 것으로 남아 있는− 속으로 피신시킴으로써, 최선을 다해 관념적인 것으로부터 벗어나기를 시도했음에도 불구하고, 나는 나 자신을 정당화해야만 한다. 왜냐하면 나는 그러한 시도에도 불구하고 선택으로 남게 된 것에 대해 정당화해야만 하는 문제에 부딪치게 되기 때문이다(혜강과 논쟁을 벌인 그와 동시대인인 향수向秀의 논박). 그리하여 내가 나의 입장을 극단화하면, 나는 불신의 장벽에 부딪치게 될 것이다. 혜강은 장생을 믿지 않는 사람들의 회의주의에 부딪치게 되는데, 이는 마치 서구에서 독실한 종교인이 영생을 믿지 않는 사람들의 회의주의에 부딪치는 것과 같다.

따라서 혜강은 그의 저서 후반부에서 이러한 회의주의자들에 대해 논박하게 된다. 만약에 우리가 보통 사람들이 관심을 지니고 있는 일상사에 전념한다면, 그는 변론하기를, 우리는 도처에서 인간의 수명에는 한계가 있음을 목도하게 되고, 더 나아가 이 유한성이 당연한 이치라고 믿게 된다. 반면에 "양생"의 방법에 대해 배운 사람들은 자신들이 보았던 것에 만족해하며, 장생의 삶이 가능하다고 단정하게 된다. 어떤 사람들은 이러한 방법에 대해 한편으로 의문을 품으면서도 그 길에 접근해보지만, 어떻게 그 길을 따라가야 할지를 모른다. 또한 어떤 사람들은 6개월 또는 1년 동안 열심히 단약들을 복용해보지만, 별 효과가 없음을 알고 의지가 약해져서 중도에서 포기하게 된다. 그러나 어떤 사람들은 사소한 것들은 단념하고, 원하는 효과가 저절로 올 때까지 고요히 앉아(수동적으로) 기다리면서 큰 것들에 전념하기도 한다. 또 어떤 사람들은 자신들의 감정을 억제하고 명예욕을 저버리지만, 자신들이 원하는 당장 얻을 수 있는 눈앞의 대상과 수십 년 후에나 얻을 수 있는 미래의 대상 사이에서 망설이면서 그 둘을 모두 놓치게 되지는 않을까 하고 두려워한다. 결국 이들은 가까운 것(자신을 유혹하는)과 먼 것(약속된) 사이에 사로잡혀 의심하고 자신과 싸우기 시작하면서, 기진맥진해 포기하게 된다. 이들 중 아무도 모든 것이 가장 미묘한 단계에서 결정된다는 사실을 이해하고 있지 못하기 때문에(이는 무엇보다도 우리가 "사물의 이치"를 깨달아야만 하는데, 그것은 오랜 기간이 걸리는 것이어서 감각적 차원에서 이해하기가 어렵기 때문이다), 결과가 나타날 때까지 충분히 기다리지를 못하게 된다. "참을성 없는 정신"을 지니고 있기에, 그들은 반대로 "인내를 필요로 하는" 길, 즉 신중함과 "침착함"의 길과는 반대의 길을 가게 된다. 그들은 빨리 가고 싶어 하지만, 상황은 느리게 전개된다. 그들은 단기간에 얻을 수 있는 이익을 기대하지만, 그 "보답"은 오랜 기간이 지난 후에야 온다. 따라서 실패는 피할 수 없는 것이 된다. 그들은 감정적 흥분에서 발생하는 조급하게 바라보는 안목을 극복하고, 현상들의 전개와 무르익음에 알맞은 멀리 바라보는 안목을 지니는 방법을 모르고 있었던 것이다. 그들은 건강과 장수를 확보해줄 평온함으로의 접근이란 것이 원한다고 가능한 것도 아니고, 더군다나 서둘러서는 더욱 안 된다는 진리를 깨닫지 못하고 있었던 것이다.

11

스트레스를 이기는 방법
냉정함, 참선 등

1

언제부터인가 세상으로부터 또는 우리 자신의 내부로부터 오는 압력
—우리를 옥죄는 이것은 내적 긴장으로 표출된다— 을 포섭하는 하나의 새로
운 관념이 등장하게 되었다. 그 강렬함 때문에, 진정되려면 오랜 시간이
걸리는 "스트레스"는 어원적으로 "옥죄다, 억압하다, 숨 막히게 하다"를
의미하는 라틴어 stringere로부터 온 것이다. 이 라틴어는 우리 안에 우
리를 "억누르는" 것이 얼마나 뿌리 깊게 박혀 있는 것인지를 말해준다.
우리의 지식이 주의 깊게 분리시켰던 여러 분과들(심리학, 생리학, 신경화
학, 사회학 등)의 접합부에서, 이 분과들은 그것들 사이에서 소리 없이 서
로 스며들어 각 분과의 정당화 작업과 울타리를 없앨 정도까지 확장되
었기 때문에, 이 개념은 몇십 년 전부터 엄청나게 확대되었다. 그리하여
이것은 오늘날에 이르러 우리의 생명력을 마비시킬 정도로 과다한 외적

자극에 의해 방해를 받고 혼란스러워지는 모든 것을 지칭하게 되었다. 이것은 마치 위에서 누르고 있는 무게 때문에 구부러지고 형태가 일그러진 금속 덩어리에 비유될 수 있다. "이 방해받는 것"에 대해 고전적 학문은 한 번도 그것의 위치를 정확하게 밝힐 수 없었기 때문에, 실망하게 —실패하게?— 되었다. 바로 이러한 점에서, 우리의 주의력을 끌어들이고 일상적 용법에 의해 그 의미가 부과된 이 관념은 우리의 이론적 야망에 대해 결정적인 분열을 끌어들이게 된다. 그 이유는 이 관념이 분과들의 경계선을 없앨 뿐만 아니라, 심리적인 것과 신체적인 것에 대한 모든 구분이 어느 정도로 더 이상 지탱될 수 없는 것인지를 지금까지 생각해온 것보다 훨씬 명확하게 드러내 보여주기 때문이다. 그러나 더 분명한 이유는 모든 지식이 각 지식의 영역을 특수화함에 반해, 이 스트레스의 관념은 우리로 하여금 이러한 특수화로부터 벗어나도록 강요하기 때문이다. 병에 걸렸을 때 유기체의 반응을 항상 좀 더 면밀하게 연구함을 통해 끊임없이 발전해왔던 의학과 대조적으로, 이 스트레스의 관념은 원리상 어떠한 분할이나 분류도 할 수 없는 것으로서의 증후가 지닌 일반화한 위상의 가치를 인식하도록 해준다. 오랜 서구의 문화적 전통은 언제나 우리의 사유 대상들을 좀 더 정확하게 구분할 뿐만 아니라, 인간의 경험을 분화된 구획들, 특히 의학적인 것/도덕적인 것/정신적인 것 사이의 구획들 안으로 분리해왔었다. 그러나 "스트레스"는 통과를 허락해주는 암호처럼 또는 어떻게 보면 통과를 불허하는 암호처럼, 자신만의 억압된 것이 지칠 줄 모르고 계속해 다시 올라오도록 만든다. "나는 스트레스를 받고 있다"는 표현은 언젠가부터 "나는 괜찮아!"라는 소박한 표현에 대한 반대로서 널리 퍼지게 되었다. 적어도 초기에 전문적 용어(야금술 용어)로서 사용되기 시작했던 이 어휘는 일상생활의 사유 속에서 엄연히 사용되면서, 하나의 증후를 표현하는 상투어가 되었다. 그리하여 이 용어는 우리에게 생명체의 "단일성" 또는 전체성과 같은 고전적 관념에 대해서보다는, 생명체의 **비분리성**에 대해 주의를 기울이라는 일종의 권고와 같은 역할을 하게 되었다. 바로 이러한 점에서, 이 용어는 **양생**의 개념과 동일한 작용을 지칭하지만, 그것과는 정반대의 방향에서 이루어지는 작용을 의미한다.

스트레스로부터 벗어나기 위해서, 우리는 이것과 상반된 어휘들에 대해서도 비슷한 주의를 기울일 필요가 있다. 그런데 이러한 어휘들 또한 체계화한 지식과 상관없이 우리의 심층으로부터 발생한 것이고 ―내가 이러한 방식으로 표현하자면― 유행이나 실생활에서의 사용을 통해(지하철에 부착되어 있는 광고물 등에서 나타나는 친숙한 언어를 통해) 부과된 것이다. **냉정함**cool, **참선**zen 등과 같이, 이러한 어휘들은 깊은 의미가 없고, 때 묻지 않았으며 이론적이지 않다. 그것은 마치 우리가 장애물과 고정화한 것을 즉각적으로 제거하고 생명의 유동성으로 되돌아가고자 할 때, 특별한 의미도 내용도 없는 이러한 외래 용어들에 도움을 구하는 것 외에는 다른 선택이 없는 것과 같다. 그렇다면 우리는 왜 스트레스로부터 벗어남을 표현하기 위해 외래어에서 차용된 이러한 용어들에 의존할 수밖에 없는가? 프랑스어 어휘에는 없는 이 용어들을 통해서, 우리는 무엇을 탐구할 수 있는가? 우리가 자문하게 되는 것은 "우리가 분과 과학들의 표준적 담론의 건축물 안으로 은밀하게 들어가기 위해서, 어떠한 틈을 열기 시작해야만 하는가?"이다. 그것은 단순히 외래 용어를 사용하는 것이 의미를 희석시킬 뿐만 아니라, 증진시키기도 하는 역설적 효과를 지니기 때문일까? 그 이유는 지나치게 전문화해 있지만 부추기는 힘이 결여되어 있는 모든 관념들 ―밋밋하고 추상적이며, 비생산적 관념(지나치게 신체적인 "느슨해짐", "휴식" 또는 "느긋함"과 지나치게 목가적이고 행복한 "경건성" 같은)― 이 축소된 방식으로밖에 파악할 수 없는 것을 극복하도록 도와줄 것이기 때문이다. 그렇게 되면 우리는 이러한 외래 용어들을 통해 얻게 될 의미론적 다의성의 혜택을 맛볼 터인데, 그 이유는 이것이 고정된 의미로부터의 일탈과 이완을 용이하게 만들고 더 나아가 동시에 다른 의미를 불러일으키는 힘도 높여줄 것이기 때문이다. 다른 관용어 안에서 일어나는 은유적 가치로의 전이는 그런 힘 ―의미를 강화시킴과 동시에 다른 의미와 결합시키는― 을 도와주게 된다.

아니면 우리는 스트레스에 적극적으로 대응하고 그것으로부터 벗어나기 위해, 인류학적으로 우리를 구성하고 있는 것으로 되돌아감을 통해, 전통적 교육 속에서 얻게 되는 지지대와는 다른 종류의 지지대를 더 근엄한 방식으로 찾아야 하는 것은 아닐까? 어떠한 경우가 되었든, 냉정함과 참선이라는 두 용어는 우리를 서구에서 인간적 행위의 두 기둥이자 버팀대로서 정립된 심리학과 도덕 밖으로 은연중에 끌어내고 있다. "냉정해지라"는 의도적 선택에 덜 귀속되는 차원으로의 물러남을 암시할 수 있는데, 그 이유는 이 차원이야말로 적당히 조절된 "중용"을 포함하고 있기 때문이다. 이러한 암시는 다양한 민족들의 풍속Ethos에 대한 전통적 규정 ―대개는 상상력이 가미된― 에 비슷한 것일 수 있는데, 우리는 그 단적인 예를 영국인의 특성을 냉정한 기질로 규정하는 데서 찾아볼 수 있다. 아니면 이것은 아마도 이미 지나치게 구조화해, 물질문명(코카콜라, 진, 티셔츠, 스니커 등과 함께 강제적으로 미국화한)에 따라서 전개된 더 자유로워진 삶의 방식 —젊은 세대의 전유물인 양 여겨지는— 에 대한 이미지를 전달해주는 것일 수도 있다. 그것은 풍속의 혁명인가 아니면 훌륭한 "품행"과 "가치"의 단순한 쇠퇴인가? 만약에 후자의 경우라면, 우리는 우리가 사용하는 일상적 범주들을 포기하거나 —그것들을 전복시키는 한이 있더라도— 이론적 선택들을 다시 문제 삼을 필요는 없다.

반면에 "참선을 수행하는 것"은 우리를 이러한 딜레마로부터 빠져나오게 할 수도 있다. 왜냐하면 참선을 수행하면, 은밀하지만 확고하고 참신한 방식으로 생명력의 도약과 정신적인 것을 소통시킬 새로운 길이 열릴 수도 있기 때문이다. 여기에서 요구되는 정신성은 사실상 우리를 신에게로 향하게 하고 오직 신적 사랑만을 추구하도록 구조화한 신학적 정신성이 아니다. 그것은 오히려 정신 자체가 긴장으로부터 벗어날 것을 요구한다. 『장자』에서 이미 나타나고 있듯이(선은 중국인이 불교를 토착화하면서 심화시킨 것이라는 사실을 잊지 말도록 하자), 선에서는 내적 해탈과 공空 사상이 중요한 위치를 차지한다. 거기에서는 모든 교리적 굴레와 관념적 내용 그리고 심지어 진리에 대한 절대적 요구까지 사라져버린다. 그런데 여기에서는 진리에 대해 "포기"했음에도 불구하고, 상대주의나 회의주의가 나타나지 않는다. 비록 이런 경지에 도달하기 위해서는, 이러한 두 주의를 반드시 거쳐야 하지만 말이다(이것은 『장자』에서 가장 이론적인 2장의 주제인데, "사물과 담론의 동등함에 관해"라는 제목만으로도 그 중요성이 곧장 드러난다). 사실 『장자』에서 다루어지고 있는 "충만"은 눈에 드러나는 것이라기보다는 거추장스러운 것이라 할 수 있다. 충만을 포기함은 형이상학적 관점에서 생각할 수 있는 사물들의 환상에 대한 포기가 아니라, 사물에 대한 집착으로서 발생하는 속박 —창발적 과

정의 자발적 흐름을 방해하는— 에 대한 포기인 것이다. 마찬가지로 장자가 되찾을 것을 호소하는 "공"은 선천적인 것이라기보다는 내재적인 것이다. 그것은 특정한 "무無"(존재론적)의 현현이 아니라, 간격을 두기와 공간을 비우는 것인데 사물들은 이를 통해 비로소 전개될 수 있다. 삶은 그것을 옥죄는 어떠한 것으로부터라도 벗어나 유연성을 되찾을 수 있는데, 삶은 바로 이러한 유연성을 통해 자신이 좋아하는 형태로 변형될 수 있다. 따라서 의도적으로 탈-존재론화(그리고 탈-신학화)에 근거한 이러한 의미로부터의 벗어남(교리와 믿음 그리고 진리로부터의 벗어남)은 저절로 존재의 압력을 약화시키게 되고, 그 결과 우리는 더 이상 간헐적으로든 강제적으로든 그러한 압력을 받지 않게 된다. 좀 더 정확하게 말하자면, 존재의 긴장(목표를 향해 나아가고, 의미를 추구하는 가운데 발생하는)에 맞서서, 삶은 그 항상성을 복원시키게 되고 그러한 항상성을 통해 유지된다.

　"참선을 수행하다"는 매우 일반적 표현이 되었음에도 불구하고, 아직 약간의 불합리성을 내포하고 있다. 그 불합리성은 술어 속에서 나타나는 모순contradictio in adjecto이라 할 수 있다. 사실 선에 도달함은 그 어떤 "의무"(해야 함)의 대상이 될 수 없기 때문에, 그것을 실천하라고 지시하는 어떠한 명령에도 저항하게 된다. 그것은 우리가 모든 "해야 함"에서 벗어났을 때, 그리고 특히 그러한 벗어남에 대한 명령 자체로부터 벗어났을 때야 비로소 선에 도달할 수 있기 때문이다(그리고 그때서야 비로소, 선이 무엇인지도 깨닫게 된다). 내재성("저절로 오는 것")에 대한 신뢰는 지시되는 것이 아니다. 바로 이러한 점에서, 내 생각에는, 진지한 명령법을 많이 사용하는 서구의 스토아 학파는 그 윤리학적 한계에 부딪히는 것 같아 보인다. 만약에 그렇다면, 스토아 학파가 윤리학과 "자연학" 사이에서 세운 "체계적" 연결은 허약한 것임이 드러난다. 왜냐하면 비록 자연학이 존재에 더 이상 접합되어 있지 않는다 해도, 스토아 학파의 자연학은 "자연에 맞추어" 살 것(살아야만 할 것)을 주장함 속에서 자연스럽게 휴식에 탐닉하기에는 너무나 충만적이고 역동적이기 때문이다. 이와는 대조적으로, 선은 추구와 목표를 포기함을 통해서만 실현될 수 있기 때문에, 중국의 선승들은 이 절에서 저 절로 구도의 순례를 하며 선을 이해하기 위해 그렇게 많은 시간을 들이게 되는 것이다. 그러나 그것은 궁극적 단계에서 "무엇으로의 지향ephiesthai"을 포기해야 하기 때문은 아니다. 그것은 또한 우리가 행위 그 자체 속에 또는 사건 속에 내재해 있는 하나의 목표를 발견함(스토아 학파의 "자기 목적주의")에만 한정되어 있기 때문도 아니다. 그것은 오히려 지향해야 할 대상이 더 이상 존재하지 않는다는 사실로부터 그러한 대상의 비어 있음[虛]이 홀연히 충만으로 전복되기 때문이다("전 세계"와 사물들 그리고 심지어 자기 자신의 "삶"에 대한 관심마저도 "외적인 것" —외적인 것이기 때문에, 더 이상 우리의 생명력을 방해하지 못하는— 으로 규정한 다음에, 장자는 이러한 홀연히 깨닫게 되는 경지를 "아침의 투명함"에 비유한다). 아니 오히려 그것은 이러한 대립마저도 사라졌을 때 가능할 것이다. 왜냐하면 그와 같은 "투명함"은 정확히 이 같은 인위적 구분들(비어 있음과 그것이 대립되는 충만 등)이 개입해 더 이상 장막을 치지 않게 될 때, 비로소 나타나는 것이기 때문이다. 우리가 비어 있음과 충만 모두에 열려 있고, 그중 하나에만 매어 있지 않게 될 때, 생명력의 자유로운 전개가 가능하게 된다. 『장자』는 "휴식을 취하고" "이완된[悠然]" 존재가 목표에 초점을 맞추느라 그리고 대립자들 중에서 하나를 선택하느라 발생하게 되는 긴장을 해소시킴으로써, 논리적으로 이해될 수 있는 길을 끊임없이 개척해나간다. 사실 이 두 개의 길은 항상 병행한다. 그중 하나의 길은 우리가 끊임없이 "모든 일이 저절로 일어나도록 방임하고", 그러한 일이 왜 일어났는지를 "탐구함 없이 그저 따라가기만 하는 길이다. 다른 하나의 길은 우리가 "그 기원이 무엇인지를 잊지 않으면서도, 궁극적 목적을 알려고 하지 않는 길이다"(6장, 곽경번 판, p.229). 바로 이러한 길을 통해, 궁극적 목적에 의존해 있는 서구의 행복과 구별되는 또 다른 길이 열리게 된다.

2

이와는 대조적으로, 서구에서 반-스트레스의 개념이 형성되는 것을 방해했던 것은 결의決意에 부여된 지배적 힘이라 할 수 있는데, 이는 의지 —고전기에 지배적 위치를 차지했던— 를 관장하는 심리적 기제에 대한 과학적 설명의 발달과 더불어 등장하게 된 것이다. 바로 이러한 이유에서, 오늘날의 서구인들은 이완 —우리는 이것이 건강에 얼마나 유익한 것인지를 자각하고 있다— 에 대한 통로를 마련하기 위해, 냉정함, 참선 등과 같은 가볍고 기발한 용어들을 차용하게 되었다. 사실 우리는 한편으로 갈레노스Claudios Galenos와 같은 사상가가 "영혼의 기능이 얼마나 신체의 체질들을 따르는지"[30]를 밝히기 위해, 영혼에 관한 자신의 유물론적 이론을 충분히 발전시켰던 사실의 중요성을 인식할 필요가 있다. 그의 이론에 따르면, 만약에 영양분이(더 넓게는 식이요법이) 신체의 체질을 결정한다면,

신체가 영혼의 기능들에 직접적으로 영향을 끼치는 것이 가능하게 된다. 그리하여 심리적인 것은 분명히 물질적 요인들에 의존하는 것으로 가정된다. 다른 한편 이와 반대되는 방향에서, 의학은 좋지 않은 일을 겪은 심리적 경험들이 어떻게 건강을 해칠 수 있는지에 대한 인과율적 설명을 제공함에 만족해한다. 이에 대한 증인인 데카르트는 엘리자베스(보헤미아의 왕녀—편집자 주)에게 보낸 편지에서, "완만하게 진행되는 열병의 가장 보편적인 원인은 슬픔이다"라고 쓰고 있다.[31] 왜냐하면 만약에 마음이 이러한 슬픔의 영향을 받아 혈액순환이 느려지면, 혈액의 가장 거친 부분들은 응고되고 "비장이 어지럽혀지며", 혈액의 가장 미세한 부분들은 허파에 영향을 주어 기침을 유발하기 때문이다. 그래서 단지 엄격한 스토아 학파의 방식에 따른 내적 훈련 —불행한 사건들의 상상과 감정들로부터 벗어나 더 이상 그것들의 영향을 받지 않고, 자신에게 닥친 시련을 극복하는 훈련— 에 의해서만, 우리는 그러한 신체적 허약함을 치료할 수 있게 될 것이다.

　서구의 철학자들은 이 같은 훈련법의 유용성을 주장함에 그치지 않고, 무엇보다도 우선적으로 자신들의 건강을 위해 그러한 훈련법을 몸소 실천했었다. 칸트는 심리요법을 스스로 실시해, 자신의 태생적 새가슴 때문에 생긴 우울증적 성향을 해소할 수 있었음에 대해 자랑스럽게 여겼었다. 데카르트 또한 자신의 어머니로부터 물려받은 기침과 창백함 —의사들은 하나같이 데카르트가 그로 인해 일찍 죽을 것이라 진단 내렸었다— 으로부터 자신이 치유될 수 있었던 것은 "모든 것이 내 마음에 너무나 잘 들어맞는다는 생각"으로 자신 앞에 펼쳐지는 사물들을 바라보는 성향 —이러한 성향은 그 자신의 결의로부터 형성된 것이다— 덕분이었다고 믿었다. 그는 자신이 허약해질 때마다 스토아적 의지가 깃든 결의로 스스로를 훈련시킴으로써, 그것에서 벗어날 수 있었다. 그래서 그는 스트레스로부터 벗어나게 할 수 있는 긴장 완화법에 대해 이론적으로 심화시키지 않고, 단지 지나가는 길에 언급만 하게 된다. 그는 젊은 여성에게 스파의 물이 혈액순환에 얼마나 좋은지 설명하는 데 덧붙여, 의사가 권고하는 민간요법을 전해주는 것으로 만족해했다. 그 요법이란 것은 "나무의 신록과 꽃의 다채로운 색깔 그리고 새의 비상과 같이 어떠한 주의도 기울일 필요가 없는 것들을 바라보면서, 아무것도 사유하지 않는 것이 최상이라고 확신하는 사람들을 모방하는 것"이다. 이런 방식으로 행동하는 것은, 데카르트는 강조하길, "시간을 낭비하는 것이 아니라, 잘 활용하는 것이다. 왜냐하면 우리는 이러한 방법을 통해, 현세의 삶 속에서 소유할 수 있는 모든 좋은 것들 중 가장 근본적인, 완전한 건강을 되찾을 수 있다는 희망을 통해 만족감을 얻을 수 있을 것이기 때문이다". 데카르트는 이에 대해 그 이상의 것을 언급하지 않는데, 그 이유는 그가 그 이상의 것에 대해서는 **말할 수가 없었기** 때문이다. 그가 말할 수 있었던 것은 단지 다음과 같은 독백 —아무것도 생각하지 말라!— 일 뿐이었다. 그러나 이 "아무것도 생각하지 말라"는 것의 의미는 무엇인가? 그것은 이 형이상학적 사상가에게 사유의 가능성마저 부정하는 것은 아닌가? 만약에 "아무것도 생각하지 않는 것"이 데카르트에게 자신의 사유가 끝나는 한계점 —그 한계를 넘어 그가 사유를 진척시킬 수 없는— 에 대한 표현이라면, 그것은 물론 그의 사유가 더 근본적인 비어 있음에 대한 직관으로 나아갈 수 없었기 때문이다. 실로 그는 자신의 경험으로부터 지각했던 실질적 탈-존재론 작업에 접속할 수 없었기 때문에, 다른 방안을 찾지 못하고 다시 스토아 학파가 주장하는 권고로 되돌아올 수밖에 없게 되었던 것이다.

3

"인간세人間世"라는 장에서, 장자는 스트레스를 일으키는 상황의 전형적인 경우를 예로 들면서, 그것을 치료해줄 수 있는 "양생"이 무엇인지를 밝히고 있다(4장, 곽경번 판, p.152).

섭공葉公 자고子高는 사신으로 제나라에 가게 되었을 때, 공자에게 물었다.

"왕이 제게 내린 사명은 매우 중대합니다. 사신에 대한 제나라의 태도에는 매우 정중한 데가 있지만, 교섭에는 급히 응하지 않을 것입니다. 보통 사람이라 하더라도 좀처럼 마음을 움직일 수가 없는데, 하물며 제후야 어찌 움직이겠습니까? 저는 이 일을 매우 걱정하고 있습니다.

선생님은 일찍이 제게 말씀하신 적이 있습니다. "일의 크고 작음에 관계없이 성공을 기쁘다고 생각하지 않는 사람은 없다"라고 말입니다. 이번에 일이 만약 잘 안 되면 반드시 왕으로부터 벌을 받을 터이고, 일이 잘된대도 틀림없이 애를 쓴 때문에 음양의 부조화(병)에 걸릴 것입니다. 성공하건 않건, 그 후에 아무런 해를 입지 않는다 함은, 오직 덕이 있는 자만이 할 수 있는 일인가 봅니다.

제가 먹는 음식은 보잘것없어서 맛이 없습니다. 밥을 시었어도 식은 밥이니까요(불을 사용해야 할 만큼 훌륭한 음식을 마련하는 것이 아니므로). 지금 저는 아침에 왕명을 받고 저녁에 얼음물을 마셨습니다만(몸이 더워져), 이는 [결코 잘 먹어서가 아니라] 긴장 때문에 몸에 열이 생겨서입니다. [그러고 보니] 저는 아직 일을 실행하기도 전에 이미 애를 써서 병에 걸린 셈입니다."

인용된 예는 다음과 같은 분명한 사실을 말해주고 있다. 즉, 이 음과 양의 혼란은 명백하게 주어진 임무의 스트레스에 의해 발생된 생리적 불균형의 결과이다. 외적 자극의 발산으로 인한 내적 발열은 아직 열병의 수준까지 가지는 않았지만, 이미 스트레스를 일으키는 요인에 대한 유기체의 전반적 반응인 일반적 무질서를 끌어들이고 있다. 그런데 공자(장자는 공자를 통해 답을 주고 있다)는 우선 관습적 교훈을 통해, 스토아적인 방식으로 "하늘 아래에는 크게 경계할 두 가지가 있다네! 그 하나는 운명이고, 다른 하나는 의리라네!"라고 대답하고 있다. "자식이 어버이를 사랑하는 것은 '운명'이기 때문에, 자식의 마음에서 그것을 풀어버릴 수는 없는 법이라네! 신하가 군주를 섬기는 일은 '의리'이니, 어디를 가나 군주는 군주라네! 이 세상 어디에서도 이 두 가지로부터 떠날 수는 없다네! 남의 신하로서 또는 자식으로서, 본래 어쩔 수도 없는 점이 있는 법이니, 오직 충실히 일을 하고 제 자신을 잊어야 한다네! 삶을 기뻐하고, 죽음을 싫어할 여유 따위가 어찌 있겠는가! [생사를 생각 말고] 자네는 단지 의무에 복종하고, 운명을 받아들여 왕의 명령에 따라 사신으로 그 나라에 가는 수밖에 없다네!"

공자의 입을 통해 언급된 이 답은 장자의 눈으로 볼 때는, 내적 결의와 피할 수 없는 것에 대한 받아들임을 통해 편안함을 제공해줄 용이하고 관습적인 가르침에 지나지 않을 것이다. 그러나 그다음 구절은 어조를 바꾸어 이러한 관점을 은밀하게 넘어서는 하나의 다른 가능성을 제시해주고 있다.

> 외부의 사물에 근거하면서도
> 자신의 정신을 자유롭게 전개시키기 위해서,
> 우리는 우리의 내적 균형을 배양할 수 있는 방식으로
> 응당 그렇게 될 수밖에 없는 것을 신뢰해야만 한다.

바로 여기에서, 공자의 제자는 스토아 철학의 체계와는 소박하게 다른 입장에서, 자신의 내적 심연을 유지할 수 있는 방식으로 바깥 세계와 그 세계의 모든 것들을 활용하도록 —그것들에 "올라타" 몰고 가도록— 권유를 받고 있다. 즉, 그는 특정한 입장이나 감정에 고정되지 않고 스트레스를 받지 않으며, 이완된 상태에서 편안하게 자신이 원하는 방식으로[遊](이는 스트레스 해소를 지칭하는 "장자"의 핵심 어휘이다), "삶을 영위하도록" 권유를 받고 있는 것이다. 일시적으로 부여된 임무의 외적 자극에 의해 자신이 쓸려가게 내버려 두는 대신에, 우리는 세상으로부터 우리에게 가장 본질적으로 다가오고, "그렇게 될 수밖에 없는" 내적 자극을 "신뢰해야만 하는 것"이다. 그러면 자신의 내적 평형을 "배양함[養中]"은, 내가 생각하기에, 정확하게 항상성의 관념에 상응하게 될 것이다. 그런데 내가 앞에서 개진시켰었던 이 관념은 스트레스를 설명하려는 이론가들이 심리적이고 감정적이며 동시에 신체적인 개인에 대한 근본적 조절 메커니즘의 관념을 형성하기 위해 활용했던 바로 그것이다. 사실 우리

가 더 이상 영혼과 신체 중에서 무엇을 양생해야 하는지에 대해 문제 삼지 않고, 마침내 그 양자택일을 초월해 오직 불가분적 생명력만을 문제 삼게 될 때야 비로소, 가장 본질적 의미의 "양생"은 실현되는 것이다. 즉, 음과 양을 조화롭게 해 음과 양이 서로에게서 받는 압력을 모두 경감시킬 때, 우리는 균형("중심", "중앙")을 배양할 수 있게 된다. 이 균형이란, 주석가에 따르면, 임무를 수행하기 전에 느꼈던 근심인 음과 임무가 성공적으로 수행되었을 때 느끼게 될 만족감인 양의 균형을 의미한다. 그리하여 우리는 이러한 조화롭게 **발전적으로** 유지됨 속에서, 생명적인 것과 도덕적인 것 그리고 정신적인 것(또는 우주적인 것)의 요구들을 구분할 필요가 없게 된다.

4

나는 또한 이 간결하고 소박하며 편안한 용어인 **냉정함**과 참선에 특권을 부여할 또 다른 이유를 찾을 수 있다. 왜냐하면 이국적 묘미의 이점을 지닌 이 용어들은 우리로 하여금 지금까지 우리가 행위하고 판단함에 있어 사용해왔던 두 개의 커다란 도덕적 또는 심리적 척도로부터 부수적 방식으로 벗어나도록 부추겨주기 때문이다. 이것은 이 어휘들 자체가 지닌 시적 영감의 힘과 관계가 있다. 쿨cool이라는 발음을 통해 짐작할 수 있는 것은 이 단어의 내재적 의미뿐만 아니라, 해안가로 말려들었다가 부서지는, 밀물일 때는 긴장을 몰고 오고 썰물일 때는 가져가버리는 파도처럼, 입술 위에서 펼쳐지는 가운데 무기력하게 사라져버리는 장음^{長音}도 중요하다는 사실이다(프랑스어 couler도 이와 마찬가지로 동일 모음의 반복 효과를 지니고 있지 않은가?). 이 단어는 외적 자극을 점진적으로 방출하고 고요하게 만드는 —그리하여 그것이 완전히 흡수될 때까지— 행위를 소리를 이용해 흉내 내고 있는 것이다. 선이란 것도 하나의 단어이긴 하지만, 활이 당겨진 후 손가락 사이의 활시위에 오랫동안 남아 있는 진동과 같은 반향을 음가로서 충분히 나타낸다는 점에서 단순한 단어 이상의 것을 함축하고 있다. 중국어에서 선^禪*을 찬^{tch'an}으로 발음하는 것은 이와 동일한 효과를 만들어내지는 못한다. 반면에 선^禪을 쩬^{zen}으로 발음하는 것은 진동의 효과는 더 내지만, 퍼져나가는 효과는 덜 내게 된다. 그것은 단순히 그 무엇을 가리키기만 할 뿐, 의미 부여를 위해 고민하지도 않고 하나의 관념으로 확정되지도 않는다. 이 둘은 모두 명백히 단음절의 혜택을 보고 있다(프랑스어 dé-tente, relâche, relaxation 또는 sérénité 등은 다음절이어서 이러한 효과를 누리지 못한다). 그런데 장자는 의도적으로 이와 같은 효과를 추구하고 있다. 세상 사람들이 성군이라고 말하는 유우씨^{有虞氏}보다 더 훌륭한 태씨^{泰氏}는 다음과 같이 말한다(7장, 곽경번 판, p.287).

그는 휴-휴^{hsu-hsu} 소리를 내며 자고^[其臥徐徐],

유-유^{yü-yü} 소리를 내며 잠에서 깨어난다^[其覺于于].

주석가들은 徐徐를 "이완된, 편안하게"로, 于于를 "스스로 만족하면

---

* 중국어에서 선禪은 두 가지로 발음된다.

서"로 번역한다(于于는 "평화롭게 잠들다"와 "아주 편안하게 일어나다"로 번역하고, 其覺은 "푹 자고, 상쾌한 기분으로 깨어나다"로 번역한다). 그러나 여기에서 가장 중요한 것은 바로 이 각각의 단어들(반복을 통해 강화된)에 의해 만들어지는 인상의 가치이다. 왜냐하면 于于는 어조사로만 쓰이고 있기 때문이다. 그래서 이 두 번째 용어는 특정의 대상을 명시하지 않을 뿐만 아니라, 어떤 의미를 지칭하지도 않는다. 그러한 의미로부터의 벗어남을 강조함으로써, 이 텍스트는 우리의 정신을 인간 종족이면 누구라도 빠지게 될 수밖에 없는 압력으로부터 해방시켜준다. 가장 길게 지속되는 스트레스의 원천인 이러한 압력 ―잠을 통해서조차도 별로 경감되지 않는― 은 언어를 어떻게 어휘화하며 그것에 대한 반응은 어떠한 것인지를 고민하는데서 발생하게 된다.

『장자』는 의지에 따른 결의로부터 우리를 은밀히 벗어나게 만드는 이런 스트레스 해소의 이완(의미 부여와 행위 그리고 의무들로부터의 이완)을 다양한 방식으로 표현하고 있다. 그럼에도 모든 것은 항상 스토아 학파의 주제와 같은 어떤 것에서부터 시작하게 된다(5장, 곽경번 판, p.212). 사실 죽음과 삶, 존속 또는 사라짐, 불행 또는 영광, 가난 또는 부유함 등의 영고성쇠는 "개인적 조화를 어지럽히고, 가장 깊숙한 내면으로 침투할 만큼 중요하지는 않다". 그러나 그 배경에서는 스토아 학파와의 차이가 다시 한 번 은밀하게 나타나고 있다. "지혜"란 우리가 이러한 영고성쇠를 뛰어넘어 "극복하고" 조화로운 삶을 "지속시키도록" 노력함(세상 그리고 자기 자신과 "소통"하는 가운데, 通의 이중적 의미) 속에 있다. 그러한 경지에 이르면, 우리는 결코 이러한 영고성쇠의 방해를 받지 않게 된다(따라서 우리는 "즐거움"으로부터도 유리되지 않는다). 다시 한 번 더 도가의 현자는 공자의 제자의 입을 빌려 말하길, "만약에 우리가 낮과 밤 동안에 터럭 끝만큼의 중단도 없이 세상과의 관계 맺음 속에서 봄철과 같이 신선한 상태에 머물 수 있다면, 그것으로 충분하다". 역동성을 깨어버리는 중단이 없음은, 중국의 무술에서와 같이, 우리가 한 동작에서 다음 동작으로 넘어감의 덕 그 자체에 열려 있어야 함을 의미한다. 마찬가지로 "봄철"을 끌어들임은 봄에 집착하는 것(그렇게 집착하면, 봄이 지나감을 애석하게 된다)이 아니라, 생명력에 끊임없이 활력을 불어넣어 주는 도약력에 동참할 것을 우리에게 말하고 있는 것이다. 따라서 그러한 활력의 유지는 엄밀히 말해 전개에 따르는 것이지, 스토아주의에서처럼 결의에 따르는 것이 아니다. 이것은 주석가들이 피상적으로 이해했던 것처럼, 단순히 세상과 자신의 관계를 조화롭고, 자신에게 이롭게 되도록 이끌어가야 함을 의미하는 것이 아니다. 그것은 오히려 계절이 전개되는 것과 같이, 이 세상과 함께하며 삶을 전개함을 의미하는 것이다. 그렇게 할 때, 우리는 연속되는 영고성쇠(이러한 변화의 항상성 덕분에)를 뛰어넘어, 우리의 생명력을 봄철이 몰고 오는 참신한 기운에 맞추어 지속적으로 유지시킬 수 있게 된다.

이러한 생명력을 자유롭게 만들어주는 이완은 모든 것을 포기하는 자유방임이나 의지적 경직성과는 날카로운 대립을 이룬다. 그것은 우리가 불필요한 자극과 흥분을 뛰어넘어, 이 세계를 끊임없이 새롭게 거듭나게 만드는 저 고무적 큰 흐름에 열려 있도록 해준다. 물론 이러한 이완은 신체적 조절과 유지 없이는 불가능하다. 그것은 우리로 하여금 우리의 행동거지에 수정을 가할 것을 권장한다. 아니면 오히려 그것은 그러한 수정의 결과로 나타난 것이라 할 수 있다. 바로 이러한 점에서 양생의 가르침은 철학과 분명하게 구분된다. 『장자』에서 설결齧缺은 피의被依에게 도가 무엇인지에 대해 물을 때, 피의는 곧장 다음과 같이 응답한다 (22장, 귀칭 판, p.737).

> 그대가 그대 모습을 단정히 하고[若正汝形],
>
> 그대의 눈길을 한곳에 집중한다면[一汝視]
>
> 자연의 화기가 바야흐로 모여들게 될 것이네[天和將至].
>
> 그대의 [이것저것 분별하는] 생각을 없애고[攝汝知],
>
> 그대의 태도를 바르게 하면[一汝度]
>
> [올바른] 정신이 몸에 찾아들게 될 것이네[神將來舍].

"도가 그대에게 깃들게 되면, 그대의 동공은 신생아의 동공과 같이 될 것이고, 시선은 순진하고 천진난만하며, 아무 선입견도 없을 것이니, 그대는 더 이상 인과성에 대해 묻지 않게 될 것이네." 그러면 마침내 사물들의 원인에 대해 끝없이 파고드는 의문은 사라질 것이다. 사실 참선을 수행하는 절에서 제일 먼저 배우는 수련법이 억지로 힘을 쓰지 않으면서도 곧게 가부좌를 틀며, 그 "올바른 자세"를 억지로 바꿔감 없이 —뻣뻣하게 되지도, 허리가 구부러지지도 않고— 계속 유지하는 것임은 잘 알려진 사실이다. 이러한 자세를 완전히 익히지 못하면, 절에 남아 있는 것은 아무 소용이 없게 된다. 어떠한 한마디 말보다도, 침묵 속에서 행하는 정좌법은 그 자체로 올바른 깨달음의 세계로 들어가게 한다. 따라서 "등의 중추[督]"(이곳을 통해 에너지의 순환이 일어난다)가 적합한 자세로 쭉 펼쳐지도록, 거친 땅 위에 제대로 앉아 있는 것으로 충분할 것이다. 자기 자신을 고양시키거나 어떤 목표에 도달하려고 노력할 필요가 없다. 그러면 내부에 막힌 것이나 응고된 것이 해소될 것이다. 바로 이러한 "태도의 통일성"을 통해서, 안과 밖을 소통시켜줄 연결 고리가 복원되고, 장자가 말했었듯이, 세상은 새롭게 세상 안에 "깃들게 되고", 또한 "모든 존재들은 자신에 알맞은 쓰임새 속에 정주定住하게 되는" 것이다. 그리하여 우리는 의미를 부여해야 하는(삶, 죽음 등에 대해) 스트레스를 유발하는 일로부터 벗어나게 된다. 참선은 그러한 효과의 성취에 대해 끊임없이 언급한다. 그것은 감각상으로나 관념상으로 명료한 가르침에 근거하고 있다. 이 구절에서, 설결은 피의가 미처 말을 끝내기도 전에 마침내 따분한 이성적 탐구를 그치고 깊은 잠에 빠져들 정도로 완벽한 이완을 이루고 있다. 이러한 구절은 예의범절이나 사제지간의 관계가 전도되어도 아랑곳하지 않을 정도의 경지에 이르는 법을 터득해야 함을 해학적으로 표현하고 있다.

12

우주적 운행의 영원한 침묵

1

혜강은 많은 사람들이 왜 불필요하게 장생의 가능성에 대해 의심하게 되는지 그 여러 가지 이유들을 고찰하고 반박한 다음에, 양생의 주제를 장생의 건강법과 스트레스 해소법의 주제에 명시적으로 연관시키면서 "양생"에 관한 작품을 끝맺는다. 결론 부분은 그것이 지닌 확실한 면 때문에, 여기에서 그 전문이 번역될 가치를 지니고 있다. 결론의 한 부분에서 다음 부분으로 넘어감에 있어 긴장은 동일하게 유지되고(사실상 논증다운 논증은 없지만) 논리적 조절이 잘 이루어져 있기 때문에, 모든 논의는 하나의 정합적 반죽 속으로 미끄러져 들어가게 된다. 어조의 모든 파동은 사라져, 단 하나의 정서적 마찰 소리마저 들리지 않게 된다.

양생의 대가大家는 다음과 같은 일들을 행하지 않는다.

투명하고, 비어 있으며, 고요하고, 침착한 그는

자신의 이익을 축소시키고, 욕망을 감소시킨다.

명성과 사회적 지위가 자신의 능력에 해가 됨을 알기에,

그는 이것들을 무시하고, 이것들을 얻기 위해 노심초사하지 않는다.

이는, 그가 이것들을 원하기 때문이 아니라, 이것들로부터 등을 돌리기 위해 노력하기 때문이다.

마찬가지로, 이것들이 지닌 풍부한 맛이 자신의 본성을 해침을 자각하고 있기에,

그는 이것들을 거부할 뿐만 아니라, 관심을 기울이지도 않는다.

이는, 그가 이것들을 본래는 열망하지만 그 열망을 자신 속에 담아두려고 하지 않기 때문이다.

외부의 사물들은, 그의 정신을 구속하는 한, 그에게 존재하지 않는다.

정신 속에서 정련된 기氣만이, 그것이 더럽혀지지 않는 한, 그에게 나타나게 된다.

텅 비어 있기에, 그는 걱정거리도 고뇌도 없다.

평온하기에, 그는 노심초사하지도 않고 두려워하지도 않는다.

그는 내적 단일성을 통해, 자신의 생명력을 수호하고,

조화를 통해 그 생명력을 기른다.

생명의 조화와 정합성은 매일매일 서로를 보완해가면서,

위대한 자연의 순응성과 결합하게 된다.

그리하여 그는 신비한 효능을 지닌 버섯의 향을 들이키고,

깨끗한 샘물로 몸을 적시며,

아침의 태양 빛으로 말리고,

현악기의 소리를 들으며 마음을 가라앉힌다.

행위를 하지 않아도, 그는 자기 자신을 소유하게 되어,

몸은 현묘해지고, 정신 또한 심오해진다.

만족 자체를 잊었기에, 그는 충만한 기쁨을 누리게 된다.

삶 자체를 떠났기에, 그는 자신의 인격을 보호할 수 있게 된다.

그래서 우리는 그를 나이에서 신선들仙們에 가까운 것으로 비교하고,

오랫동안 산 것으로는 왕교王喬와 버금가는 것으로 여긴다.

그렇다면 이 모든 것들은 어떠한 이유에서 존재하지 않을 수 있단 말인가?

이러한 요약은 여기에서 텍스트를 자기 강화의 방향으로 침전시키는 폐쇄적 효과를 창출해낸다. 그리하여 그것은 특정의 성향을 되풀이함으로써, 텍스트를 토론의 장으로부터 은연중 빠져나오게 만든다. 모든 기술은 한 문장에서 다음 문장으로 유연하게 미끄러져 들어감 속에 있다(두 의견 사이의 맹렬한 대립이나, 스토아 학파의 고집스러운 주장 같은 것도 없이). 앞서 논의된 주제들은 그 각각이 서로 연결되어 그 사이에 어떠한 틈도 남겨놓지 않으면서 모든 사유 가능한 것을 다루게 된다. 사실 모든 것은 다음과 같은 마지막 묶음 안에서 서로 연결된다. ⓐ 자신의 생명력을 통일시키고 구속에서 풀어냄을 통해, "수호"할 줄 아는 것(1장 참조), ⓑ 자신의 신체를 정련시켜 더 "섬세하게" 만듦을 통해, 정신을 "심오하게" 만드는 것(2장 참조), ⓒ 자신만을 위한 이기심을 축소시켜 자아를 완전하게 소유하고, "자신의 삶을 내려놓음"으로써 자신의 생명력을 가장 훌륭하게 펼치는 것(3장 참조), ⓓ 위대한 자연의 흐름에 순응함 속에서 내재하게 될 내적 휴식과 무위(4장과 11장의 탈-존재론 참조), ⓔ 호흡의

에너지를 정신적 차원으로 끌어들여 정화시키기[神氣](7장 참조), ⓕ 깨끗한 샘물이나 떠오르는 태양과 같은 세계의 요소들과 함께하고 동행할 만큼 이것들과 친밀한 관계에 도달할 수 있도록 만들어주는 양생의 과정들(8장 참조), ⓖ 스스로 만족하기를 추구하는 노력 자체에 대한 "망각"(내려놓음)으로부터 "충만한 즐거움"은 오고, 행복을 지향함은 이러한 충만 속에서 사라져 없어진다(헨릭스Robert G. Henricks는 이를 "그는 행복을 잊었다. 그 결과 그의 즐거움은 완전해졌다"라고 번역하고 있다, 9장 참조), ⓗ 배어들음-스며들음을 통한 영향의 논리와 장생의 건강법에 기초가 되는 생명력에 고유한 "정합성[理]"의 관념(10장 참조), ⓘ 궁극적으로 "항상성"에 의한 보양으로 이해되는 이 양생은 스트레스를 일으키는 모든 "압력"에 대해 "조화"와 "이완"을 고무시키는 것이다(11장 참조). 우리는 이 모든 논의 속에서 영혼의 관념이 한 번도 나타나지 않음을, 그리고 우리가 "신체"라는 통일적 용어로 지칭하는 것이 여기에서 한편으로는 신체를 구성하는 부분으로서의 체體와 다른 한편으로 개인적 생명으로서의 신身으로 나누어지고 있음을 주목할 수 있다(현대 중국어에서 이 둘이 합해져서 만들어진 용어 신체身體는 단지 몸만을 지칭한다, 5, 6장 참조).

우리는 이러한 모든 주제들이 얼마나 섬세하게 함께 얽혀 있는지에 대해 경탄하게 될 것이다. 그것들은 하나의 체계 속에서 강제적으로 구성되어 있지 않음에도, 서로가 서로를 밝혀준다. 그리하여 생명적인 것은 통일적 시각의 기초가 되는데, 이러한 시각은 실질적으로 종교뿐만 아니라 도덕의 자리도 차지하게 된다. 그런데 이러한 그물망은 지나치게 잘 짜여 있어서, 모든 갈등과 의심 그리고 근심들을 배제시키고 어떠한 일탈의 여지도 남겨놓지 않게(비명이나 웃음, 비장함이나 커다란 즐거움마저도 질식시킬 만큼) 되는가? 더 나아가 이러한 모든 것들을 부정하게될 정도까지인가? 왜냐하면 우리는 이러한 끝맺음의 말이 너무나 단호하게 외부의 것을 방치함에 대해 마찬가지로 놀라게 될 것이기 때문이다. "타자"는 특히 우리가 그것에 어떠한 형상을 부여했든, 철저하게 무시된다. 데카르트의 유아주의唯我主義가 잠정적인 것이었던 반면에, 이 장생법의 대가가 몰두하고("조화"가 함축하고 있는 것을 무한히 끌어안으면서) 있는 유아주의는 영원한 것이다. 이 대가는 결코 자신을 그러한 조화로부터 떼어낼 어떠한 것과도 부딪치지 않으려고 할 것이다. 따라서 그에게는 언설에 대한 자리 ―심지어 자아에 대한 반성적 언설의 자리마저도― 또한 남지 않게 된다. 만약에 사유한다는 것이 자기 자신과 대화하는 것이라면, 이러한 현자는 과연 사유하고 있다고 할 수 있을까? 생명적인 것의 고유한 이치에 대한 해명은 언어가 말과 사물을 나눔을 통해 최초에 끌어들였던 분리 이전 단계에서만 가능하게 된다. 혜강의 결론은 이리하여 저절로 사라져버리게 된다. 그래서 그것은 어떠한 메시지도 제시하지 않는 셈이 된다. 심지어 어떤 의미도 그것으로부터 추출되지 않는다.

2

이 장생법의 대가인 혜강에 대한 초상화를 그가 죽음을 받아들였던 방식과 대비시키는 것은 유익한 일일 것이다. 혜강은 결혼을 통해 최근에 몰락한 권세 가문의 인척이 되었으나, 평생을 거쳐 정치와 이로부터 오는 고통에서 떨어져 있기 위해 모든 노력을 기울였었다. 어느 날 왕궁의 권세가들 중 한 사람(종회)이 그를 방문해 안부 인사를 올리고자 했을 때, 혜강은 마치 그 손님이 거기에 없는 듯이, 대장간에서 계속해 쇠붙이 일을 하고 있었다. 더 순수하고 견고한 물질을 추출해내기 위해, 조야한 재료를 불에 녹이는 것은 그가 자기 자신에 대해 불멸의 몸을 단련시키기 위한 것이 아니었을까? 이것은 특히 노자가 말하고 있듯이(5절), "하늘과 땅" 사이의 것, 즉 우리 주위의 모든 것은 우주의 에너지를 끝없이 활성화하는 "하나의 거대한 풀무"와 같은 것이 아니겠는가? 불쑥 찾아온 손님에 대한 가르침은 확실해진다. 즉, 그것은 세상사에 의해 결코 방해받지 않겠다는 의지의 표명인 것이다.

그런데 우리는 비록 정치의 당파 싸움과 허영심들로부터 멀리 떨어져 있을 수는 있으나, 정치적인 것으로부터 아무런 대가를 치르지 않고 벗어날 수는 없다. 자율성의 조건들에 대해 사유하기 위해, 우리는 모든 것을 통일시키는 "조화"에 대해 찬양하고 "자연적인 것"에 거스르는 일을 삼가게 된다. 세계에 외재적이고 이 세상을 초월해 있는 어떠한 본질, 형상이나 모델(정의나 선) ―서구인이 도달하고자 열망하는 것― 을 생각하지 않기 때문에, 중국의 선비는 아무리 힘이 자의적으로 휘둘러져도, 그것에 어떠한 이의도 제기하지 못하고 곧장 순응해버린다. 그런데 이러한 힘을 우주론적 용어들 ―하늘과 땅, 음과 양― 로 정당화하는 것은 자기소외를 증가시킬 뿐이다. 갈등에 대해 생각함을 스스로 거부하기 때문에, 그는 이러한 갈등의 노예가 된다. 사실 이상적인 "융통성"을 자신이 지닌 인격의 포괄적 성향 ―모든 가능성에 동일하게 열려 있고, 그러한 가능성 중 어떠한 것도 선험적으로 포기하지 않는― 으로서 여김을 통해, 그의 행위는 단지 상황의 논리에 따라서만 전개된다. 그 결과 그는 권력에 맞닥뜨렸을 때, 어떠한 입장도 취할 수 없게 된다. 왜냐하면 하나의 "입장"이라는 것은 반대 의견에 대한 저지와 동결시킴을, 그 결과 어느 한편을 지지하는 편파성을 함축하는 것이기 때문이다. 어느 한편에 서기를 거절하고 "양편 모두에 찬성도 반대도 하지 않음"을 통해, 공자가 권고했듯이(『논어』, IV, 10), 그는 권력의 편과 다른 편을 조직하는 일을 스스로 포기하고 일탈의 가능성을 받아들이지 않게 된다. 그래서 중국의 선비는 결코 역사에 의해 형성된 가치 체계와 전혀 다른 가치 체계에 기대고자 하는 지성인으로 환골탈태되지 못한다. 사실 정치적 체계 ─해방시키는─ 가 구성되고, 그것이 실질적으로 제도 속에서 구조화하기 위해서는, 중국인이 생각하고 있었던 한없이 조화롭고 창발적인 기능성과 관계를 끊는 이상성의 차원이 도출되어야만 할 필요가 있다. 달리 표현하면, 유토피아의 개념이 형성되어야만 한다는 것이다. 이런 이상향의 개념은 그리스에서 적어도 플라톤(『국가론』)을 시발점으로 해 나타난 것이다. 그런데 이 개념이야말로 서구에서 행복의 관념에 대해 열정적으로 헌신함의 목적이 된다. 끊임없이 갱신되는 이 행복의 관념은 자율성을 증진시켜줄 정치적인 것이 하나의 **분리된** 체계로서 생성되도록 하기 위해, 지불해야만 할 대가 ─매우 값비싼─ 인 것이다.

　이러한 이상향의 관념을 갖고 있지 않았기에, 중국의 선비들은 분리된 정치 영역을 개발할 수단을 지니지 못하게 되었다. 2000년 이상 지속된 그들의 역사 내내, 그들이 선택할 수 있는 유일한 행동은 군주를 위해 충성을 바치는 것과 개인적 인격을 함양하는 일뿐이었다. 그들은 어떠한 종류의 권리도 얻어낼 수가 없었다. 자신을 방어하고 반대 의견을 제시할 권리도 없었기 때문에, 비판할 수 있는 권리는 더욱더 불가능했다. 물론 군주에게 "충언"을 드려야 할 의무가 신하에게는 있었지만, 그러한 반대의견의 제기는 자신의 목숨을 걸어야 하는 모험과 위험이 따르기 때문에, 실제로는 금지되어 있는 것이나 다름없었다. 사실 신하는 어떠한 명분으로 항의할 수 있었겠는가? 혜강의 일생은 바로 이러한 현실을 여실히 증명해주고 있다. 혜강은 불미스러운 가족사 ―그 자신은 아무 책임이 없는― 에 얽히게 되었기 때문에, 그 당시 권력자들이 그에게 책임을 씌워 그를 감옥에 보내는 것은 매우 쉬운 일이었다. 관직에 나아가는 것을 거부했을 뿐만 아니라, 거대한 자연의 운행이 인간적 차원에서 구현되고 있는 것으로 간주되는 국가라는 기관 없이도 살아갈 수 있음을 행동으로 보여준 그를 제거하기 위해서는 실제적으로 어떠한 핑계를 갖다 대도 충분했던 것이다. 왜냐하면 국가가 장생법을 터득하기 위해 수행하는 개인적 자기 수양과 이러한 우주적 질서 ―장생법 수행자가 자신의 수행을 위해 도움을 청할 수밖에 없는― 사이에 필연적으로 끼어들고 있기 때문이다. 물론 중국 선비의 전통은 "앞으로 나아가는 것"과 "뒤로 물러서는 것", 관직 봉사와 관직에서 은퇴하는 것, 왕실에서 일하는 것과 피리를 불며 죽림에서 노니는 것이 우주의 조화로운 번갈아 나타남의 원리가 그들의 삶 속에서 구체화한 것으로 여긴다. 그러나 이러한 "번갈아 나타남"은 근원적으로는 하나의 환상 ―유토피아적인 가치가 없는 단순한 회피― 인데, 그러한 삶의 반복이 그 환상을 은폐하고 있을 뿐이다. 이러한 번갈아 나타남은 그 결말에 관한 한 요행마저도 허용하지 않았던 것이다.

혜강은 39세의 나이에 사형선고를 받게 된다. 대학의 유생 3000명은 스승님을 구원하기 위해 탄원서 —그를 살릴 수 있는 유일한 해결책— 를 제출했으나, 받아들여지지 않는다. 그런데 이러한 부당한 죽음보다 더 심각한 것은 이러한 죽음이 아무런 역할도 수행하지 못했었다는 사실이다. 모범으로서의 가치를 부여받고, 그 가치가 구현시킨 이상을 통해 다른 차원의 가치가 존재함을 보여준 소크라테스의 죽음과는 달리, 혜강의 죽음은 비록 인구에 회자되고 문학적 주제가 되었으며 많은 사람들의 회한을 불러일으켰지만, 중국적 전통 안에서 결코 저항을 정당화하거나 진보에 대한 희망이나 사유를 고무시키는 역할을 하지 못했다. 거기에는 충분한 이유가 있다. 우선 재판의 과정, 즉 어떤 주장에 대해 찬성 또는 반대를 하는 변론의 과정이(실질적으로 그러한 제도 자체가 없었으므로) 없었다. 중국에서는 그리스와 달리 "반론"이란 것이 없었던 것이다. 언급되지 않는 것이 우선이었기 때문에, 암시적인 것의 힘은 논박을 통해 하나의 입장을 구성하는 힘을 단번에 흡수해버렸다. 그래서 혜강은 잘못 때문에 체제순응주의에 거역하는 태도와 그러한 태도가 이끌어들인 위험들 —이것은 숙고해보아야 할 대상이다— 을 구체적으로 겪은 사람이 되었다. 더 유감스러운 것은 감옥에서 지은 그의 마지막 시 「암울한 슬픔」이 비록 시선집 속에 제대로 정리되어 수록되어 있으나, 그것은 단지 혜강이 결국에는 지배 당국에 대해 자신의 뉘우침을 표현한 겸손의 궁극적 증거로서 해석되고 있다는 사실이다. 그는 거대한 자연적 운행성이라는 이념주의적 틀 —이 틀은 그를 꽉 붙들고, 삼켜버렸다— 에서 빠져나올 수가 없었던 것이다. 권력의 힘은 모든 것을 꼼짝 못하게 만들기 때문에, 그것에 적대되는 어떠한 언설도 만천하에 결코 드러날 수가 없다. 전해지는 바에 따르면, 혜강은 사형이 집행되기 직전에 마지막으로 자신의 현악기로「위대한 평화의 찬가」를 연주했다고 한다. 사실상 그 순간에 그는 다시 한 번 자연의 조화를 기원하는 것 외에 어떠한 다른 도움을 요청할 수 있었을까? 그러고 나서, 목이 떨어지는 그 순간에 그는 자신의 그림자를 보기 위해 고개를 뒤로 돌렸다고 전해진다. 슬프도다! 그를 항상 따라다녔던 저 그림자는 아직 거기에 있거늘! 도가적 믿음에 의하면, 자신의 본성을 완벽하게 정련시켜 해맑게 만든 사람은 자신의 뒤에 투사된 자신의 그림자를 더 이상 볼 수 없게 되는 순간에 완전히 정화된 자기 자신의 물질성이 마침내 불멸의 것이 되었다고 확신했을 텐데 말이다.

3

양생법의 대가였던 혜강이 겪었던 저 파란만장한 운명을 묘사하고 있는 이 자서전적 초상화를 통해서, 우리는 그가 왜 절대적 타자와 언어를 지니지 않았을 뿐만 아니라, 모든 시간성과의 관계로부터 벗어남 —바로 이러한 이유에서, 그에게는 과거가 없다— 을 통해 자신을 지키려고 했었는지도 더 잘 이해할 수 있게 된다. 그렇다면 그는 여전히 진정한 의미에서 "주체"라 할 수 있는가? 비록 그가 신비한 방법으로 세계 전체(또는 신) 속에 용해되지 않고, 무위를 통해 "자기 자신에 도달했거나 자기 자신을 얻었다[自得]"고 하더라도, 그는 자신의 삶을 돌보지 않은 채 "자신의 고유한 인격을 존속시켰다[身存]"고 말할 수 있을까? 문제가 되는 것이 결국 자신의 개인적 삶일지라도(실제로 자신의 생명이라는 자산보다도 더 엄밀하게 개인적인 것이 무엇이 있겠는가!), 그는 궁극적으로 모든 인성과 성격을 대부분 비워내고 있다. 사실 그에게는 어떠한 것의 흔적도 남아 있지 않은 것처럼 보인다. 이러한 흐름의 한복판에서는 초점의 집중이나 심지어 터럭만큼 작은 알갱이마저도 만들어지지 않는다. 그는 모든 옥죄임으로부터 벗어나 있기에, 어떠한 사건 ―그것이 탈아적 경지에 이르게 하는 사건이든, 외상을 입히는 사건이든지 간에― 의 가능성도 그에게 미칠 수가 없게 된다. 그는 사랑이나 증오의 관계도 맺지 않고 어떠한 "객체"도 갖지 않기 때문에, 그에게는 엄밀히 말하자면 어떠한 일도 일어나지 않게 된다. 그러나 개인적 역사를 갖고 있지 않기에, 그는 절대적 역사 ―에너지를 가장 많이 소비시키는 역사― 에 의해 그만큼 더 공격을 받게 된다.

따라서 이러한 지혜의 모습은 내가 생각하기에, 단순한 이념적인 이점 이상의 것을 제공해준다. 정신분석학 또한 때때로 이러한 지혜에 대해 관심을 갖게 된다. 그것은 이러한 지혜가 정신분석학의 방법과 전혀 무관한 것 같은데도, 또 다른 길을 암시할 수 있을지 모르기 때문이다. 이 두 가지 ―정신분석학에서의 억압에 대한 메타심리학적 탐구와 해독의 작업 또는 양생법에 의한 에너지에 대한 정련과 탈-몰입의 작업― 에 대한 비교는 자기 자신에 대해 수행할 수 있는 대안적 방법을 제시해줄 것이다. 정신분석학과 양생법은 이렇게 평행선을 달리면서, 각자가 상대방을 배제시킬 것을 주장하게 될까? 아니면 양생법은 "다른 해결책"이 될 수 있을 것인가? 신경쇠약증 발생과 인격 형성에 동시에 관련되는 무의식적 차원의 존재론적 얽혀 있음(성적인 문제와 특정 사실에 연관된) 속으로 거슬러 올라가기 위해, 우리는 과거에 타인과 맺고 있었던 관계를 탐구하는(상담 치료, 전이 등) 대신에, 다른 종류의 탈·몰입 방법을 탐구할 수도 있다. 그것은 우리가 행하는 소통 —내면적 소통과 "세상"과의 소통, 심리적·신체적·생리적 소통— 의 "방법들"을 변환시킴으로써, 자신의 전 구성적 존재(단순한 "영혼" 또는 "신체"를 넘어서는)가 완벽하게 전개되어 나가도록 만들거나 또는 "수호하는 것"이다. 그렇게 되면, 우리는 특정의 자기 성찰이 아니라, 호흡의 기본적 기능에 의지하게 될 것이다(그다음 단계로는 자신의 에너지, 평정심, 올바른 자세 등으로 향한 "내면적 시선"에 의지하게 될 것이다). 우리는 또한 더 이상 말을 통한 의미 규정과 자유로워짐의 힘을 중시하지 않게 될 것이다(물론 정신분석학자들은 분명히 말이 지닌 고백의 기능에 대해서는 서로 이의를 제기하겠지만). 그 대신에 우리는 초연함과 정신 집중의 수련을 통해 실현되는 "자아 비움"과 "배출"의 역량을 중시하게 될 것인데, 그 이유는 이러한 수련 과정이 자신의 전 존재 속에서 완전한 창발성을 재정립하고 그럼으로써 유기체적인 것과 정신적인 것의 통일성을 새롭게 복원시킬 것이기 때문이다. 이러한 수련은 삶의 불투명성이 깨끗하게 씻어지고, 모든 것이 그 도약력을 되찾게 되는 "아침의 투명함"에 도달할 때까지 계속될 것이다. 오늘날 서구에서 이러한 내적 조화의 활동을 지칭하기 위해 가장 일반적으로 사용되고 있는 용어인 "명상"은 요컨대 생명력을 완벽하게 발달시킬 이 양생과 **충전화**의 과정을 정확히 표현하기에는 불충분한 것임이 밝혀지고 있다.

이러한 점에서 본질적인 것은 이 두 가지 가능성이 병존하고 있기 때문에 오늘날 사람들이 서구의 위대한 **카타르시스**의 전통 —정신분석학은 여전히 감정을 정화시키고 변화시킴을 목표로 삼는 이러한 방법에 의존하고 있다— 에 참여하거나, 아니면 중국의 위대한 도와 우주적 에너지 조절의 전통에 참여할 수도 있다는 사실이다. 현대인들은 자신의 기호에 따라 동양의 양생법 대가의 문을 두드려 장생법을 수련할 수도 있고, 서양의 "정신분석학자"의 문을 두드려 긴 의자에 누워 심리 치료를 받을 수도 있는 것이다(마치 두 종류의 의학과 두 종류의 요리가 존재하듯이 말이다). 그러나 내가 생각하기에 더 중요한 것은 이 두 가능성의 병존이 오직 개인적 삶과 그것의 영위만을 돌봄에 근거해 있기 때문에 공통적으로 존재의 궁극 목적론에서 벗어나는 데 초점을 맞추고 있다는 사실이다. 왜냐하면 이 두 영역은 모두 고착됨과 고정됨으로부터 벗어남을 통해 방해물들과 폐쇄적인 것들을 감소시켜, 생명력이 윤활하게 흐르도록 함을 그 유일한 목적으로 삼고 있기 때문이다. 사실 정신분석학은 비록 이념적으로 그리고 어느 면에서는 유전적으로 ─적어도 프로이트에 있어서─ 궁극적 목적성에 집착하고 있지만, 실제에서는 에너지 소비(억압과 강박관념 등에 기인한)의 현상에 최우선적으로 관심을 기울이고 있다. 그런데 우리는 최근에 서구에서 일어나고 있는 의미의 창출과 발전에 대한 이러한 한결같은 무관심에 대한 유일한 해결책으로서, 의미를 되찾으려는 노력이 집단적으로 일어나고 있음을 보게 된다. 그것은 종교적인 것으로의 근원적 회귀 ─"신성한 것", 절대적 악에 대한 물음, 신으로의 회귀─ 를 통해("종교"와 함께하든지, 함께하지 않든지에 상관없이) 이루어진다.

이러한 현상에 직면해, 내가 보기에, 철학은 늦게 반응하고 있을 뿐만 아니라, 상대적으로 어떻게 대처해야 할지 그 수단을 찾지도 못하고 있는 것 같다. 이러한 상황의 전개는 명백히 철학에게도 새로운 프로그램의 개발을 요구하게 된다. 사실 철학은 이러한 궁극적 목적성이 비어 있음을 은폐시키려고 하거나, 다른 것으로 채우려고 해서도 안 된다. 만약에 철학이 그렇게 하고자 하면, 철학은 시대에 뒤떨어진 이념들만을 재활용하게 되는 위험에 처할 것이다. 내가 생각하기에, 오늘날 철학이 해야 할 일은 무엇보다도 우선적으로 절대적 의미에 대한 이러한 요청 자체에 대해 스스로 다시 물어보는 것이다. 사실 이 의미의 필요성은 철학으로 하여금 지금까지도 절대적 진리에 대한 추구를 이어받아, "존재"에 대해 사유하도록 끊임없이 채찍질해왔다. 그러한 목적을 달성하기 위해, 철학이 그다음 단계로서 해야 할 일은 다른 문명들이 택한 문화적 선택들에 근거해, 철학이 고유하게 지니고 있는 인류학적 선입견이 무엇인지에 대해 좀 더 근본적으로 물어보는 것이다. 철학은 철학 자체에 대해 성찰해보기 위해, 이러한 다른 문명들을 활용할 수 있을 것이다. 그렇다고 해서 그 활용은 철학이 세계화한 이후부터 철학이 해야 할 일이라고 주장해온 것처럼, 더 많은 다양성을 받아들이기 위해 "개념을 개방하는 작업"으로 이루어지지는 않을 것이다. 그것은 오히려 철학 자신이 근본적 흐트러짐 —철학에서는 여태까지 한 번도 없었던— 의 시련을 겪어보는 것인데, 그러한 흐트러짐은 오늘날의 예술만이 할 수 있는 흐트러짐에 비교될 수 있다. 그러한 흐트러짐이란 철학이 부지불식간에 행하는 이 모든 선택과 결합의 유희를 분명하게 드러내는 작업인데, 철학자체의 특별한 운명은 바로 이러한 유희에 의해 결정되는 것이다. 사실예술은 언제나 철학보다 앞서 가고 있지 않는가(그리고 현대에서도 예술만이 유일하게, 그 실제를 통해 그 자신의 뿌리를 뽑아내려는 시도를 하고 있지 않는가?)? 오늘날 예술은 어떻게 다양한 문화들을 탐색하면서, 자신의 유전적 특성들과의 관계를 끊어내고 스스로를 재창조할 수 있는지 철학에게 보여주고 있다. 이러한 시도로부터 출발해야, 철학은 비로소 용이한 이국취미에 젖어 외부의 것에 의해 침식당하지 않고, 보편성에 대한 확보라는 자신의 사명을 좀 더 엄격한 방법으로 다시 완수해나갈 수 있을 것이다. 그런 다음에야만 철학은 자신의 전통적 영역 —오늘날 철학에 대한 요구가 가장 시급하게 느껴지는 도덕과 정치 영역에서 특히— 을 다시 차지하기 위한 더 대담한(더 자신만만한) 재투자를 할 수 있게 될 것이다.

주와 참고 서적

1 «Les procédés de "Nourrir le principe vital" dans la religion taoïste ancienne», repris dans *Le Taoïsme et les Religions chinoises*, Paris, Gallimard, 1971, p.481s.

2 *L'Œuvre complète de Tchouang-tseu*, trad. en français par Liou Kia-hway, Paris, Gallimard, 1973, p.70; *Chuang-tzu, The Seven Chapters and Other Writings from the Book*, trad. en anglais par A. C. Graham, Londres, George Allen & Unwin, p.87.

3 «Lettre à Andre Rouveyre sur le dessin de l'arbre», *Écrits et propos sur l'art*, Paris, Hermann, 1972, pp.166~167.

4 *Les Origines de la pensée européenne. Sur le corps, l'esprit, l'âme, lemonde, le temps et le destin*, traduit de l'anglais par Barbara Cassin. Armelle Debru et Michel Narcy, Paris, seuil, 1999, p.199s.

5 우리는 "인간"을 단지 "살"과 "숨" 그리고 "내적 안내자"[hegemonikon]로 이루어진 합성물에 지나지 않는 것으로 축소시키길 원할 수도 있다. 그러나 아우렐리우스(『명상록』, II, 2)가 그랬듯이, 서구의 주체는 자신의 영혼에 말을 건다["오, 나의 영혼이여! 훌륭하고 곧으며 하나이고, 있는 그대로인 그대는 결코 그대를 감싸고 있는 몸보다 더 분명할 수는 없는 것인가?"(『명상록』, X, 1)].

6 "흥분은 충동이 심리적 생명 안에 표상된 것이다"(«Triebe und Triebschicksale»(«Pulsions et destins de pulsion»). in *Metapsychologie I, Gesammelte Werke*, Francfort-sur-le-Main, Fischer Verlag, t. X, p.215.

7 고대 중국어에서 생체生體는 정신의 인식 작용 외에도 다른 기능들, 특히 감각의 지각들도 포함할 수 있다. 그것은 이리하여 그 전체 속에서 파악된 인격의 구성적 존재를 의미하게 된다(『악기樂記』에 쓰여 있기를, "느리고 손상된 숨은 생체 안에서 창출되어서는 안 된다. 그래야 다양한 감각과 정신의 인식 활동 그리고 모든 신체적 구성 인자들은 올바름을 따름으로써, 평형성을 유지하게 된다"). 따라서 생체는 건강과 가장 일반적 방식으로 이해된 생명성의 충만한 체제를 의미하게 된다.

8 "신체는 도에 의해서만 만들어질 수 있다. 삶은 덕에 의해서만 현현될 수 있다. 건강을 보존하는 자만이 장수할 수 있다"(*L'CEuvre complète de Tchouang-tseu, op cit.*, p.101).

9 *Propos sur l'art*, éd. de Marie-Laure Bernadac et Androula Michael, Paris, Gallimard, 1998, p.123.

마찬가지로 우리는 장생의 문제가 다른 대화 편에서도 논리적으로 다시 나타남을 볼 수 있다(*ibid.*, p.117)

피카소는 불필요한 동작을 전혀 하지 않으면서, 세 시간 또는 네 시간 동안 연속으로 작업할 수 있었다. 나는 그에게 그렇게 오랜 시간 동안 서서 작업하면 피로를 느끼지 않느냐고 물었다. 그는 고개를 흔들며 대답했다. "전혀 그렇지 않습니다. 내가 일하는 동안에, 나는 나의 몸을 문에 내려놓는답니다. 마치 이슬람교 신자들이 사원에 들어가기 전 그들의 신발을 벗어놓듯이 말입니다. 이러한 상태에서, 몸은 순전히 식물과 같은 방식으로 있게 된답니다. 바로 그러한 이유에서, 우리 화가들은 일반적으로 매우 오래 살게 되지요."

10 이러한 양생의 요가식 체조법과 호흡법에 대해서는 특히 다음 참조. *Daojia yangshengshu(L'Art du nourrissement vital des taoïstes)* cmpilé par Chen

Yaoting, Li Ziwei et Liu Zhongyu, Shanghai, presses de l'université Fu-
dan; ainsi qu'à la grande compilation japonaise de Yasuyori Tamba,
chap. 26, «De l'obtention de la longévité», et 27, «Le nourrissement vital»
(cf. *The Essentials of Medicine in Ancient China and Japan*, Yasuyori Tam-
ba's Ishimpô, traduction introduction et notes par Emil C. H. Hsia, Ilza
Veith, Robert H. Geertsma, Leyde, E. J. Brill, 1986, 2ᵉ partie).

11 이 서로 다른 관념들의 관계에 대해서는 다음 참조. Xiao Tianshi, *Daojia
yangshengxue gaiyao*, Zhongzhou guji chubanshe, 1988, notamment p.203s.

12 *Sein und Zeit*, §15, «Das Sein des in dur Umwelt begegnenden Seienden».

13 *Leçons sur Tchouang-tseu*, Paris, Allia, 2002, p.15s.

14 *Das Unbehagen in der Kultur*, §2.

15 이러한 철학적 어리석음의 마지막 예와 같이, 『행복에 관한 가장 훌륭한 이
야기』의 첫 번째 문구는 다음처럼 시작한다. "산다는 것만으로는 충분하지
않다. 행복하게 살아야 제대로 사는 것이다. 우리의 존재는 행복의 장소이
자 시간일 때만, 의미와 맛을 지닐 수 있다(André Compte-Sponville, Jean Delu-
meau, Arlette Farge, Paris, Seuil, 2004). 우리는 삶에서 행복을 기다린다. 우리
는 가끔 그 행복을 기다리느라 우리의 삶을 다 보내기까지 한다(Alice Ger-
main, prologue, p.9).

16 Cf. notamment «Tribe und Teibschicksale», *op. cit.*

17 *Phänomenologie des Geistes*, chap. IV, Hambourg, Felix Meiner Verlag,
p.122s.; trad. de Jean Hyppolite, paris, Aubier, 1944, p.147s.

18 Quand je lis par exemple dans une traduction française (Donald Holzman,
La Vie et la Pensée de Hi K'ang(223-262 apr. J.-C.), Leyde, E. J. Brill, 1957,

p.43]. "혜강은 그에게 삶의 목표가 무엇인지를 물었는데, 그는 결코 대답하지 않았다"라고 번역되어 있다. 그러나 다른 중국 텍스트에는, "혜강은 그에게 그 자신이 세운 계획(또는 의도)을 물었다"라고 되어 있다. 여기에서 도圖는 지도, 설계도, 또는 도표를 의미한다.

19 우리가 『시경』이나 『예기』에서 보듯이, 고대 중국어에서 도圖는 마치 표적(또는 대상)과 좋은 본보기가 밝게 비추어주는 역할을 하는 것과 같이, "목표"라는 의미와 함께 "영리한"이란 의미로 널리 통용되었다. "목적"이란 의미는 훨씬 더 드물게 사용된다(예를 들어, 『한비자』 22장을 보면, "목적에 적용해보지 않고, 이론들을 듣고자 하는 군주는 어리석을지어다"라는 구절이 있다).

20 Héraclite, fr.119, *Die Fragmente der Vorsokratiker*, Diels-Kranz, I, p.177.

21 Démocrite, fr.170~171, *ibid.*, II, pp.178~179.

22 «Le miroir spirituel», *Choix d'études bouddhiques*, Leyde, E. J. Brill, 1973, p.131s.

23 *Nourrir la vie, Yang sheng lun, Wenxuan*, chap. 53; trad. en français par Donald Holzman, *La Vie et la Pensée de Hi K'ang, op. cit.*; trad. en anglais par Robert G. Henricks, *Philosophy and Argumentation in Third-Century China, The Essays of Hsi K'ang*, Princeton University Press, 1983.

24 D. Holzman, *ibid.*, p.52.

25 Voir Jackie Pigeaud, *L'Art et le Vivant*, Paris, Gallimard, 1995, chap.VI, «L'esthétique de Galien»; cf. Per-Gunnar Ottosson, *Scholastic Medicine and Philosophy*, Naples, Bibliopolis, 1984, chap.III.

26 *De la dignité et de l'accroissement des sciences*, IV, 2.

27 *Historia vitae et mortis*, «Intentiones».

28 *Discours de la méthode*, VI.

29 *Der Streit der Fakultäten* (*Le conflit des facultés*), IIIᵉ partie.

30 *Les facultés de l'âme suivent les tempéraments du corps*, début, in Galien, *L'Âme et ses passions*, Paris, Les Belles Lettres, 1995, p.77s.

31 Lettre à Élisabeth, à Egmond, mai ou juin 1645, in *Œuvres et lettres*, éd. par André Bridoux, Paris Gallimard, «Bibl. de la Pléiade», 1953, p.946.

지은이 | 프랑수아 줄리앙 François Jullien

파리 고등사범학교에서 그리스 철학을 공부했고 베이징 대학과 상하이 대학에서 중국학을 연구(1975~1977)했으며 파리 제7대학 동양학부에서 극동학 연구로 박사학위(1978)를 받았다.

프랑스 중국학연구회 회장(1988~1990)과 파리 국제철학대학원 원장(1995~1998)을 지냈고, 현재는 파리 제7대학 교수로 고대 중국사상과 미학을 강의하고 있으며 동 대학 부설 현대사상연구소 소장이기도 하다.

주요 저서로 『맹자와 계몽철학자의 대화』(2004), 『사물의 성향』(2009), 『현자에게는 고정관념이 없다』(2009), 『무미예찬』(2010) 등이 있다.

옮긴이 | 박희영

서울대학교 문리대학 철학과 및 동 대학원에서 서양 고대철학을 공부하고, 파리 제4대학에서 「플라톤의 존재 개념에 대한 정의」로 박사학위를 취득했다. 공군 제2사관학교와 경남대학교 교수를 거쳐, 현재 한국외국어대학교 인문대학 철학과 교수로 있다.

주요 저서로 『플라톤 철학과 그 영향』(2001, 공저), 『스무 살의 인생설계』(2012) 등이, 주요 역서로는 『향연』(2003), 『그리스인들의 신화와 사유』(2005), 『사물의 성향』(2009) 등이 있다.

한울아카데미 1738

장자, 삶의 도를 묻다

지은이 ǀ 프랑수아 줄리앙
옮긴이 ǀ 박희영
펴낸이 ǀ 김종수
펴낸곳 ǀ 도서출판 한울
편　집 ǀ 배유진

초판 1쇄 인쇄 ǀ 2014년 11월 26일
초판 1쇄 발행 ǀ 2014년 12월 10일

주소 ǀ 413-120 경기도 파주시 광인사길 153 한울시소빌딩 3층
전화 ǀ 031-955-0655
팩스 ǀ 031-955-0656
홈페이지 ǀ www.hanulbooks.co.kr
등록번호 ǀ 제406-2003-000051호

Printed in Korea
ISBN 978-89-460-5738-8 93190

* 책값은 겉표지에 표시되어 있습니다.